何茲全

三國史

圖文本

商務印書館

本書由人民出版社授權出版，限中國大陸以外地區銷售

劉煒為本書提供部分圖片

圖文本三國史

作　　者：何茲全

責任編輯：徐昕宇

出　　版：商務印書館（香港）有限公司

　　　　　香港筲箕灣耀興道 3 號東滙廣場 8 樓

　　　　　http://www.commercialpress.com.hk

發　　行：香港聯合書刊物流有限公司

　　　　　香港新界大埔汀麗路 36 號中華商務印刷大廈 3 字樓

印　　刷：中華商務彩色印刷有限公司

　　　　　香港新界大埔汀麗路 36 號中華商務印刷大廈 14 字樓

版　　次：2013 年 2 月第 1 版第 1 次印刷

　　　　　©2013 商務印書館（香港）有限公司

　　　　　ISBN 978 962 07 4480 8

　　　　　Printed in Hong Kong

目　錄

序　言

這本《三國史》是 1984 年原教育部約定的一本高等院校文科教材。當時寫了一大部分，沒有寫完，因為趕別的工作，就放下了。這兩年又拾起來寫，斷斷續續，現在才算寫完了。時過境遷，這幾年文科教材似乎不怎麼提了。但不管如何，這本書，是我作為教材寫的，而且是作為高校文科教材寫的。

雖然拖拖拉拉寫了十來年，但我確實是費了一番心思的。如何寫好一本高校的教材，也確實並不容易。

作為歷史教材，應當包括兩方面內容：一是基本歷史事實；一是對這些歷史事實的理解和認識。

敍述歷史事實，就不容易。歷史事實是客觀存在的，只有一個。但一經人心反映、人手敍述，只有一個的歷史事實會變成多個。秦始皇，只是一個人，他的一生經歷也只有一條線，但自古及今歷史家手下寫出來的秦始皇，卻有千百個，大別之也可以分為好的、壞的兩個。又如曹操，只有一個，而歷史家手下的曹操便有多個。

既然如此，歷史哪還有真實？還學個甚麼意思！不要急，也不要灰心，學習歷史還是有意思的；學歷史也是大有用處的。

隨着人類社會歷史的發展，人類理性的進步，人們對歷史的認識會一步步擺脫愚昧，逐步認識客觀歷史事實的本來面目。當然，這裏也要說清楚一點：絕對客觀真實和絕對真理是永遠也認識不了的。因為客觀也是在不斷變化的。我們所能認識的，只有相對真理。但相對真理會一步步接近絕對真理。人們能認識相對真理，一步步接近絕對真理，已經了不起。試想，人類今天的科學能認識多大一點客觀宇宙真理？但這就已經不得了了，人已經能飛上天，飛越地球，飛上月球。何況還會不斷進步，接近絕對真理！歷史也是如此。人們對歷史的認識，會一步步接近歷史真實。今天的人類不是已經聰明多了麼？智慧多了麼？對人類歷史的認識，不是比古人已經高明多了麼？人們對歷史的認識會逐步接近"透"的。

將來對秦始皇的認識，對曹操的認識，都會逐步接近於"一"的。

有一個故事，說一個人過馬路，違犯了交通規則，被警察叫住訓斥了一頓。這人悻悻不平，過了馬路，回頭望着警察憤憤地說："你早晚逃不出我的手心！"警察好奇怪，心想這是個甚麼人？趕上去抓住他盤問。最後，他說他是火葬場的工人。這是一出滑稽劇。

我們歷史家才真可以說，憑你是誰，也逃不出歷史的批判，逃不出歷史家的手心！丘吉爾也好，斯大林也好，最終都逃不了歷史的論定。即使不能蓋棺論定，終有論定之日。誰來論定？歷史來論定，歷史家來論定。

"上帝"賦給歷史學、歷史學家的使命有二：一是研究歷史，總結歷史認識和經驗，提高對歷史的認識，對社會的認識，對人類自我的認識；二是把總結歷史得來的經驗和認識普及化，使它成為全人類的文化財富，使人類逐步脫離野蠻，走向文明。

沒有歷史文化的民族，是愚昧的民族；沒有文化修養的人，是愚昧的人。

科學是重要的。沒有科技，經濟建設便是一句空話，社會進步也是一句空話。但要注意：建設的道路、路線是要政治家來制定的。沒有鑒往知來、前知八百後知八百的本領，政治家就會領錯路。領路人一出錯，科學家十年二十年的慘淡經營便會毀於一旦。政治家前知八百後知八百的本領從哪裏學來？學歷史，學文學，學哲學，學人類積累起來的一切知識、智慧，一句話，從文化修養、文化素質中來。其中歷史知識，又是最重要的內容。

在經濟建設高潮中，重科技是必然的、應該的。問題在於不要忽略社會科學、人文科學。忽視了，天才都跑到科技中去，文科都是些二流、三流的天賦，會出危險，也會出悲劇。

從這個意義上講，寫教材，寫通俗讀物，使人們都能從歷史知識中提高文化素質、文化修養，都是極重要的工作。

歷史是大有學頭的。

為《三國史》寫序，卻有感而發，信筆而書，寫了這些。看看，覺得保留着也好。現在學歷史吃不飽飯，學生都不學歷史了。我倒覺得學歷史，推廣歷史知識，傳播歷史經驗，是極重要的工作。已經學歷史的，餓着肚子也要堅持工作不動搖；沒有學歷史的，有聰明才智的人也要到歷史學裏來。歷史是民族的命根子，是智慧的源泉，不要使歷史學斷了煙火。

回到《三國史》來。

寫這本教材，我曾要學司馬遷。顧炎武曾說過："古人作史，有不待論斷而於敍事之中即見其旨者，惟太史公能之。"（《日知錄》卷二六《史記》於序事中寓論斷"條）。歷史是事實，寫歷史就是要寫事實。但作者總會有自己的感情和傾向性，而且人人都會有所蔽的。一指當前，不見泰山。作者對歷史都會有自己的看法和論斷。顧炎武認為自古以來的史家，能把論斷融化到敍事中去寫歷史的只有司馬遷能做到。我說，自古以來的中外歷史記事和著作，沒有不是在作者主觀思想指導下（也可以說是在著者偏見指導下）寫出來的，他的著作都有他的思想感情和傾向性，也都有所蔽。我的體會，顧炎武所說寓論斷於敍事之中的精神實質，毋寧是在說別人寫歷史、寫人物傳記多是寫行屍走肉，而司馬遷寫的傳記是活人。

我想學司馬遷，把論斷寓於敍事中去，但我做不到。後來我覺悟了，司馬遷也不能完全寓論斷於敍事中去。寓論斷於敍事，並不排除於敍事之外另有論斷，司馬遷就常常用"太史公曰"來發議論。發發議論，大概是作史者所不可避免的。我寫三國史，只要能抓住"三國史就是寫三國史實"這條主線就好。把"寓論斷於敍事"理解為把歷史寫成活人在活動，不要寫成行屍走肉，沒有靈魂。

我的論點（包括分析）也很多。除去引用別人的都有註明外，一般都是我的"一家之言"。讀書少，別人的著作多有讀不到的，而且一部分是七、八年前寫的，如有別人的見解而沒有註明，就算是"英雄所見略同"吧。這本《三國史》是教材，不是專著。不過我學習三國史的心得、理解、認識，大多也注入這本書裏了。

文字，我是力求生動易懂的，注意了文字的可讀性、吸引力。注意使讀者有興趣讀下去。但有一個矛盾，我引用古史記載的地方很多。我這樣做，也有一個想法：如果高等院校歷史系開"三國史"，也一定是高年級的選修課。這些年來，高等院校歷史系教學中也有一個不夠注意的問題，即不重視引導學生讀古書。一個大學歷史系的學生怎能不讀點古書？如果一個高等院校歷史系畢業生，不管是以世界史為主還是以近現代史為主，連《史記》、《資治通鑒》都沒有摸過，實在是不能算及格的。而且，我認為古人寫的歷史也很生動的，反而比我翻譯成的現代漢語更生動，更有可讀性。不改寫成現代漢語，既不減生動活潑和可讀性，又讀了古文，何樂而不為？

同樣的理由，我在"建安文學"一章裏選錄了幾首古詩和王粲、曹植等人的詩。這些詩都是膾炙人口的名作，過去的學人多能上口背誦。作為一個大學生，特別是歷史系的學生，應該有讀讀這些詩的修養，所以也就不憚其繁地選錄來了。

既然是學習三國史，自然就首先需要介紹一下陳壽的《三國誌》，因為今天我們所能知道的三國時期的史實，百分之八九十來自《三國誌》。陳壽，蜀漢人。蜀亡入晉，他寫《三國誌》，在當時就被認為是"善敍事，有良史之才"（《晉書·陳壽列傳》）。清朝史學家王鳴盛、朱彝尊稱讚他記事翔實，不為曲筆。評價都是很高的。也有人認為陳壽說諸葛亮"奇謀為短"、"應變將略，非其所長"，是陳壽故意貶抑諸葛亮，是報私仇（壽父為馬謖參軍，謖誅，壽父坐被髡），這是對陳壽的誣衊。諸葛亮是大政治家，但就不是大軍事家，不怎麼會打仗。陳壽的話，是公正的。

《三國誌》的缺點在太簡略。南朝劉宋時裴松之奉宋文帝命為《三國誌》作註。東晉以來，三國史史料的出現已漸漸多起來。裴松之廣泛地加以搜集，他的三國誌"註"，實際上是三國誌"補"，他是《三國誌》的大功臣。讀《三國誌》，不可不讀"裴註"。

需要讀的參考書，我這裏再特別推薦司馬光的《資治通鑒》卷五十九至卷八十一。這是司馬光撰述的黃巾起義到西晉統一的一段歷史，正和我現在這本《三國史》時間相同。《通鑑》寫得好，是古今都交口稱讚的。他當然要比我寫的好得多，這是自覺不敢和先賢比的。但我也不願妄自菲薄，我的論點、分析，要比他高明。因為他是 11 世紀的人，我是 20 世紀的人。要不然又何必要求讀者買我的書、讀我的書呢？豈不是浪費讀者的時間和金錢！

當代人寫的三國史和魏晉南北朝史中的三國部分，我不介紹了。讀者可到圖書館去看、書店去買。在附錄裏我介紹了一些論文，有的是有啟發性的，可供讀者參考，有的是我所偏愛的，一般是內容扎實的。

還有一點要說明一句。文中引文所用的二十四史，我有時用的是"百衲本"或《三國誌集解》本，與現用的中華書局標點本二十四史或有個別字的不同。請讀者了解。

拉雜寫了這些，是為序。

何茲全

1993 年 8 月 20 日

東漢疆域圖

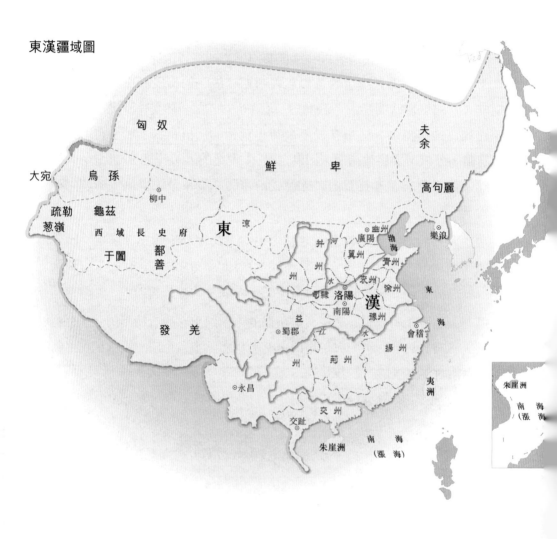

匈奴

夫余

鮮　卑

大宛　烏孫

高句麗

柳中

疏勒　龜茲

東

涼

幽州

葱嶺

樂浪

西域長史府

并州

河

廣陽

渤海

于闐　鄯善

冀州

水

青州

都善

司隸

洛陽

兖州

徐州

東

漢

南陽

海

發羌

益州

豫州

會稽

蜀郡

江

揚州

永昌

荊州

水

夷洲

交州

朱崖洲

交趾

南　海

朱崖洲

（漲海）

南海（漲海）

一、黃巾起義

1　時代背景

東漢統一帝國的垮台和分裂局面的出現，應從黃巾暴動說起。《三國演義》就是從黃巾暴動講起的，有眼光，有識見。

黃巾暴動的出現，是東漢政治腐敗、官吏貪污、商人兼併的結果，是民不聊生、走投無路的結果。

在中國歷史上，大凡一家取得天下做了皇帝，開始都能君臣上下勵精圖治，嚴懲貪污腐敗，懂得水可載舟亦可覆舟的道理，儘量輕徭薄賦，減輕人民負擔，使人民能夠安居樂業生活下去。但多則百年、幾十年，少則十年、二十年，安居久了，統治者又腐化起來。於是吏治腐敗，賦役繁重，人民求生不得；於是鋌而走險，釀成大亂；於是皇帝被打倒，皇朝被推翻。新皇朝在這"白茫茫一片大地真乾淨"的爛攤子上重新建立起來。君臣上下又勵精圖治一番；於是社會又安定一個時期。於是又腐敗，於是人民又起來，於是皇朝又被推翻，於是新皇朝又建立起來。循循環環，改朝換代不已。當然，這是就歷史發展的大形勢說的，細察起來，在循環中社會也有變化，有發展，有進步，不是死水一潭。歷史循環論是錯誤的。

東漢自安帝（106—125 年在位）以後，政治腐敗逐漸嚴重，外戚宦官爭權奪利。外戚奪得大權，換一批親朋子弟做官；宦官奪得大權，又換一批親朋子弟做官。一批人上去，一批人下來。上一批、富一批、貴一批。受苦受害的總是人民百姓。

使人民受苦的，政府官吏以外還有商人。戰國以來，商業交換經濟發展。商業發達，城市興起，人民見識增長，智慧文化也隨着進步。城市，可以説是人類文化的源泉。城市生活給人帶來思想，帶來智慧，帶來文化。古往今來，世界各民族的文化，除了有關農業、畜牧業的知識外，無不從城市興起。

但交換經濟發達，是好事也帶來惡果。城市經濟發達的結果，總是商人得利，農民吃虧。商人越來越富，農民越來越窮。

在商業不發達的農業社會裏，王公貴族官吏只是從農民手裏徵收他們生產的物品，農民生產甚麼他們就徵收甚麼。他們得的多些，生活比農民豐足些，如此而已。商品經濟出現和發展後，為了使產品有銷路有競爭能力，就得使產品精益求精，不然便賣不出去。產品賣不出去，商人就要蝕本甚或破產，吃苦。因此，生產品總是精益求精的。在精美物品刺激引誘下，王公貴族官吏的慾望大開。他們追求吃好的，穿好的，住好的，用好的。司馬遷就説過："夫神農以前，吾不知已。至若《詩》、《書》所述虞夏以來，耳目欲極聲色之好，口欲窮芻豢之味，身安逸樂，而心誇矜勢能之榮使。俗之漸民久矣，雖戶説以眇論，終不能化。"（《史記·貨殖列傳》）追逐美好，厭惡粗野，這是人的慾望，誰也阻擋不住，就是排門挨戶去講節約的道理，誰也不去聽你的。

商人發家致富，靠錢。"長袖善舞，多財善賈"。手裏錢越多，生意越做得大，錢越賺得多。通過錢、交換，商人把農民的土地、財產兼併到自己手裏來。王公、官吏發家致富靠權。他們有權在手，一道命令頒佈下去，便能變農民的財產為他們的財產，更不用説橫徵暴斂非法勒索了。

商人靠錢，官靠權，錢和權誰厲害？這要分兩層來看。形式上看，政府的官厲害。官吏有權有勢，對農民可以用命令來橫徵暴斂，置人於死地。對商人他們也可以用政治手段沒收他們的財產。這樣看來，官厲害；但深入一層考察，政府官吏所以有慾望要錢要財，也是商品交換經濟的產物。沒有商品生產的刺激，官吏也就會樂於他們的"土"生活了。如此説來，交換經濟的發展又是官要錢的社會基礎。

農民失掉土地，在農村沒法生活，只有遊蕩於社會，麇集於城市。從西漢開始，流民問題就是社會上的大問題。文帝時，晁錯已說："此商人所以兼併農人，農人所以流亡者也。"（《漢書·食貨誌上》）元帝時，貢禹說："民棄本逐末，耕者不能半。"（《漢書·貢禹傳》）貢禹的話，可能有誇大。但一個大臣向皇帝上疏總不能胡說，能說出這樣的話來，也實在是驚人的。自東漢建國，流民就一直不斷。安帝以後，越來越嚴重。"黎民流離，困於道路"，"棄捐舊居，……窮困道路"，"老幼相棄道路"，"人庶流進，家戶且盡"，"萬民饑流"，"民多流亡"，"百姓飢窮，流冗道路"（《後漢書》和帝以下各帝紀）這一類的話，真是史不絕書。

流亡道路解決不了生活問題。於是大批流亡人口麇集到城市裏。在城市生活，總比農村好混。做些小手工業、小商小販，都可以糊口。做些泥人、泥狗、泥車馬等小孩玩具賣，也可以活。這樣，西漢時期城市裏養活了大量人口。東漢前期的王符說："今舉俗捨本農，趨商賈，牛馬車輿，填塞道路，遊手為巧，充盈都邑，務本者少，浮食者眾。"（《潛夫論·浮侈篇》，見《後漢書·王符列傳》）據他估計，當時人口百分之九十以上是工作或浮遊在城邑裏。他說："今察洛陽，資末業者什於農夫，虛偽遊手什於末業。是則一夫耕，百人食之，一婦桑，百人衣之，以一奉百，孰能供之！天下百郡千縣，市邑萬數，類皆如此。"（同上）

照王符的估計，東漢人口百分之九十住在城邑，這大約是誇大了。但貢禹也說"耕者不能半"。兩漢時期，人口住在城邑裏的一定很多，大約是沒有問題的。

大量人口擠進城邑裏，也有個飽和點，超過一定數量——飽和點，城市也養活不了。城邑人口仍要走上流亡的道路。這種情況，西漢末年已經出現。哀帝時，鮑宣上書中曾說到"民流亡，去城郭，盜賊並起。"（《漢書書·鮑宣傳》）成帝賜翟方進冊說："間者郡國穀雖頗熟，百姓不足者尚眾，前去城郭，未能盡還。"（《漢書‧翟方進傳》）西漢如此，東漢更是如此。為甚麼把人民流亡説成是"去（離開）城郭"呢？這總説明住在城邑的人口眾多吧！西漢時期，人民窮困離開農村逃亡城市尚可以活。等城市都無法生活，需要離開城市，就大成問題了。

黃巾起義，就帶有極濃厚的流民性質。靈帝時，司徒楊賜對他的掾屬劉陶説："張角等遭赦不悔，而稍益滋蔓，今若下州郡捕討，恐更騷擾，速成其患。且欲切敕刺史、二千石，簡別流人，各護歸本郡，以孤弱其黨，然後誅其渠帥，可不勞而定。"（《後漢書‧楊震列傳附楊賜傳》）流民歸本，就可以孤弱其勢，可見張角的徒眾多是流民。

2　太平道

農民散居各地，不容易組織起來。古來組織農民多靠宗教信仰。東漢流民暴動常被稱作"妖賊"。如《後漢書‧順帝紀》載：陽嘉元年三月，"揚州六郡妖賊章河等寇四十九縣"。《桓帝紀》載：和平元年"二月，扶風妖賊裴優自稱皇帝"；延熹八年十月，"渤海妖賊蓋登等稱'太上皇帝'"。這"妖"字就指的是宗教信仰。凡農民暴動中有宗教活動的，就被稱為"妖賊"。

東漢末年，農民中傳佈廣、勢力大的宗教是道教，稱作天師道。道教是中國人自己創立的宗教。它雖然託始於老子，但作為宗教組織，它的創立卻是受了佛教傳入的影響。佛教是在西漢後期傳入中國的。張騫通西域，曾在大夏看到由身毒（印度）傳到大夏的蜀布、邛杖。隨着蜀布、邛杖傳入身毒的渠道，佛教就有可能傳入中國。東漢初年白馬寺譯經雖未見諸正史記載，而光武帝的兒子楚王英信佛卻是見之於正史的（參看《後漢書‧光武十王列傳‧楚王英傳》）。

東漢末年，笮融在徐州修建佛寺作大規模的佈道活動（參看《三國誌‧吳誌‧劉繇傳》和《後漢書‧陶謙列傳》）。模仿佛教組織，中國人創造了道教。東漢"妖賊"

活動的過程，可能就是道教創立的過程。

東漢後期，道教在今山東、江蘇濱海地區已有傳佈和活動。《後漢書》已有記載。"順帝時（126—144 年），琅邪（今山東臨沂境）宮崇詣闕，上其師干吉於曲陽（今江蘇沭陽東南）泉水上所得神書百七十卷，皆縹白素、朱介、青首、朱目，號《太平清領書》。其言以陰陽五行為家，而多巫覡雜語。有司奏崇所上妖妄不經，乃收藏之。後張角頗有其書焉。"（《後漢書・襄楷列傳》）

上述的是太平道。東漢末年在民間傳佈的宗教，於太平道之外還有五斗米道，兩者都是道教（當時也稱作天師道）的支派。《典略》載："熹平（172—178 年）中，妖賊大起，三輔有駱曜。光和（178—184 年）中，東方有張角，漢中有張脩。駱曜教民緬匿法，角為太平道，脩為五斗米道。"（《三國誌・魏誌・張魯傳》註引）

病，是人生最大苦事。窮人生病，無錢求醫買藥，更是悲慘。因此，由民間興起和傳佈的宗教，無不借行醫治病來宣傳宗教救世救人的教義。佛教如此，基督教也是如此。這是宗教取得人們信仰和信任的最好的辦法。漢末的太平道和五斗米道，都靠行醫在民間活動。《典略》說："太平道者，師持九節杖為符祝，教病人叩頭思過，因以符水飲之，得病或日淺而癒者，則云此人信道；其或不癒，則為不信道。脩法略與角同，加施靜室，使病者處其中思過。又使人為奸令祭酒，祭酒主以《老子》五千文，使都習，號為奸令。為鬼吏，主為病者祈禱。祈禱之法，書病人姓名，說服罪之意。作三通，其一上之天，着山上，其一埋之地，其一沉之水，謂之三官手書。使病者家出米五斗以為常，故號曰'五斗米師'。"（同上書傳註引）

張角借治病救人在民間傳佈宗教，暗暗地把農民組織起來，準備暴動。《後漢書・皇甫嵩列傳》載："鉅鹿張角自稱'大賢良師'，奉事黃、老道，畜養弟子，跪拜首過，符水咒說以療病，病者頗癒，百姓信向之。角因遣弟子八人使於四方，以善道教化天下，轉相誑惑。十餘年間，眾徒數十萬，連結郡國，自青、徐、幽、冀、荊、揚、兗、豫八州之人，莫不畢應。遂置三十六方。方猶將軍號也。大方萬餘人，小方六七千，各立渠帥。"

暴動的準備，大體已就緒了。

3　起義和失敗

東漢朝廷官員對太平道的活動，早已有人有所疑慮。如上引《後漢書·楊賜列傳》，司徒楊賜就曾對其掾屬劉陶說："張角等遭赦不悔，而稍益滋蔓。"劉陶贊成楊賜的意見。楊賜遂上書靈帝。後來劉陶又與大臣聯名上疏說："張角支黨不可勝計。前司徒楊賜奏下詔書，切敕州郡，護送流民，會賜去位，不復捕錄。雖會赦令，而謀不解散。四方私言，云角等竊入京師，覘視朝政，鳥聲獸心，私共鳴呼。州郡忌諱，不欲聞之，但更相告語，莫肯公文。宜下明詔，重募角等，賞以國土。有敢迴避，與之同罪。"（《後漢書·劉陶列傳》）昏庸的靈帝，聽不進去。

張角準備在光和七年（公元 184 年。即中平元年，平定黃巾後改元。這年是甲子年）起事，他們說："蒼天已死，黃天當立。歲在甲子，天下大吉。"他們又"以白土書京城寺門及州郡官府，皆作'甲子'字。"（《後漢書·皇甫嵩列傳》）

起義的部署是以"大方馬元義等先收荊、揚數萬人，期會發於鄴（今河北磁縣南）。元義數往來京師，以中常侍封諝、徐奉等為內應，約以三月五日內外俱起。"（同上）

不幸內部出了叛徒。"張角弟子濟南唐周上書告之，於是車裂元義於洛陽。靈帝以周章下三公、司隸，使鈎盾令周斌將三府掾屬，案驗宮省直衛及百姓有事角道者，誅殺千餘人，推考冀州，逐捕角等。"（同上）

張角知道事情已經敗露，不得不倉促提前起事。他"晨夜馳敕諸方，一時俱起。皆着黃巾為標幟，時人謂之'黃巾'，亦名為'蛾賊'。殺人以祠天。角稱'天公將軍'，角弟寶稱'地公將軍'，寶弟梁稱'人公將軍'。"聲勢浩大，"所在燔燒官府，劫略聚邑。州郡失據，長吏多逃亡。旬日之間，天下響應，京師震動。"（同上）

東漢政府在倉皇中佈置防守。以河南尹何進為大將軍，率左右羽林、五營營士屯都亭，鎮守京師，並於京師周圍置函谷、太谷、廣成、伊闕、轘轅、旋門、孟津、小孟津八關都尉，駐守京師外圍。

靈帝召集群臣會議。北地太守皇甫嵩"以為宜解黨禁，益出中藏錢、西園廏馬，以班軍士。"（同上）靈帝問計於中常侍呂強，呂強說："黨錮久積，人情多怨。若久不赦宥，輕與張角合謀，為變滋大，悔之無救。"（《後漢書·黨錮列傳序》）何為黨錮？原來桓、靈帝時，宦官專政，打擊愛國知識界人士，殺的殺、囚的囚、徙邊的徙邊，凡黨人和他們的門生、故吏、父兄子弟一概免官禁錮終身。這是黨錮。靈帝多畜私財，"中尚方斂諸郡之寶，中御府積天下之繒，西園引司農之臧，中廏聚太僕之馬"，"每郡國貢獻，先輸中署，名為'導行費'。"（《後漢書·宦者列傳·呂強傳》）皇甫嵩所說中藏錢、西園廏馬，就是指積藏在中尚方、中御府、西園、中廏的靈帝的私財。

大敵當前，靈帝害怕，不得不接納皇甫嵩、呂強的建議，赦天下黨人，招還徙往邊地的黨人妻子故舊。

農民起義軍集中在三個地區：一河北；二潁川；三南陽。河北軍由張角三兄弟直接率領，潁川軍由波才率領，南陽軍由張曼成率領。

東漢政府發天下精兵來和農民軍對抗。命左中郎將皇甫嵩、右中郎將朱儁，發五校三河騎士及募精勇四萬餘人，嵩、儁各領一軍，共討潁川黃巾；另遣北中郎將盧植征河北黃巾。

朱儁進兵和波才戰，打了敗仗，皇甫嵩進駐長社（今河南長葛縣境）。波才進兵圍皇甫嵩。皇甫兵少，軍中皆恐懼。黃巾軍依草地結營。正好遇上大風天。皇甫嵩大喜，遂兵分兩路：一路從間道出黃巾軍後，舉火由後方進攻；一路由城中鼓噪而出，舉火攻黃巾軍前。風從火勢，火從風威，前後夾擊，黃巾軍大亂。適好騎都尉曹操領兵趕到，皇甫嵩、朱儁、曹操三軍合擊，波才軍大敗，被屠殺者數萬人。

皇甫嵩乘勝追擊波才於陽翟。又分兵進擊汝南、陳國、西華黃巾。黃巾兵敗，一部分戰死，一部分投降。潁川、汝南、陳國三郡黃巾皆被鎮壓下去。

北中郎將盧植進攻河北鉅鹿（今河北平鄉西南）黃巾軍，連戰皆捷，斬殺萬餘人。張角退保廣宗（今河北威縣東）。盧植圍廣宗。靈帝遣宦官小黃門來視察，向盧植勒索錢財，盧植不給。小黃門回洛陽後在靈帝面前説盧植的壞話。靈帝大怒，檻車召盧植還京。又派東中郎將董卓代盧植。董卓無功，又詔皇甫嵩代董卓。皇甫嵩大軍又從河南調到河北。

皇甫嵩到河北時張角已死，嵩與角弟梁戰於廣宗。張梁兵精勇，嵩不能勝。第二天嵩收兵入營休息。他看到梁兵疲懈，乃潛夜勒兵，雞鳴時，率兵突入梁軍，戰到飯時，大破梁軍，張梁戰死，黃巾軍戰場被殺者三萬人，赴河死者五萬人。剖張角棺，戮屍，傳首京師。皇甫嵩又破張角弟張寶於下曲陽（今河北晉縣西），殺寶，斬殺和俘虜十餘萬人。張角直接率領的河北黃巾軍，全部被撲滅。

南陽黃巾軍在張曼成率領下，圍攻宛城一百多天，宛城攻不下。六月，張曼成為南陽太守秦頡攻殺。餘眾更以趙弘為帥，眾至十多萬。攻克宛城。朱儁等圍宛城，趙弘出戰，為朱儁所殺。黃巾軍又推韓忠為帥，繼續堅守。朱儁攻破宛城，韓忠退保小城。為朱儁所敗，死者萬餘人，韓忠被殺。餘眾復推孫夏為帥，還據宛城。後為朱儁、孫堅所破，孫夏出走，朱儁追至西鄂（今河南南陽市北）精山，大破孫夏軍，死者萬餘人。南陽黃巾軍被消滅。

黃巾起義在二月，到十一月，潁川、河北、南陽三地黃巾軍全被消滅。十二月，漢靈帝改光和七年為中平元年。歷史上記載黃巾起義在中平元年，實際上當時稱作光和七年，事後才改為中平元年。黃巾軍主力被鎮壓下去了，但以後各地黃巾軍仍往往復起，延續了十多年。

中平二年，河北黑山軍起，眾至百萬。黑山農民軍可能與黃巾為同教或與之相近（此據陳寅恪先生說。見《天師道與濱海地域之關係》一文"趙王倫之廢立"節。該文原刊中央研究院歷史語言研究所《集刊》第三本第四分冊，現已收入陳寅恪先生文集之二《金明館叢稿初編》）。

中平五年二月，黃巾郭大等起於河西白波谷（今山西襄汾西南），攻太原、河東。四月，汝南葛陂黃巾攻沒郡縣。六月，益州黃巾馬相等攻殺刺史郤儉，自稱天子。又攻巴郡，殺太守趙部。十月，青州、徐州黃巾復起，攻郡縣。這一年裏，各地被稱為"賊"的有多起，但不知他們和黃巾有無關係。獻帝初平二年（191 年）十一月，青州黃巾進攻太山，太守應劭擊破之。黃巾轉戰渤海。

三年，青州黃巾擊殺兗州刺史劉岱於東平。東郡太守曹操大破黃巾於壽張，黃巾走投無路，投降曹操。

這次起兵的青州黃巾，人數眾多，力量很大。《三國誌‧魏誌‧武帝紀》說："青州黃巾眾百萬入兗州（州治昌邑，今山東金鄉西北），殺任城（今山東濟寧市）相鄭遂，轉入東平。劉岱欲擊之，鮑信諫曰：'今賊眾百萬，百姓皆震恐，士卒無鬥志，不可敵也。觀賊眾群輩相隨，軍無輜重，惟以鈔略為資，今不若畜士眾之力，先為固守。彼欲戰不得，攻又不能，其勢必離散，後選精銳，據其要害，擊之可破也。'岱不從，遂與戰，果為所殺。信乃與州吏萬潛等至東郡迎太祖（曹操）領兗州牧。遂進兵擊黃巾於壽張東。信力戰鬥死，僅而破之。……追黃巾至濟北。乞降。冬，受降卒三十餘萬，男女百餘萬口，收其精銳者，號為青州兵。"

直到建安十二年（207 年），黃巾軍仍有餘波。這年十月，黃巾殺濟南王贊（見《後漢書‧獻帝紀》）。濟南國治在東平陵（今山東歷城東），濟南國屬青州，殺濟南王的，仍是青州黃巾。

在征服黃巾軍的政府軍中，最強的一支是皇甫嵩的軍隊。黃巾起義軍三支軍隊中的兩支——潁川軍和河北軍，都是被皇甫嵩鎮壓下去的。皇甫嵩，安定朝那（今寧夏固原東南）人。他是和羌人作戰的名將皇甫規的哥哥皇甫節的兒子。節曾任雁門太守，嵩為北地太守。雁門、北地都是邊郡。皇甫一家都是以兵起家的。

轟轟烈烈的黃巾農民暴動，主力軍雖在一年中被鎮壓下去了，但餘部卻繼續了十多年之久。它沒有打垮東漢帝國建立黃天皇朝，但東漢帝國卻因它而皇威掃地，地方勢力強大起來，出現分崩離析、分裂割據的局面。

黃巾暴動形勢圖

二、董卓之亂

1 最後一次宦官外戚鬥爭

黃巾農民軍被鎮壓下去了，帝國又表面上恢復了平靜。靈帝照舊過着昏庸嬉戲的日子，宦官繼續專政禍國殃民。中常侍張讓等二十人自說他們討黃巾有功，於是都被封為列侯。

中平六年 (189 年)，靈帝死。靈帝有兩個兒子，何皇后生皇子辯，王美人生皇子協。靈帝喜歡協，不喜歡辯，說辯"輕佻無威儀，不可為人主。"《後漢書·何進列傳》但皇后有寵，皇后兄何進為大將軍，進弟苗為車騎將軍，掌兵權。靈帝死前，群臣雖然請立皇太子，靈帝卻遲遲未作出決定。到他病重彌留之時，才把皇子協託付給宦官蹇碩。蹇碩健壯，有武略，很得靈帝信任，且掌握一部分禁兵兵權。

靈帝把皇子協託付給蹇碩，他是有意要立皇子協還是要蹇碩保護皇子協，那就難說了。可能是要立皇子協的。何進仗恃手中有兵，搶先一步立了皇子辯，何太后臨朝，何進和太傅袁隗共同輔政，錄尚書事。

蹇碩謀誅何進，有人向何進告密，何進捕殺蹇碩，並兼領蹇碩的兵。朝廷禁軍統領權，都集中在何進手裏。

何進謀殺宦官，與世家大族司隸校尉袁紹密謀。袁紹對何進說："前竇武欲誅內寵而反為所害者，以其言語漏泄，而五營百官服畏中人故也。今將軍既有元舅之重，而兄弟並領勁兵，部曲將吏皆英俊名士，樂盡力命，事在掌握，此天贊之時也。將軍宜一為天下除患，名垂後世。"（同上）

何進家族的人都反對殺除宦官，何太后就第一個不同意，她說："中官統領禁省，自古及今，漢家故事，不可廢也。"（同上）何進的弟弟何苗和母親舞陽君也都不同意。何苗對何太后說："大將軍專殺左右，擅權，以弱社稷。"（同上）

何進一家受過宦官的好處。何進，南陽宛（今河南南陽市）人，家門寒微，以屠為業。東漢皇后，大多是世家豪族出身，只有少數幾家出身寒賤。何后就是一家。何后得入宮，並爬到皇后寶座，多得力於宦官的幫助。何苗就對何進說："始共從南陽來，俱以貧賤，依省內以致貴富。國家之事，亦何容易！覆水不可收。宜深思之，且與省內和也。"（同上）

在誅除宦官這個問題上，既然何后反對，何后的母親反對，何苗也反對，何進為何獨作此主張？史書沒有記載，也無任何線索可尋。朝廷士人君子、名門貴族以及人民百姓，對宦官都沒有好感。何進大約受這大氣候的影響，才反對宦官的。他大約想擠進士君子之林。他反對宦官，依靠的是世家豪族。對四世三公的汝南袁家，特別依重。他一上台就引太傅袁隗共同輔政，錄尚書事。並厚待袁紹、袁術兄弟。《後漢書·何進列傳》說："以袁氏累世寵貴，海內所歸，而紹素好養士，能得豪傑用，其從弟虎賁中郎將術亦尚氣俠，故並厚待之。"

何進其人，看來並非有雄才大略的智謀之士。《後漢書·何進列傳》就說他"雖外收大名，而內不能斷"。由於全家反對，誅剪宦官之事，他就猶猶豫豫，久不能決。

袁紹又為何進劃策，"多召四方猛將及諸豪傑，使並引兵向京城，以脅太后。"（同上）所謂猛將，主要的是董卓。袁紹為何進劃的這一策，實在並不高明。何進的主簿陳琳就對何進說："今將軍總皇威，據兵要，龍驤虎步，高下在心，此猶鼓洪爐燎毛髮耳。……而反委釋利器，更徵外助。大兵聚會，強者為雄，所謂倒持干戈，授人以柄，功必不成，只為亂階。"（同上）侍御史鄭泰（即鄭太）也對何進說："董卓強忍寡義，志慾無厭。若借之朝政，授以大事，將恣兇慾，必危朝廷。明公以親德之重，據阿衡之權，秉意獨斷，誅除有罪，誠不宜假卓以為資援也。"《後漢書‧鄭太列傳》在當時條件下，誅殺宦官不需外力，其理至明。但袁紹建議，何進接受，並可見二人之庸劣了。

何進又狐疑不決，不知如何是好。袁紹怕何進變卦，威脅他說："交媾已成，形勢已露，事留變生，將軍復欲何待，而不早決之乎？"《後漢書‧何進列傳》何進精神上已為這位世家豪族的聲威所征服，他接受袁紹的意見，於是以袁紹為司隸校尉，並假節專命擊斷。袁紹又派人催促董卓速速進兵洛陽。袁紹出此下策，實在庸劣。

何進入宮見何太后，請盡誅諸常侍。宦官們知道事已緊迫，死在眼前。何進入宮，機不可失。他們在他見過太后要出宮時把他截回，責罵他說："天下憒憒，亦非獨我曹罪也。先帝嘗與太后不快，幾至成敗，我曹涕泣救解，各出家財千萬為禮，和悅上意，但欲託卿門戶耳。今乃欲滅我曹種族，不亦太甚乎？卿言省內穢濁，公卿以下忠清者為誰？"（同上）宦官雖然壞，這幾句話罵得好。東漢末年貪污腐敗又何止宦官，滿朝文武忠清者有誰？宦官這樣罵何進，何進也只有無言以對。宦官於是斬何進於殿前。從中發出詔書："以故太尉樊陵為司隸校尉，少府許相為河南尹。"（同上）司隸校尉、河南尹，是掌握京師軍政大權的人。尚書得到詔書，懷疑其中有詐，要求大將軍出宮議事。中黃門以何進的頭擲與尚書說："何進謀反，已伏誅矣！"（同上）

何進部下聽得何進被殺，遂進兵攻打宮門。袁術放火焚燒宮省，袁紹"斬宦者所署司隸校尉許相（依《後漢書‧何進列傳》，宦者所署司隸校尉為樊陵。許相乃河南尹）。遂勒兵捕諸閹人，無少長皆殺之。……死者二千餘人。"《三國誌‧魏誌‧袁紹傳》

桓、靈時期，宦官掌權，大興黨獄，對朝中大臣、士大夫和他們的家屬、門生、故吏誅殺，徙邊，禁錮終身，真是炙手可熱。然而，曾幾何時，袁紹捕殺他們有如摧枯拉朽。

原來，宦官只是皇權的附屬品，皇帝有權，宦官就有權；皇權強大，宦官權力就大；皇權衰落，宦官也就無權可恃了。狐假虎威而已。黃巾暴動以後，地方勢力強大，世家豪族興起，皇權衰落。袁紹眼裏哪裏還有皇帝，哪裏還有皇帝詔令，區區一些宦官更不在話下。他放手縱兵捕殺宦官，一如牛刀割雞。

袁紹等捕殺宦官，火燒宮門，宦官們驚慌失措。大宦官張讓等便於昏夜中攜帶小皇帝和陳留王協數十人步行出洛陽北門，落荒向小平津奔去。事出倉卒，公卿無得從行的。尚書盧植、河南中部掾閔貢聞訊趕來，責罵張讓等説：“今不速死，吾射殺汝。”（《後漢書·靈帝紀》註引《獻帝春秋》）前有大河，後有追兵，宦官們走投無路，向小皇帝叩頭拜別，皆投河而死。

天明時，朝臣百官和董卓趕到，迎少帝和陳留王回宮。

2 董卓和東方兵起

董卓，隴西臨洮（今甘肅岷縣）人。隴西一帶，在東漢後期上百年間是不斷和羌人作戰的地方。這一帶的人，都鍛煉出來了，強悍，能打仗。鄭泰就曾對董卓説：“關西諸郡，頗習兵事，自頃以來，數與羌戰，婦女猶戴戟操矛，挾弓負矢，況其壯勇之士，以當妄（忘）戰之人乎？”（《後漢書·鄭太列傳》）董卓所率領的兵，就多是關西涼州這一帶的人。鄭泰對董卓説：“天下強勇，百姓所畏者，有并、涼之人，及匈奴、屠各、湟中義從、西羌八種，而明公擁之，以為爪牙。”（同上）東漢晚年，在和羌人、黃巾軍作戰時的一些能打仗的將領，多是涼州人。皇甫規，安定朝那（今寧夏固原東南）人。張奐，酒泉郡酒泉（今甘肅酒泉）人。段熲，武威姑臧（今甘肅武威）人。皇甫嵩也是安定朝那人。他率領的討伐黃巾軍的兵多是“天下精兵”和“五校三河騎士”，大多是來自關西的。

在回洛陽的路上，董卓問少帝“禍亂由起”，少帝“語不可了”（説不清楚），又問陳留王協，陳留王回答"自初至終，無所遺失。"《三國誌・魏誌・董卓傳》註引）董卓喜歡陳留王，以少帝"暗弱，不可以奉宗廟，為天下主。"《後漢書・董卓列傳》）這時董卓就有了廢立之意了。

回洛陽後，董卓為司空，又遷太尉，"遂廢帝為弘農王……立靈帝少子陳留王"為帝。《三國誌・魏誌・董卓傳》）這就是漢獻帝。董卓自為相國。

董卓起自邊地武人，性情粗野殘忍。"是時洛中貴戚室第相望，金帛財產，家家殷積。卓縱放兵士，突其廬舍，淫略婦女，剽虜資物，謂之'搜牢'。"《後漢書・董卓列傳》）"嘗遣軍到陽城。時適二月社，民各在其社下，悉就斷其男子頭，駕其車牛，載其婦女財物，以所斷頭繫車轅軸，連軫而還洛，云攻賊大獲，稱萬歲。"《三國誌・魏誌・董卓傳》）真是粗野殘忍！

董卓初到洛陽時，帶來的兵不過三千。有人曾向袁紹建議，乘董卓到京不久，立足未穩，迅速誅殺董卓。袁紹不敢。

董卓，西方邊地一個粗野之人，來到京師，雖然廢立天子，殺人取樂，使人生畏，但他投身到勢力強大的東方世家豪族的汪洋大海裏，仍是勢力孤單的。這個粗野的人也曾想取得東方世家豪族的合作。他"與司徒黃琬、司空楊彪，俱帶鈇鑕詣闕上書，追理陳藩、竇武及諸黨人，以從人望。於是悉復藩等爵位，擢用子孫。"《後漢書・董卓列傳》）董卓又任用東方士大夫為朝廷公卿和地方刺史、郡守。"卓素聞天下同疾閹官誅殺忠良，及其在事，雖行無道，而猶忍性矯情，擢用群士。乃任吏部尚書漢陽周珌、侍中汝南伍瓊、尚書鄭公業（即鄭泰）、長史何顒等。以處士荀爽為司空。其染黨錮者陳紀、韓融之徒，皆為列卿。幽滯之士，多所顯拔。以尚書韓馥為冀州刺史，侍中劉岱為兗州刺史，陳留孔伷為豫州刺史，潁川張咨為南陽太守。卓所親愛，並不處顯職，但將校而已。"（同上）

東方世家豪族，都看不起董卓，不願和他共事，更不願居他之下。袁紹就借機逃往冀州。但董卓仍願拉住這位東方豪門領袖。周珌、伍瓊也對董卓説："夫廢立大事，非常人所及。紹不達大體，恐懼故出奔，非有他志也。今購之急，勢必為變。袁氏樹恩四世，門生故吏遍於天下，若收豪傑以聚徒眾，英雄因之而起，則山東非公之有也。不如赦之，拜一郡守，則紹喜於免罪，必無患矣。"《三國誌‧魏誌‧袁紹傳》董卓聽了周珌、伍瓊的話，任命袁紹為渤海太守。

世家豪族勢力，是分裂割據的社會基礎。到東漢末年，世家豪族勢力已很強大。他們對於漢室皇帝已不熱心擁戴，對皇帝的詔令已不熱心奉行。他們已不願受皇權的束縛。從袁紹殺宦官事件上，可以看清政局形勢的變化。在皇權強大的時候，宦官假皇帝之命，誅殺大臣，親故錮禁終身，無人敢於反抗。但何進被殺後，袁氏兄弟卻敢於火燒宮門，闖進宮去，把宦官斬盡殺絕。無他，皇權衰落故也。正於此時，何物董卓，以一西方邊遠武人，竟敢入奪朝廷大權，竊據大位，使東方世家、朝廷大臣聽命於他！董卓的廢立，正好給了他們一個口實，他們藉口討伐董卓興復漢室，以行分裂割據之實。人民，統一，朝廷，與他們何有哉！

初平元年（190年），東方各地刺史、郡守，以討伐董卓為名起兵。參加起兵的有渤海太守袁紹、後將軍袁術、冀州牧韓馥、豫州刺史孔伷、兗州刺史劉岱、陳留太守張邈、廣陵太守張超、河內太守王匡、山陽太守袁遺、東郡太守橋瑁、濟北相鮑信等。眾各數萬。

袁紹與王匡屯河內（郡治在今河南武陟西南），袁術屯魯陽（郡治在今河南魯山），孔伷屯潁川（郡治在今河南禹縣），韓馥屯鄴（今河北磁縣南），餘軍皆屯酸棗（今河南延津西南）。訂立盟約，推袁紹為盟主。

東方起兵後，董卓決定遷都長安。

董卓大約認為洛陽靠近東方，地處前線，不如長安遠在關中，比較安全。他是西方人，他的勢力在西方，遷都長安對他更為有利。他也或者想到，他一退到關中，東方地方勢力便會分裂，互相廝殺起來。總之，他決定遷都到長安去。

但朝廷群臣多東方人，財產莊田都在東方，都不願遷都。吏部尚書周珌、侍中伍瓊固諫。董卓大怒説："卓初入朝，二子勸用善士，故相從，而諸君到官，舉兵相圖。此二君賣卓，卓何用相負。"（《後漢書·董卓列傳》）遂斬珌、瓊。別人不敢再説話。董卓遂強迫獻帝和群臣遷往長安。

東方刺史郡守，分屯河內、酸棗、魯陽等地，坐觀形勢，誰都不打算進兵。只有曹操主張力戰。他對袁紹説："舉義兵以誅暴亂，大眾已合，諸君何疑？……今（卓）焚燒宮室，劫遷天子，海內震動，不知所歸，此天亡之時也。一戰而天下決矣！不可失也！"（《三國誌·魏誌·武帝紀》）沒有人聽曹操的話。曹操遂自己單獨領兵西進。但他兵力太少，哪是董卓的對手！一戰不利，士卒死傷甚多，他自己也為流矢所中，遂退歸酸棗。

當是時，酸棗駐軍十餘萬，天天置酒高會，不圖進取。曹操責讓他們，並為他們劃策説："諸君聽吾計，使勃海（指袁紹）引河內之眾臨孟津；酸棗諸將守成皋，據敖倉，塞轘轅、太谷，全制其險；使袁將軍（指袁術）率南陽之軍軍丹、析，入武關，以震三輔：皆高壘深壁，勿與戰，益為疑兵，示天下形勢，以順誅逆，可立定也。今兵以義動，持疑而不進，失天下之望，竊為諸君恥之。"（同上）

董卓西遷長安路綫圖

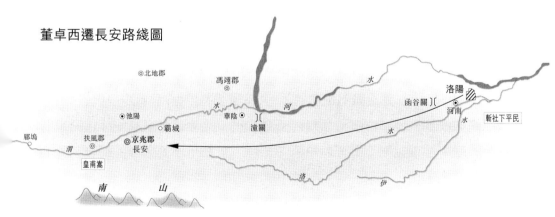

話是這樣說，卻沒有人肯聽。曹操兵少，自去揚州募兵，回來後到河內，依袁紹。酸棗諸將，內部不和，互相火併，糧食吃光了，便各自散去，回到自己所在的州郡。自此東漢帝國瓦解，出現分裂割據的局面。曹丕《典論‧自序》記當時混亂形勢說：＂初平之元，董卓殺主鴆后，蕩覆王室。是時四海既困中平之政，兼惡卓之兇逆，家家思亂，人人自危。山東牧守，咸以《春秋》之義，＇衛人討州吁於濮＇，言人人皆得討賊。於是大興義兵，名豪大俠，富室強族，飄揚雲會，萬里相赴；兗豫之師戰於滎陽，河內之甲軍於孟津。卓遂遷大駕，西都長安。而山東大者連郡國，中者嬰城邑，小者聚阡陌，以還相吞滅。＂（《三國誌‧魏誌‧文帝紀》註引）這正是當日東方混亂割據形勢的寫照。大的割據州郡，中的割據縣邑，小的也在鄉里稱王。東漢帝國瓦解了。

3 董卓被殺，關中殘破

為了穩定關中局面和鞏固他的權力，董卓仍不得不用有名望的原來的朝廷大臣。但董卓性情粗野，遇人無禮，動輒殺人，朝臣上下都惶恐不安，關東士大夫是很難和他合作的。

司徒王允、司隸校尉黃琬等，密謀殺卓。董卓有愛將中郎將呂布，便弓馬、善騎射，膂力過人。董卓外出常以呂布自隨。董卓性剛愎，一次呂布小失卓意，卓投手戟刺布。呂布因常隨侍卓左右，有機會和董卓左右侍妓妾接觸，不免有男女間不正當關係。《三國演義》加以渲染，演義出呂布戲貂嬋的故事。呂布怕這消息傳到董卓耳裏，常常惴惴不自安。王允平時待呂布厚，呂布便把心中苦惱說給王允聽，請王允出主意。這正合王允心願，遂定計誅卓。

初平三年（192 年）四月，獻帝大病初癒，於未央宮大會群臣。董卓入見。董卓也做了自衛安排，令呂布帶兵隨侍左右，士兵夾道。自卓營至宮，左步右騎，屯衛周匝。王允、呂布也做好安排，在北掖門內埋伏下勇士，在董卓入宮後下手。

董卓入北掖門。呂布的同黨騎都尉李肅持戟刺卓。董卓內穿護甲，刺之不入，但被刺倒車下。董卓大呼：「呂布何在？」呂布應聲而出曰：「有詔討賊臣！」（《後漢書‧董卓列傳》）布以矛刺卓，士卒擁上殺卓。

董卓被殺的消息傳出宮門，士卒皆稱萬歲，百姓歌舞於道。長安城中士女，賣其珠玉衣裝，市酒肉相慶。董卓素肥胖，百姓們置火於董卓肚臍中燃燒。

在董卓死前，他曾派親信將領牛輔率領校尉李傕、郭汜、張濟屯駐在陝（今河南陝縣）。董卓死，牛輔為左右所殺，李傕、郭汜等眾無依。他們求王允赦免他們。王允這人，剛愎自用，不知權變，以為一歲不可再赦，不許。李傕、郭汜恐懼彷徨，沒了主意，不知如何是好。討虜校尉武威人賈詡時在李傕、郭汜營中。這人足智多謀，他對李、郭說：「聞長安中議欲盡誅涼州人，諸君若棄軍單行，則一亭長能束君矣。不如相率而西，以攻長安，為董公報仇。……若其不合，走未後也。」（同上）李傕、郭汜聽了，認為只有這條生路，說：「京師不赦我，我當以死決之。若攻長安克，則得天下矣；不克，則鈔三輔婦女財物，西歸鄉里，尚可延命。」（同上）

涼州人在軍的，都願意跟隨求活。於是有數千人結盟，晝夜鼓行而西。沿途收兵，到長安時已有十餘萬人。圍攻長安。呂布部下叟兵（蜀兵）做內應，開門納降，涼州兵一擁而進了長安。呂布戰敗，逃往關東。王允被殺。獻帝和群臣落入李傕、郭汜手中。

李傕、郭汜等，都是些無文化、無教養的武人，愚昧無知。取得長安不久，就互相猜疑、互相攻打起來。李傕把獻帝劫持到他的兵營裏去，郭汜就劫留了朝臣公卿。

李傕、郭汜攻打廝殺，受害的是長安和關中百姓。長安城中「人相食啖，白骨委積，臭穢滿路。」（同上）「二三年間，關中無復人跡。」（同上）這話可能是誇大了的。但關中、長安百姓的苦難，確是很嚴重的。

興平二年（195 年），李傕將楊奉叛傕，駐軍長安東。七月，獻帝得到李傕的同意，逃出長安，東歸洛陽。但剛出長安城，李傕、郭汜又後悔了，率兵追趕。獻帝投奔楊奉，由楊奉保護，取道弘農（今河南靈寶市北）到曹陽。李傕、郭汜追兵趕到，楊奉兵敗，獻帝東逃，步行到孟津，渡河到大陽，楊奉等奉獻帝暫駐安邑（今山西夏縣西）。獻帝的臨時住房，是一個以荊棘為院落的民房。皇帝和群臣會見，兵士都圍在籬笆外觀看，擠壓喧鬧，互相取笑。有的將校自持酒食找皇帝飲酒。侍中阻止他們，他們便喧呼吵鬧。次年（196 年）正月，改元建安。七月，獻帝才回到洛陽，路上整整走了一年，歷盡艱苦。但他終於回到了洛陽——他的舊都。這年九月，曹操親自來洛陽迎獻帝都許（今河南許昌市西）。此後，獻帝在許又做了二十五年皇帝。在這二十多年裏，他的生活是安定的，但卻是不如意的。這個時代是歷史上有名的建安時代。對老百姓來說，這是個戰亂中安定的時代了。

護送獻帝逃出關中去洛陽的楊奉，本是黃巾軍白波一支的一個渠帥。《後漢書・董卓列傳》說：“（李）傕將楊奉，本白波賊帥。”楊奉可能亦作楊鳳。《三國誌・魏誌・張燕傳》註引《九州春秋》說：“張角之反也，黑山、白波、黃龍……飛燕、白爵、楊鳳、于毒等各起兵。大者二、三萬，小者不減數千。靈帝不能討，乃遣使拜楊鳳為黑山校尉，領諸山賊，得舉孝廉、計吏。後遂瀰漫，不可復數。”楊奉在護衛獻帝回洛陽的路上遭到李傕、郭汜追擊時，曾向白波軍求援。《後漢書・董卓列傳》說：楊奉“密遣間使至河東，招故白波帥李樂、韓暹、胡才……並率其眾數千騎來與，（董）承、奉共擊傕等，大破之。”

略述白波帥楊奉一段插曲，意在說明黃巾暴動雖於一年之內即被鎮壓下去，而其影響則是多方面的。在東漢末年的歷史中，不時地可以看到黃巾軍的影子。

三、曹、袁爭勝

1 曹操、袁紹出身

　　建安元年（196 年）七月，獻帝回到洛陽。這時關東的形勢是：袁紹穩佔冀州，勢力最大；曹操佔有兗、豫，士馬精壯。另外，南陽有張濟、張繡，荊州有劉表，袁術在淮南，劉備、呂布在徐州，孫策據有江東。

東漢末年軍閥割據形勢圖

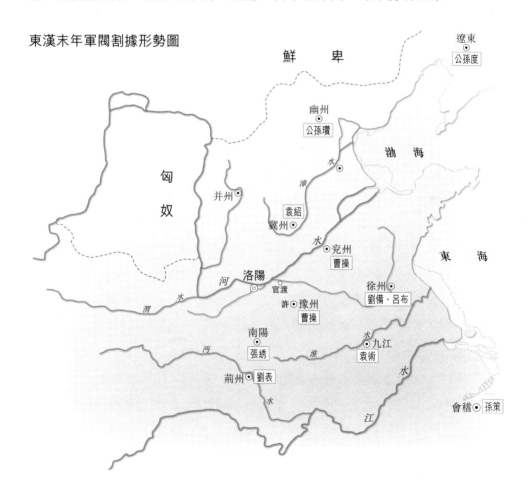

　　袁紹，汝南汝陽（今河南商水西南）人。高祖父袁安，章帝時為司徒。自安以下，四世居三公位。"門生故吏遍於天下。"《《後漢書・袁紹列傳》）袁紹母死，歸葬汝南，四方來會葬的有三萬人《《三國誌・魏誌・武帝紀》註引皇甫謐《逸士傳》）。袁家可說是東漢末年"勢傾天下"《《三國誌・魏誌・袁紹傳》）的一家大族。

　　袁紹從長安逃到東方後，董卓為了拉攏他，任命他為渤海太守。後來，袁紹又從韓馥手裏奪得冀州。當時的冀州，在東方各州中是比較殷實的地方。韓馥以冀州讓給袁紹時，他的部屬曾對他說："冀州雖鄙，帶甲百萬，穀支十年。袁紹孤客窮軍，仰我鼻息，譬如嬰兒在股掌之上，絕其哺乳，立可餓殺。奈何乃欲以州與之？"（同上）曹操打敗袁紹取得冀州後對崔琰說："昨案貴州戶籍，可得三十萬眾。"《《三國誌・魏誌・袁紹傳》註引《世語》）這些話，都說明冀州在當時比起其他各州來，是比較殷實的。

　　佔有河北以為基地，這是袁紹的夙願。袁紹、曹操起兵討董卓時，有一次兩人閒敘。袁紹問曹操："若事不輯，則方面何所可據？"曹操反問："足下意以為何如？"袁紹說："吾南據河，北阻燕、代，兼戎狄之眾，南向以爭天下，庶可以濟乎？"《《三國誌・魏誌・武帝紀》）

　　據有冀州後，袁紹的從事沮授對他說："將軍弱冠登朝，則播名海內；值廢立之際，則忠義奮發；單騎出奔，則董卓懷怖；濟河而北，則勃海稽首。振一郡之卒，撮冀州之眾，威振河朔，名重天下。雖黃巾猾亂，黑山跋扈，舉軍東向，則青州可定；還討黑山，則張燕可滅；回眾北首，則公孫必喪；震脅戎狄，則匈奴必從。橫大河以北，合四州之地，收英雄之才，擁百萬之眾，迎大駕於西京，復宗廟於洛邑，號令天下，以討未復，以此爭鋒，誰能敵之？比及數年，此功不難。"袁紹說："此吾心也。"《《三國誌・魏誌・袁紹傳》）袁紹的心是不是如此，是另一問題，他佔有冀州，早年的理想有了實現的基礎，從心裏高興則是真的。這時的袁紹，真是躊躇滿志了。

　　袁紹在東方割地稱雄的群雄中，是最強大的一個。

　　曹操，這在中國是個家喻戶曉的人物。他是沛國譙（今安徽亳縣）人。祖父曹騰，桓帝時中常侍大長秋，封費亭侯。父嵩，是曹騰的養子。有的記載說，曹嵩是夏侯氏家的孩子、後來的曹操大將夏侯惇的叔父。從曹氏、夏侯氏兩家的關係看，這是可能的（說見《三國誌·魏誌·武帝紀》註引《曹瞞傳》和郭頒的《世語》）。曹操從小"機警，有權數。"（《三國誌·魏誌·武帝紀》）東漢末年，品評人物的風氣很盛，這是當時政治腐敗所激起的風氣。士大夫在政治上受壓又不能忘情時事，遂激憤而品評政事和人物。等到政事不能評論了，只剩有品評人物了。范曄說："桓靈之間，主荒政繆，國命委於閹寺，士子羞與為伍，故匹夫抗憤，處士橫議，遂乃激揚名聲，互相題拂，品核公卿，裁量執政。婞直之風，於斯行矣。"（《後漢書·黨錮列傳》序）范曄的話是有道理的。當時汝南有月旦評，對時事人物每月一評。東漢末年，汝南是人物薈萃的地方，當時就流行一句話"汝潁多奇士"。（《三國誌·魏誌·郭嘉傳》）人物薈萃，才能出現月旦評。月旦評的領袖人物許子將就評論曹操說："子，治世之能臣，亂世之奸雄也。"（《三國誌·魏誌·武帝紀》註引孫盛《異同雜語》）曹操同意許子將對他的評語，聽後非常高興。

　　東漢宦官，也有兩面屬性：一是腐敗奸邪，為士大夫所疾恨；二是維護皇權，與世家豪族（外戚是世家豪族的代表家族）相對抗；他們"一心王室，不事豪黨。"（《後漢書·宦者列傳·鄭眾傳》）曹操繼承了宦官這後一屬性。他年二十就舉孝廉為郎，除洛陽北部尉。他"初入尉廨，繕治四門。造五色棒，縣門左右各十餘枚，有犯禁者，不避豪強，皆棒殺之。後數月，靈帝愛幸小黃門蹇碩叔父夜行，即殺之。京師斂跡，莫敢犯者。"（《三國誌·魏誌·武帝紀》註引《曹瞞傳》）他雖然出身宦官家族，卻極力向士大夫群靠攏。他所交遊的人，多是世家豪族名士大夫。他青年時期，和袁紹就是很好的朋友。對不法宦官，他是打擊的，棒殺夜行犯法的小黃門蹇碩的叔父就是一例。

　　曹操參加過征討黃巾的戰爭，在潁川和黃巾軍作過戰。戰後遷濟南相。"國有十餘縣，長吏多阿附貴戚，贓污狼藉，於是奏免其八；禁斷淫祀，奸宄逃竄，郡界肅然。"（《三國誌·魏誌·武帝紀》）

　　何進謀殺宦官，接受袁紹的建議招董卓進京。曹操反對。他說："閹豎之官，古今宜有，但世主不當假之權寵，使至於此。既治其罪，當誅元惡，一獄吏足矣，何必紛紛召外將乎？欲盡誅之，事必宣露，吾見其敗也。"（《三國志・魏誌・武帝紀》註引《魏書》）

　　中平六年，何進為宦官所殺，董卓進京，京都大亂。曹操乃變姓名，間行東歸。到了陳留（今河南陳留），散家財，合義兵。十二月，起兵己吾（今河南寧陵西南），討董卓。

　　經過幾年混戰，到獻帝回到洛陽時，曹操已破青州黃巾，受降卒三十萬，男女百餘萬口，戰敗袁術、陶謙、呂布，佔有兗州，任兗州牧。迎獻帝都許後，又佔有豫州。

　　袁紹、曹操，青年時期是朋友，合作討伐過董卓。建安以前，在東方軍閥混戰中，兩人又常是合作的。袁紹就說："曹操當死數矣，我輒救存之。"（《三國志・魏誌・袁紹傳》註引《獻帝春秋》）但建安以來，兩人的矛盾就多起來。為爭天下，爭得你死我活。

2　挾天子而令諸侯

　　獻帝從長安逃回洛陽的路上，吃了不少苦難。袁紹的謀士沮授曾勸袁紹迎獻帝都鄴。他說："將軍累葉輔弼，世濟忠義。今朝廷播越，宗廟毀壞，觀諸州郡外託義兵，內圖相滅，未有存主恤民者。且今州城粗定，宜迎大駕，安宮鄴都，挾天子而令諸侯，畜士馬以討不庭，誰能禦之。"（《三國志・魏誌・袁紹傳》註引《獻帝傳》。《後漢書・袁紹列傳》略同）袁紹另外兩位謀士郭圖、淳于瓊反對。他們說："漢室陵遲，為日久矣，今欲興之，不亦難乎？且今英雄據有州郡，眾動萬計，所謂秦失其鹿，先得者王。若迎天子以自近，動輒表聞，從之則權輕，違之則拒命，非計之善者也。"（同上）沮授說："今迎朝廷，至義也，又於時宜大計也，若不早圖，必有先人者也。夫權不失

機，功在速捷，將軍其圖之。"（同上）

當初董卓廢少帝立獻帝，袁紹反對。袁紹聽了郭圖、淳于瓊的話，不迎獻帝。（按：《獻帝傳》和《後漢書・袁紹列傳》都說郭圖反對迎獻帝，而《三國誌・魏誌・袁紹傳》則說："初，天子之立非紹意，及在河東，紹遣潁川郭圖使焉。圖還，說紹迎天子都鄴，紹不從。"與《獻帝傳》、《後漢書・袁紹列傳》不同。《資治通鑒》從《獻帝傳》和《後漢書・袁紹列傳》。我這裏從《獻帝傳》、《後漢書》和《資治通鑒》。看郭圖前後行事，他大約是不會主張迎獻帝的。）

從袁紹的聽與不聽上，可以看到袁紹的內心。郭圖、淳于瓊所說"秦失其鹿，先得者王"，對袁紹是很動聽的。袁紹不願迎獻帝的根本原因，是他自己想做皇帝。自己想當皇帝而迎個皇帝來，如何結局？所以不迎。

說袁紹想做皇帝，並不冤屈他。建安元年他以詐騙手段從韓馥手裏奪得冀州時，曾私使主簿耿苞向他報告說："赤德（指漢朝）衰盡，袁為黃胤，宜順天意。"（《三國誌・魏誌・袁紹傳》註引《典略》）袁紹把耿苞的密報拿給下屬去看，下屬大嘩，說耿苞妖妄該殺。袁紹不得已把耿苞殺了，但袁紹想做皇帝的野心也暴露出來了。

袁氏家族的人不但袁紹想做皇帝，袁術也想做皇帝，而且還真的做起來了。只是當時並沒有人支持他，又被曹操打敗。他想繞道青州投靠袁紹，不想發病死在路上。臨死前寫信給袁紹還說："袁氏受命當王，符瑞炳然。"（《三國誌・魏誌・袁術傳》註引《魏書》）因而勸袁紹稱帝。袁紹"陰然之"（暗自同意袁術的說法）。

袁紹不迎獻帝，曹操卻決定去迎。曹操的謀士荀彧也勸曹操迎獻帝，他說："自天子播越，將軍首唱義兵，徒以山東擾亂，未能遠赴關右，然猶分遣將帥，蒙險通使，雖禦難於外，乃心無不在王室，是將軍匡天下之素志也。今車駕旋軫，東京榛蕪，義士有存本之思，百姓感舊而增哀。誠因此時，奉主上以從民望，大順也；秉至公以服雄傑，大略也；挾弘義以致英俊，大德也。天下雖有逆節，必不能為累，明矣。韓暹、楊奉（二人時侍衛獻帝）其敢為害！若不時定，四方生心，後雖慮之，無及。"（《三國誌・魏誌・荀彧傳》）

曹操當然不是老實厚道人，他是"治世之能臣，亂世之奸雄"。他所處的正是亂世，也就顯露了他的奸雄面貌。他料到迎獻帝到手，也不會出現"從之則權輕，違之則拒命"的局面，反之還會得到"挾天子而令諸侯，畜士馬以討不庭"的利益。

袁紹沒有想到，迎獻帝和自己做皇帝並不矛盾，迎獻帝反而為自己做皇帝創造條件。至於說"從之則權輕，違之則拒命"，是糊塗話。迎獻帝在手，只是個傀儡，哪裏還有從之、違之的問題？曹操就比袁紹高明多了。

沮授、荀彧和諸葛亮一樣，都是三國時期第一流的智慧人物。三人的遭遇卻完全不同。沮授遭逢袁紹，智慧不得發揮反受猜疑。官渡之戰為曹

許昌曹魏故城遺址（劉煒攝）

許位於今河南省中部，古為許國。魏文帝曹丕以"魏基昌於許"，改許為"許昌"。

操所俘，不降而死。荀彧遭逢曹操，可謂言聽計從。君子愛人以德，最後因不同意曹操稱王而被曹操迫死。只有諸葛亮，他和劉備可謂君臣相得無間。劉備對諸葛亮託孤而不疑，諸葛亮對劉備鞠躬盡瘁死而後已。這是後話，暫且打住。

七月，獻帝到洛陽。九月，曹操親自到洛陽迎接獻帝在許（今河南許昌市西）建都。曹操原已佔有兗州，為兗州牧，現又佔有豫州，以許為都邑，挾天子而令諸侯。關中馬騰、韓遂皆來附。後來，袁紹每接到朝廷詔令有不便於自己的，才開始後悔沒有迎接獻帝都鄴的失策。他要曹操徙獻帝都鄄城（今山東鄄城北），靠他近些，曹操哪裏肯聽。這自然招得袁紹惱怒。

當時在幽州的是公孫瓚。袁紹和公孫瓚連年戰爭。建安四年（199 年），袁紹大軍圍困公孫瓚於幽州易京（今河北雄縣西北）。易京極為堅固，“為圍塹十重，於塹裏築京，皆高五六丈，為樓其上；中塹為京，特高十丈，自居焉，積穀三百萬斛。瓚曰：‘……兵法，百樓不攻。今吾樓櫓千重，食盡此穀，足知天下之事矣。’”（《三國誌・魏誌・公孫瓚傳》）袁紹為地道突壞其樓，漸漸接近他的中京。公孫瓚自知必敗，先殺妻子，而後自殺。袁紹遂佔有幽州。這位公孫將軍，有點呆氣。兵法上說過“百樓不攻”，於是他便建起千樓，以為這下住進去可保萬全。沒有想到，被袁紹的地道攻破了，身敗名裂。董卓也有過這種夢。董卓也曾“築郿塢，高與長安城埒，積穀為三十年儲。云：‘事成，雄踞天下；不成，守此足以畢老。’”（《三國誌・魏誌・董卓傳》）董卓死了，郿塢救不了董卓。易京也沒有救公孫瓚。但由此也可見，築塢壁自守，當時是很風行的。

袁紹佔有幽州後，又東西擴地，以長子袁譚為青州刺史，中子袁熙為幽州刺史，外甥高幹為并州刺史，盡有河北四州。

袁紹既擁有河北四州之地，兵強馬壯，慢慢驕傲起來。過河消滅曹操，進而統一中原、統一全國之心也就慢慢滋長了。

3 曹操屯田許下

就在曹操迎獻帝都許這一年即建安元年（196年），曹操還做了一件大事，就是在許下屯田。迎獻帝都許，使曹操在政治方面佔先一步，挾天子而令諸侯，各地割據勢力不得不聽命；許下屯田，又使曹操解決了經濟問題，特別是軍糧問題，使自己兵精糧足，強大起來。

東漢末年的戰亂，給生產帶來極大破壞。人民流亡死傷，土地失耕，人民生活極度困難，乃至出現人吃人的現象。《三國誌・魏誌・武帝紀》註引《魏書》記載説：“自遭荒亂，率乏糧穀。諸軍並起，無終歲之計，飢則寇略，飽則棄餘，瓦解流離，無敵自破者不可勝數。袁紹之在河北，軍人仰食桑椹；袁術在江、淮，取給蒲蠃。民人相食，州里蕭條。”

曹操屯田，是在這種情況下迫出來的。

興置屯田，這是棗祗的建議，成其事的有韓浩和任峻。《三國誌・魏誌・武帝紀》載：“是歲（指建安元年）用棗祗、韓浩等議，始興屯田。”《韓浩傳》註引《魏書》載：“時大議損益，浩以為當急田。”《任峻傳》載：“是時歲饑旱，軍食不足，羽林監穎川棗祗建置屯田，太祖以峻為典農中郎將，募百姓屯田許下，得穀百萬斛。郡國列置田官，數年中所在積穀，倉廩皆滿。……軍國之饒，起於祗而成於峻。”

在許下屯田建設中，棗祗、任峻、韓浩是三個有大功的人。韓浩參與了屯田的建議，並大力促成；任峻是完成屯田大業最有力的人，典農中郎將是總管屯田事宜的官；棗祗是提出屯田建議的主要人物，而且是屯田法規的制定人。棗祗在屯田制上是有大功的，可惜早死了。後來曹操在一個令中説：“陳留太守棗祗，天性忠能。始共舉義兵，周旋征討。後袁紹在冀州，亦貪祗，欲得之。祗深附託於孤，使領東阿令。呂布之亂，兗州皆叛，惟范、東阿完在，由祗以兵據城之力也。後大軍糧乏，得東阿以繼，祗之功也。及破黃巾定許，得賊資業，當興立屯田，時議者皆言當計牛輸穀，佃科以定。施行後，祗白以為僦牛輸穀，大收不增穀；有水旱災除大不便。反覆來説，孤猶以為當如故，大收不可復改易。祗猶執之，孤不知所從，使與荀令君議之。時故軍祭酒侯聲云：'科取官牛，為官田計。如祗議，於官便，於客不便。'聲懷此云云，以疑令君。祗猶自信，據計劃還白，執分田之術。孤乃然之，使為屯田都尉，施設田業。"（《三國誌‧魏誌‧任峻傳》註引《魏武故事》）這個令文下面還説："其時歲則大收，後遂因此大田，豐足軍用，摧滅群逆，克定天下，以隆王室。祗興其功，不幸早沒。"

曹操是高度評價屯田的作用的。他把摧滅群逆，克定天下，都歸功於屯田。

4　袁紹坐失良機

建安四年三月，袁紹剛剛戰勝公孫瓚佔有冀州，就簡精兵十萬，騎萬匹，準備向曹操發動進攻。這時出兵，對袁紹是不利的。謀士沮授、田豐指出這點，並向袁紹劃策説："師出歷年，百姓疲弊，倉庾無積，賦役方殷，此國之深憂也。宜先遣使獻捷天子，務農逸民，若不得通，乃表曹氏隔我王路。然後進屯黎陽，漸營河南，益作舟船，繕治器械，分遣精騎，鈔其邊鄙，令彼不得安，我取其逸。三年之中，事可坐定也。"（《三國誌‧魏誌‧袁紹傳》註引《獻帝傳》）審配、郭圖反對，説："兵書之法，十圍五攻，敵則能戰。今以明公之神武，跨（《資治通鑒》作"引"，《後漢書‧袁紹列傳》作"連"）河朔之強眾，以伐曹氏，譬若覆手。今不時取，後難圖也。"（同上）

驕傲的袁紹，只能聽進審配、郭圖的話，是聽不進沮授、田豐的話的。

袁紹要進攻曹操，但他又抓不住機會。

袁紹説要攻許，卻並未即時出兵。曹操卻利用這段時間，作了一些防禦和進攻的安排，鞏固和加強了防禦力量。建安四年八月，曹操進兵黎陽（今河南浚縣北），使臧霸等率兵入青州防止袁譚從東方進攻。臧霸起自泰山，在地方上有勢力；有社會基礎（參看田餘慶教授《漢魏之際的青徐豪霸》，見《歷史研究》1983年第3期）。有臧霸防禦東方，袁紹若想從青州攻許便不大可能。曹操又在大河以南和官渡駐兵設防，自己在許坐鎮。

曹操還對關中作了安排。他派衛覬鎮撫關中。衛覬建議在關中恢復鹽專賣，以其收入購買犁牛供給四鄉流民耕田使用。董卓之亂時，關中人民流亡到荊州的有十多萬戶。關中稍稍安定後，流民多還鄉。當時關中軍人馬超、韓遂等正在地方割據稱霸。流民還鄉無法生活，多被軍人招去做了部曲。郡縣貧弱，無力和他們爭。流民有了犁牛，可以安居生產，不必投靠軍人作部曲。衛覬還建議使司隸校尉留治關中，為關中主。實行這兩條，可以使關中郡縣民力日強，削弱諸將勢力。曹操接受衛覬的建議，勢力逐漸向關中伸延。

南陽形勢的變化，更對曹操有利。這前後佔有南陽的是張繡。張繡原在建安二年投降過曹操。曹操納張繡之叔張濟之妻，張繡懷恨在心，又反，殺曹操長子曹昂，曹操狼狽敗走。張繡與劉表聯合，數與曹操作戰。

袁紹欲攻許，派人與張繡聯絡。張繡的謀臣賈詡當着張繡的面對袁紹的來使説：“歸謝袁本初（本初，袁紹字），兄弟不能相容，而能容天下國士乎？”兄弟，指袁術。

張繡大驚説：“何至於此？”又小聲問賈詡：“若此，當何歸？”

賈詡説：“不如從曹公。”

張繡説：“袁強曹弱，又與曹為仇，從之如何？”

賈詡説：“此乃所以宜從也。夫曹公奉天子以令天下，其宜從一也。紹強盛，我以少眾從之，必不以我為重。曹公眾弱，其得我必喜，其宜從二也。夫有霸王之志者，固將釋私怨，以明德於四海，其宜從三也。願將軍無疑。”

張繡聽賈詡的話，歸降曹操。曹操大喜，握着賈詡的手説：“使我信重於天下者，子也。”以賈詡為執金吾，封都亭侯。（以上引文均見《三國誌·魏誌·賈詡傳》）

　　張繡所將，多是涼州兵，個個勇猛善戰。南陽在許之南，張繡與劉表友善，兩家一直聯合與曹操為敵。張繡在南陽，可與袁紹聯手從南北兩方夾擊曹操，是曹操的大患。張繡投降，解除了曹操的後顧之憂。而且有了張繡的涼州兵，也大大增強了曹操的戰鬥力。

　　建安四年五年之交，還發生曹操與劉備的徐州之戰。

　　劉備，字玄德，涿郡涿縣（今河北涿縣）人，漢景帝子中山靖王之後。但傳到劉備，已是老百姓，家境極為貧困。劉備父早死，幼年即隨母以“販履織席為業。”《三國誌‧蜀誌‧先主傳》劉備自幼不愛讀書，喜狗馬、音樂、美衣服。“少言語，善下人，喜怒不形於色，好交結豪俠。”（同上）

　　從這裏看到，劉備的出身、憑藉是不能和袁紹、曹操相比的。袁紹是四世三公的大豪門，曹操也是宦門，劉備沒有。鎮壓黃巾軍時，朝廷置西園八校尉，袁紹是中軍校尉，曹操是典軍校尉。而此時的劉備，因參加鎮壓黃巾軍才得任個安喜縣尉。他幼年曾和公孫瓚同隨盧植讀書，參加討董卓後，由公孫瓚的援助得任試守平原縣令。後以救陶謙有功，由陶謙推薦為豫州刺史。陶謙病篤，以徐州讓給劉備。建安元年，曹操迎獻帝都許，以劉備為鎮南將軍，宜城亭侯。

　　到這時，劉備才算稍稍有點名氣，有一州立足之地，但仍然立足不穩。呂布和曹操爭兗州失敗，往投劉備，卻又乘劉備和袁術在盱眙、淮陰一帶作戰時，襲取了徐州。呂布讓劉備屯駐小沛（今江蘇沛縣）。劉備在小沛，士卒來歸者有萬餘人。呂布怕劉備於己不利，出兵攻劉備。劉備兵敗走歸曹操，曹操以劉備為豫州牧。曹操攻殺呂布，卻不肯以徐州歸還劉備，以劉備為左將軍，讓他住在許。當時也有人勸曹操殺掉劉備免留後患。曹操說：“方今收英雄時也，殺一人而失天下之心，不可。”《三國誌‧魏誌‧武帝紀》

　　曹操已認識到劉備是一個不肯在人下的英雄，對他禮遇有加，出則同輿，坐則同席。曹操嘗與劉備飲酒，從容論天下英雄。他對劉備說：“今天下英雄，唯使君（指劉備）與操耳！本初之徒，不足數也。”《三國誌‧蜀誌‧

先主傳》)

　　袁術在淮南稱帝，誰也不支持他，陷於孤立，最後走投無路，擬北歸袁紹。建安四年冬，曹操遣劉備率兵於徐州途中邀擊袁術。曹操的謀士郭嘉等聽到曹操派劉備帶兵邀擊袁術，趕去對曹操說：“劉備不可縱。”曹操也有些後悔，但已追不回來。

　　劉備來到徐州，袁術病死。劉備在許時，參加車騎將軍董承等的反曹密謀活動，劉備出徐州擊袁術，董承等密謀洩露被殺。劉備到徐州即據徐州反操。當然，劉備是不會久在人下的，曹操也不會久容劉備的。劉備之得去徐州，有如籠鳥歸林，沒有董承密謀洩露，他也不會回去。

　　劉備到徐州，即北與袁紹聯合。

　　曹操對袁紹、劉備都是深有了解的。他聽到劉備背叛他，立即於建安五年（200 年）正月向徐州進兵。眾將都說：“與公爭天下者，袁紹也。今紹方來而棄之東，紹乘人之後，若何？”公曰：“夫劉備，人傑也，今不擊，必為後患。袁紹雖有大志，而見事遲，必不動也。”(《三國誌‧魏誌‧武帝紀》)

　　劉備剛剛得到徐州，雖然收集了幾萬人，乃烏合之眾，怎敵曹操精銳之師！劉備戰敗，妻子被俘，關羽投降。劉備往河北，歸依袁紹。曹操還軍官渡，而袁紹始終未動。

　　袁紹手下也不是沒有人看到曹操東征劉備時，是攻許的機會，田豐就勸袁紹襲許，但袁紹不聽。袁紹要進攻曹操，卻又坐失良機。

　　半年之內，曹操在各方面都做好了安排。臧霸將精兵入青州堵住了袁紹從東路攻許的路；關中諸將受到安撫，一時不會和袁紹聯合；張繡投降，解除了後顧之憂；擊破劉備，更消滅了從背後來襲的一大敵人。一切準備好了，曹操回歸官渡，做好迎擊袁紹的部署。

　　建安五年二月，袁紹進軍了，決定袁、曹兩家誰勝誰敗，誰將統一北方的官渡之戰，於焉開始。

四、官渡之戰

官渡之戰，由建安五年（200年）二月袁紹進兵黎陽開始，到同年十月袁軍大潰為止，前後歷時八個月。

1　時人對勝敗的預估

戰爭前夕，已有不少人對戰爭的誰勝誰敗有所評估。曹操自己是很有信心的，他說："吾知紹之為人，志大而智小，色厲而膽薄，忌克而少威，兵多而分畫不明，將驕而政令不一，土地雖廣，糧食雖豐，適足以為吾奉也。"（《三國誌‧魏誌‧武帝紀》）

曹操自幼與袁紹為友，對袁紹的認識是比較深刻的。像曹操上述分析，說袁紹必敗是極有說服力的。但我們不能依據曹操的自我估計，因為袁紹也會自信他一定打勝。最好看別人的評估。

當時有識之士，大多是認為曹勝袁敗的。荀彧對曹操說："古之成敗者，誠有其才，雖弱必強，苟非其人，雖強易弱，劉、項之存亡，足以觀矣。今與公爭天下者，唯袁紹耳。紹貌外寬而內忌，任人而疑其心，公明達不拘，唯才所宜，此度勝也。紹遲重少決，失在後機，公能斷大事，應變無方，此謀勝也。紹御軍寬緩，法令不立，士卒雖眾，其實難用，公法令既明，賞罰必行，士卒雖寡，皆爭致死，此武勝也。紹憑世資，從容飾智，以收名譽，故士之寡能好問者多歸之，公以至仁待人，推誠心不為虛美，行己謹儉，而與有功者無所吝惜，故天下忠貞效實之士咸願為用，此德勝也。夫以四勝輔天子，扶義征伐，誰敢不從？紹之強其何能為！"（《三國誌‧魏誌‧荀彧傳》）

涼州從事楊阜，出使許都，回到關右後，諸將問他曹袁勝敗。楊阜說：“袁公寬而不斷，好謀而少決；不斷則無威，少決則失後事，今雖強，終不能成大業。曹公有雄才遠略，決機無疑，法一而兵精，能用度外之人，所任各盡其力，必能濟大事者也。”（《三國誌·魏誌·楊阜傳》）

就是袁紹的謀士如沮授、田豐，也都認為袁紹必敗或可能敗。田豐對袁紹說：“曹操既破劉備，則許下非復空虛。且操善用兵，變化無方，眾雖少，未可輕也。今不如久持之。將軍據山河之固，擁四州之眾，外結英雄，內修農戰，然後簡其精銳，分為奇兵，乘虛迭出，以擾河南，救右則擊其左，救左則擊其右，使敵疲於奔命，人不得安業，我未勞而彼已困，不及三年，可坐克也。今釋廟勝之策而決成敗於一戰，若不如志，悔無及也。”（《後漢書·袁紹列傳》）

沮授隨袁紹出兵，行前招宗族散家財說：“勢存則威無不加，勢亡則不保一身。哀哉！”他弟弟宗說：“曹操士馬不敵，君何懼焉？”沮授說：“以曹兗州之明略，又挾天子以為資，我雖克伯珪（公孫瓚字），眾實疲敝，而主驕將忕，軍之破敗，在此舉矣。楊雄有言：‘六國蚩蚩，為嬴弱姬。’今之謂乎！”（同上）

曹操謀士郭嘉對曹、袁優劣也有評價，他的意見大體上同於荀彧的意見。這可能是英雄所見略同，抑或記載所致。

荀彧、郭嘉、沮授、田豐，都是三國時期第一流的才智之士，他們的看法代表了當時高階層智慧人物的意見。

2　官渡之戰的序幕

官渡之戰是由三個主要戰役組成的：（1）解白馬（今河南滑縣東）之圍；（2）延津（今河南延津縣北）之戰；（3）官渡（今河南中牟北）主力決戰。其中，解白馬之圍和延津之戰，又可看作是官渡主力決戰的序幕。

建安五年二月，袁紹遣大將顏良攻曹操別將劉延於白馬，紹自領大軍進駐黎陽（今河南浚縣，當時河水穿行黎陽、白馬之間，黎陽在河北，白馬在河南），準備過河。

官渡之戰中，袁紹投入戰鬥的兵力，諸書記載都說是十萬人。如《三國誌‧魏誌‧袁紹傳》載：“簡精卒十萬，騎萬匹，將攻許。”曹操投入的兵力，諸書多謂不過萬人，如《三國誌‧魏誌‧武帝紀》載：“時公兵不滿萬，傷者十二三。”又同書《荀彧傳》載，荀彧對曹操説：“公以十分居一之眾，畫地而守之。”但註《三國誌》的裴松之不同意曹操兵不滿萬的説法。裴松之以為“魏武初起兵，已有眾五千，自後百戰百勝，敗者十二三而已矣。但一破黃巾，受降三十餘萬，餘所吞併，不可悉紀；雖征戰損傷，未應如此之少也。”（《三國誌‧魏誌‧武帝紀》註）他還舉了幾條實例，説明曹操兵力“不得甚少”。他認為説曹操兵不滿萬，是“記述者欲以少見奇，非其實錄也。”（同上）

裴松之的想法，大約是合乎實際的。官渡之戰，是曹操生死攸關的一戰，他必然要傾全力以赴，除在後方留下最起碼的治安必需的部分軍隊外，必然要全力投入戰鬥。戰爭前夕歸附曹操的張繡，是馬上就帶兵投入戰鬥的。《三國誌‧魏誌‧張繡傳》説：“官渡之役，繡力戰有功，遷破羌將軍。”估計張繡率領投入官渡之戰的兵力至少應有數千人。説曹操“兵不滿萬，傷者十二三”，是太少了。但曹操兵比袁紹兵少，是絕無問題的。

曹操如何來迎接這場存亡攸關的戰爭呢？首先是如何解白馬之圍。謀臣荀攸獻策説：“今兵少不敵，分其勢乃可。公到延津，若將渡兵向其後者，紹必西應之，然後輕兵襲白馬。掩其不備，顏良可擒也。”（《三國誌‧魏誌‧武帝紀》）曹操大體上是按荀攸的話去解白馬之圍的。所謂“分其勢乃可”，是説必須使袁紹兵力分散。延津在白馬西南，荀攸建議曹操引兵趨延津是虛張聲勢，假裝要從延津北渡河抄襲袁軍後路，引誘袁紹分兵西來應戰，然後自己集中兵力，快速行軍，抄襲白馬外圍的袁軍。

　　曹操採納荀攸的建議，照計行事。袁紹看到曹操兵趨延津，要從那裏渡河抄自己的後路，就分兵西去應敵。曹操得知袁紹已分兵西去，即從延津急行軍斜趨白馬。未到十餘里，顏良才得到消息，大驚，倉促前來應戰。曹操大破顏良軍，臨陣斬良，遂解白馬之圍。於是徙白馬軍民，沿河往西撤退。

　　白馬之戰，曹操之所以能取得勝利，可以歸納為以下幾點：第一，曹軍完全操主動權，袁軍則處於被動地位。曹操要袁紹分散兵力，袁紹則“聽命”分散兵力。袁紹受敵軍假動作的迷惑，以為曹操要從延津渡河，便分兵西去迎敵，卻是受了欺騙。第二，曹操採用的是集中優勢兵力各個殲滅敵人的作戰方略。從整個作戰兵力上說，袁紹強，曹操弱，袁紹兵多，曹操兵少。如果曹操直接出兵去解白馬之圍，袁紹大軍必然從黎陽過河增援。曹操兵少勢弱，不但不能解白馬之圍，還有全軍被擊敗和被殲滅的危險。曹軍佯裝從延津渡河，引袁軍分兵西去，一方面分散了袁軍的兵力，一方面還可能吸引住袁紹大軍暫駐黎陽以觀形勢。這樣，在曹操集中兵力來解白馬之圍時，顏良的部隊便可能是少數。結果一戰而全被殲滅，主將也沙場戰死。第三，曹操所採用的是速戰速決的戰術。這是由戰場形勢決定的，也是由雙方兵力懸殊所決定的。當時大河流經黎陽、白馬之間，黎陽在河北，白馬在河南。兩地相距不過幾十里路。即使因舟船轉渡大軍過河不易，需要時間，但也不會用時間過久。這就要求曹操從延津向白馬的行軍，既要機密又要神速，作戰又要速決。不然，在黎陽的袁紹援軍一到，戰局就要完全改觀。速戰速決，使曹操勝利。

　　在曹操從白馬向後撤退的時候，袁紹從黎陽渡河追擊，在延津南又打了一仗。曹操又打勝了。《三國志·魏誌·武帝紀》記述這一戰役說：“紹於是渡河追公軍，至延津南。公勒兵駐營南阪下，使登壘望之，曰：‘可五六百騎。’有頃，復白：‘騎稍多，步兵不可勝數。’公曰：‘勿復白。’乃令騎解鞍放馬。是時，白馬輜重就道。諸將以為敵騎多，不如還保營。荀攸曰：'此所以餌敵，如何去之！'紹騎將文醜與劉備將五六千騎前後至。諸將復白：'可上馬。'公曰：'未也。'有頃，騎至稍多，或分趣輜重。公曰：'可矣！'乃皆上馬。時騎不滿六百，遂縱兵擊，大破之，斬醜。良、醜皆紹名將也，再戰，悉擒，紹軍大震。"（同上）

滅公孫瓚後，袁紹就驕傲起來。《後漢書・袁紹列傳》就說他"既併四州之地，眾數十萬，而驕心轉盛。"這次袁紹親率大軍南下，陳琳為袁紹寫了"討曹操檄州郡文"。檄文說曹操之敢入河北是"欲運螳螂之斧，禦隆車之隧"，袁紹之討曹操是"若舉炎火以焚飛蓬，覆滄海而注爝炭。"（《後漢書・袁紹列傳》）這雖是說大話，也的確道出了袁紹的驕心。審配、郭圖"今以明公之神武，連河朔之強眾，以伐曹操，其勢譬若覆手"（同上）一套話，袁紹聽得很入耳。他所想到的，只是馬到成功，一舉而消滅曹操，聯兵入許。沮授深切感到袁紹的驕傲而憂心忡忡。出兵之前，他就對袁紹說："救亂誅暴，謂之義兵；恃眾憑強，謂之驕兵。義者無敵，驕者先滅。"（同上）白馬之敗，並沒有使袁紹的頭腦清醒過來，袁紹從黎陽過河進兵時仍然盛氣凌人，自以為必勝。沮授渡河時就歎息地說："上盈其志，下務其功，悠悠黃河，吾其濟乎！"（同上）

驕兵是必敗的。

曹操利用了袁紹的驕傲和袁紹將士的貪功貪財。曹操也深切了解自己的部下，人數雖少但有訓練，置之危地將只有更勇敢而不是怯懦。曹操採取了以白馬輜重為餌的策略，袁紹騎兵雖多，但到了"或分趣輜重"的時候，已亂了陣腳，成了烏合之眾了。《三國誌・魏誌・荀攸傳》就說："太祖……遂以輜重餌賊，賊競奔之，陣亂。乃縱步騎擊，大破之。"

3 官渡主力決戰

打勝了兩個序幕戰後,曹操從容不迫地把軍隊撤到官渡。這是一個主動的戰略撤退。在官渡和袁紹決戰,對曹操有利。這裏已深入到曹操的控制區域,比較靠近許都。曹操縮短了防線,補給線也縮短了,兵力更可以集中。反之,對袁紹來説,則是深入敵境,分散了兵力,延長了補給線。

袁紹應該如何來打官渡之戰呢?曹操撤兵到官渡時,袁紹也隨之進兵到陽武(今河南原陽東南)。這時,沮授又獻策説:"北兵數眾而果勁不及南,南穀虛少而貨財不及北;南利在於急戰,北利在於緩搏。宜徐持久,曠以日月。"(《三國誌‧魏誌‧袁紹傳》)

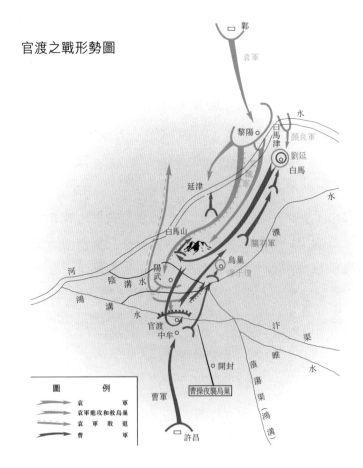

官渡之戰形勢圖

這仍是出兵前沮授、田豐一再向袁紹建議的作戰策略，這樣打法符合袁紹方面的客觀情況。按理，袁紹在打了兩個不小的敗仗、死了兩員大將之後，應該反省一下自己的戰略、戰術了，但袁紹並沒有認真考慮沮授的意見，而是一下就予以否定了。

建安五年八月，袁紹自陽武連營稍前，進迫官渡。依沙堆為屯，東西數十里。曹操亦分營相當。從八月到十月，袁、曹兩軍在官渡相持了兩三個月。曹軍是守，袁軍是攻。袁軍兵多勢強，曹軍兵少勢弱，曹軍的處境是非常困難的。袁紹「為高櫓，起土山。射營中，營中皆蒙楯。眾大懼。太祖（曹操）乃為發石車，擊紹樓，皆破，紹眾號曰霹靂車。紹為地道，欲襲太祖營。太祖輒於內為長塹以拒之……太祖與紹相持日久，百姓疲乏，多叛應紹，軍乏食。」(同上)

曹操一度打算撤退到許，再和袁紹決戰。他寫信給留守在許的荀彧商量。荀彧不同意，說這是危險的。他勸曹操堅持下去，他說：「今軍食雖少，未若楚、漢在滎陽、成皋間也。是時劉、項莫肯先退，先退者勢屈也。公以十分居一之眾，畫地而守之，扼其喉而不得進，已半年矣。情見勢竭，必將有變，此用奇之時，不可失也。」(《三國誌・魏誌・荀彧傳》)

照當時情況看，從官渡撤退確實是很危險的。果真撤退，不僅官渡不守，許也難保。直到建安十二年，官渡之戰後七年，曹操仍一直念念不忘荀彧勸他不從官渡撤退之功。他上表給獻帝說：「昔袁紹侵入郊甸，戰於官渡。時兵少糧盡，圖欲還許。書與彧議，彧不聽臣。建宜住之便，恢進討之規，更起臣心，易其愚慮，遂摧大逆，覆取其眾。……向使臣退於官渡，紹必鼓行而前，有傾覆之形，無克捷之勢。」(《三國誌・魏誌・荀彧傳》註引《彧別傳》)

曹操聽了荀彧的意見，堅定了堅守官渡的決心。

袁紹也曾試圖分兵擾亂曹操的後方。他曾派劉備到汝南一帶協助當地的地方勢力，抄略曹操後方。開始，也確曾使「自許以南，吏民不安。」(《三國誌・魏誌・曹仁傳》) 但劉備「新將紹兵，未能得其用。」(同上) 曹操派曹仁出擊，劉備敗退。袁紹又遣別將韓荀抄斷西路，也被曹仁擊破。袁紹就不再分兵出擊了。

派兵擾亂曹操後方，本是沮授、田豐原先就向袁紹提出過的建議，但這時已不很切合實際。袁紹討曹操的檄文中雖然說到"并州越太行，青州涉濟、漯，大軍泛黃河以角其前，荊州下宛、葉而掎其後"《後漢書·袁紹列傳》，造成四面包圍的形勢，而實際出兵的卻只有袁紹親自率領的黎陽到官渡這一路。劉表一路，按兵不動，所謂"表許之而不至"《三國誌·魏誌·劉表傳》。建安四年春，曹操又佔有河內，"以魏種為河內太守，屬以河北事"《三國誌·魏誌·武帝紀》，并州高幹的軍隊無法越河而南。同年八月，曹操已派臧霸等將精兵入青州以捍東方。註《資治通鑒》的胡三省說："臧霸起於泰山，稱雄於東方者也，故使之為捍；袁氏雖欲自平原而東，無能為矣。"《資治通鑒》卷六三，建安四年秋八月註）青州刺史是袁紹的長子袁譚，從一出兵，袁譚就在袁紹身邊。袁紹似乎根本就沒有從青州出兵的打算，否則他是會派袁譚去青州的。虛張聲勢要四面包圍曹操，實際上只有一路。在這種情況下，派遣遊軍遠離大軍到汝南一帶去活動，就會陷於孤立，何況曹操早已有準備、有安排。劉備、韓荀不是被擊潰，就是被消滅。

建安五年九月，袁紹的運糧車數千輛送軍糧到官渡。荀攸對曹操說："紹運車旦暮至，其將韓莫（或作韓猛、韓若）銳而輕敵，擊可破也。"《三國誌·魏誌·荀攸傳》於是曹操派徐晃、史渙於路截擊韓莫，大破之，燒其輜重。冬十月，袁紹從河北又運來軍糧一萬多車，由大將淳于瓊等率領一萬多人護送。軍糧車在袁紹大營北四十里處的烏巢（今河南延津境）宿營。袁紹的謀士許攸正好於此來向曹操投降，他向曹操獻計乘夜往襲袁紹在烏巢的輜重。當時曹操的軍糧行將用盡，情況十分緊急。曹操採納許攸的獻計，留下曹洪、荀攸防守大營，自己親率"精銳步騎，皆用袁軍旗幟，銜枚縛馬口，夜從間道出，人抱束薪，所歷道有問者，語之曰：'袁公恐曹操鈔略後軍，遣兵以益備。'聞者信以為然，皆自若。既至，圍屯，大放火，

營中驚亂。"（《三國誌‧魏誌‧武帝紀》註引《曹瞞傳》）

　　天亮後，淳于瓊看到曹操兵少，先是開門出擊，後是入營固守。曹操一時攻之不下。

　　袁紹得知曹操往襲烏巢糧屯的消息，以為曹操大本營必已空虛，決定往攻曹操本營。他對兒子袁譚說："就彼攻瓊等，吾攻拔其營，彼固無所歸矣。"（《三國誌‧魏誌‧武帝紀》）乃使大將張郃、高覽等往攻曹操大營。張郃說："曹公兵精，往必破瓊等，瓊等破，則將軍事去矣。宜急引兵救之。"（《三國誌‧魏誌‧張郃傳》）郭圖說："郃計非也。不如攻其本營，勢必還，此為不救而自解也。"張郃說："曹公營固，攻之必不拔，若瓊等見擒，吾屬盡為虜矣。"（同上）寬而不斷、好謀而少決的袁紹，一面以重兵攻操營，一面以輕騎去救淳于瓊。

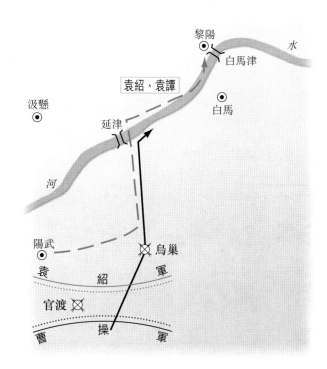

火燒烏巢

曹操兵力不及袁紹，糧草亦不濟，形勢本已危險，屬下已有人暗中與袁紹書信往還。但曹操利用袁紹的驕傲輕敵，火燒烏巢，扭轉了形勢。

　　曹操前有淳于瓊軍營尚未攻下，後面又來了袁紹的援軍，眼看就要兩面受敵。曹操決定集中兵力先攻瓊營。"左右或言：'賊騎稍近，請分兵拒之。'公怒曰：'賊在背後，乃白！'士卒皆殊死戰，大破瓊等，皆斬之。"（《三國誌‧魏誌‧武帝紀》）"盡燔其糧穀寶貨"（《三國誌‧魏誌‧武帝紀》註引《曹瞞傳》）。援軍見瓊軍已破，遂即潰敗。

　　郭圖自慚他的計策失算，反來讒害張郃，他對袁紹說："郃快（高興）

官渡古戰場（劉煒攝）

這裏就是官渡之戰的古戰場，這一戰曹軍盡殲袁軍，是曹操統一北方的關鍵戰役。

軍敗，出言不遜。"（《三國誌・魏誌・張郃傳》）張郃又惱怒又害怕，便和高覽焚燒攻具，向曹操投降了。

烏巢糧穀被燒，淳于瓊被殺，張郃、高覽投降曹操，至此，袁紹敗局已定。消息傳來，紹軍大潰。袁紹只和兒子袁譚逃回河北。官渡之戰，就這樣結束。

袁紹官渡之戰的失敗，首先是失敗在驕傲輕敵上。運送軍糧和保護軍糧，是戰爭中的大事。軍中一日糧草不繼，人馬無食，便有全軍潰亂的危險。袁紹兩個押運糧草的將軍，都是驕傲輕敵的。韓莫"銳而輕敵"，淳于瓊"將驕卒惰"。（《三國誌・魏誌・荀攸傳》）更驕傲輕敵的是主帥袁紹，到最後都不接受教訓，在韓莫糧草被燒之後，二次派淳于瓊運糧時，沮授向他建議"可遣將蔣奇別為支軍於表（外圍），以斷曹公之鈔"（《三國誌・魏誌・袁紹傳》），紹仍不從。

曹操燒糧之戰打得果敢。在前有淳于瓊軍未破，後有袁紹援軍已到的情況下，曹操的處境是十分危險的。這時曹操如果採取"分兵拒之"的辦法，使自己兵力分散兩面迎敵，便有前後都因兵少不能破敵反被敵人夾擊殲滅的危險。在此緊要關頭，曹操仍能堅持集中兵力各個擊破的作戰方針，這是取勝的關鍵性決策。"賊在背後，乃白！"是了不起的決心和勇敢的表現。

曹操能虛心接受別人的意見，袁紹一意孤行；曹操從善如流，袁紹剛愎自用；曹操能明辨是非，當機立斷；袁紹善惡不分，猶豫寡斷。這些是曹勝袁敗的重要原因。

4　曹操掃平河北

袁紹回到河北，在悔恨、絕望和病痛的折磨下，不到一年便嘔血而死了。

袁紹一死，他家族內部的矛盾、屬下內部的矛盾便爆發了。

袁紹有三個兒子，長子譚、次子熙、幼子尚。袁紹和後妻愛尚，欲以為嗣。興平二年（195年），他以長子譚繼兄後，並出為青州刺史。他這樣做，很明顯是想為立尚作準備。沮授看出袁紹的意圖，勸袁紹不要這樣做。袁紹說：“孤欲令四兒各據一州，以觀其能。”沮授出來後說：“禍其始此乎？”（《三國誌‧魏誌‧袁紹傳》註引《九州春秋》）袁紹又以中子熙為幽州刺史，外甥高幹為并州刺史。這時公孫瓚佔有幽州，青、并兩州也不在袁紹手中。袁紹的安排，略地而已。

袁紹的謀士，論智謀韜略當數田豐、沮授。田豐，鉅鹿人，“權略多奇”，“博覽多識，名重州黨。”（《三國誌‧魏誌‧袁紹傳》註引《先賢行狀》）劉備在徐州反曹失敗，袁紹決定出兵征曹操。田豐勸袁紹暫勿出兵。袁紹不聽，田豐強諫，袁紹怒，囚豐於獄。官渡兵敗之後，有人對田豐說：“君必見重。”田豐說：“公貌寬而內忌，不亮吾忠，而吾數以至言忤之。若勝而喜，必能赦我，戰敗而怨，內忌將發。……今既敗矣，吾不望生。”（《後漢書‧袁紹列傳》）袁紹謀士之一的逢紀對袁紹說：“豐聞將軍之退，拊手大笑，喜其言之中也。”紹謂左右曰：“吾不用田豐言，果為所笑。”遂殺之。（《三國誌‧魏誌‧袁紹傳》及註引《先賢行狀》）

沮授為曹軍所俘，大呼曰：“授不降也，為軍所執耳。”曹操對沮授說：“本初無謀，不用君計，今喪亂過紀，國家未定，當相與圖之。”沮授說：“叔父、母弟，懸命袁氏。若蒙公靈，速死為福。”曹操感歎地說：“孤早相得，天下不足慮。”遂赦而厚遇之。後來沮授想逃回河北，才被殺。

東晉史家孫盛評論田豐、沮授，認為兩人沒有為袁紹死的必要。他說：“君貴審才，臣尚量主。”“諸侯之臣，義有去就，況豐與紹非純臣乎！（不是臣下對皇帝的關係）《詩》云：‘逝將去汝，適彼樂土。’言去亂邦，就有道可也。”（《三國誌‧魏誌‧袁紹傳》註引）

田豐、沮授之外，袁紹的謀士還有審配、郭圖、逢紀、辛評等人。審配、郭圖和沮授、田豐的意見常常不同。逢紀進讒言，使袁紹殺了田豐；郭圖進讒言加害張郃，張郃一怒投降曹操。他們又不能團結合作，審配、逢紀與辛評、郭圖爭權。審配、逢紀黨於袁尚，辛評、郭圖黨於袁譚。

袁紹生前，並未明確宣佈以袁尚為嗣。袁紹一死，兩兒兩黨展開鬥爭。審配、逢紀假託袁紹遺命搶先一步立了袁尚。袁譚出屯黎陽。

建安八年（203 年），曹操攻黎陽，袁尚救黎陽，與操戰於城下。譚、尚敗，退守鄴城。曹操追到鄴城，收其麥，引兵還許。

曹操一退，袁氏兄弟便火併起來。袁譚戰敗，帶兵還南皮（今河北南皮北），袁尚攻南皮，袁譚奔平原（今山東平原南），袁尚圍平原。袁譚派人去許向曹操求援。曹操救譚，進兵黎陽，袁尚退還鄴。

建安九年（204 年），袁尚留審配、蘇由守鄴，親自率兵又向袁譚進攻。曹操進兵攻鄴。曹操為長塹周四十里圍鄴，廣深二丈，引漳水灌之。自二月至五月，鄴城中餓死者過半。袁尚還救鄴，為曹操所敗，逃奔中山（今河北定縣）。八月，鄴城陷，執審配殺之。審配，魏郡（郡治鄴，在今河北臨漳西）人，是一家大豪族。曹操一個令文說：「審配宗族，至乃藏匿罪人，為逋逃主。欲望百姓親附，甲兵強盛，豈可得邪！」（《三國誌・魏誌・武帝紀》註引《魏書》）

冀州在當時是比較殷實的地方。背後幽州，有烏桓騎可用。自東漢初年以來，幽州突騎都是天下出名的精兵，光武賴以取天下。袁紹起家時就以兩眼望着河北幽、冀。得冀州後，曹操對別駕從事崔琰說：「昨按戶籍，可得三十萬眾，故為大州也。」（《三國誌・魏誌・崔琰傳》）曹操得冀州後，即自領冀州牧，讓出兗州。

在曹操進攻袁尚時，袁譚又反。曹操攻袁譚於平原、南皮。建安十年（205 年）正月，破袁譚於南皮，斬譚。青州平定。

袁尚奔幽州依袁熙。熙將焦觸叛，攻熙、尚，熙、尚奔遼西烏桓。建安十二年（207 年）五月，曹操征烏桓至無終（今河北薊縣）。大水，傍海道不通。七月，田疇為嚮導，引兵出盧龍塞（在今河北，疑即喜峰口）。塹山堙谷五百餘里，經白檀，歷平岡（今遼寧凌源一帶），涉鮮卑庭，東指柳城（今遼寧朝陽南）。大軍突到，烏桓倉促應戰，大敗。尚、熙奔遼東公孫康，康斬尚、熙。

曹操平定了幽州，征服了烏桓。

曹操攻克鄴城時，并州牧高幹來降。曹操北征烏桓，高幹又反，起兵守壺關（今山西長治市北）。建安十一年（206 年），曹操征高幹，高幹敗，擬投奔劉表。路上被捕殺。

北方平定了，曹操要進而統一全國。南征荊州劉表便提到日程上來了。

五、赤壁之戰——三分形勢初現

1 戰前形勢

曹操南征荊州，表面上的對手是劉表，潛在的對手還有劉備、孫權。劉備正投在劉表麾下，孫權已穩佔江東。

劉表，山陽高平（今山東鄒縣西南）人。自幼就很有名氣，與同郡張隱等八人號為八顧，又與范滂、張儉、岑晊等八人號為八友，亦被稱為八俊（見《三國誌·魏誌·劉表傳》和註引張璠《漢紀》及《漢末名士錄》）。靈帝時為北軍中侯。靈帝死，代王叡為荊州刺史。董卓之亂，關東地方豪俠起兵攻卓，劉表亦起兵襄陽（今湖北襄陽）。李傕、郭汜入長安，欲連表為援，乃以表為鎮南將軍、荊州牧。

劉表初到荊州時，荊州形勢極不安定。司馬彪《戰略》說："劉表之初為荊州也，江南宗賊盛，袁術屯魯陽，盡有南陽之眾。吳人蘇代領長沙太守，貝羽為華容（今湖北潛江南）長，各阻兵作亂。"（《三國誌·魏誌·劉表傳》註引）

劉表先到南郡宜城（今湖北宜城），請南郡人蒯越、襄陽人蔡瑁商議安定荊州的謀劃。這兩人都是荊州豪族大姓。蔡瑁婢妾數百人，別業四五十處。劉表說："宗賊甚盛而眾不附，若袁術因之，禍必至矣。吾欲徵兵，恐不能集，其策焉出？"蒯越說："袁術驕而無謀，宗賊率多貪暴。越有所素養者，使人示之以利，必持眾來。使君誅其無道，施其才用，威德既行，襁負而至矣。兵集眾附，南據江陵，北守襄陽，荊州八郡可傳檄而定（按：《續漢書·郡國誌》荊州有南陽、南郡、江夏、零陵、桂陽、長沙、武陵七郡。《漢官儀》有章陵郡，合為八郡。章陵郡不知設於何時，後又廢置無

定）。公路（袁術字）雖至，無能為也。"《後漢書‧劉表列傳》）

劉表遂使蒯越"遣人誘宗賊帥，至者十五人，皆斬之而襲取其眾。唯江夏賊張虎、陳坐（《三國誌‧魏誌‧劉表傳》註引司馬彪《戰略》"坐"作"生"）擁兵據襄陽城，表使越與龐季往譬之，乃降。江南悉平。……表遂理兵襄陽，以觀時變。"（同上）

袁術使孫堅襲劉表，圍襄陽。孫堅中流矢而死，餘眾退走。袁術領兵入陳留。時曹操屯鄄城，與袁紹合兵擊術，術一敗再敗，敗走九江（今安徽淮南市東），遂據揚州。建安元年，張濟自關中至南陽，攻穰城（今河南鄧縣），中流矢而死。張濟侄張繡收濟眾而退。劉表遣使招繡，自責無禮使張濟被殺，張繡遂與劉表和好，駐兵南陽宛城，為劉表北藩。

江南"宗賊"的"宗"字，意思不十分清楚。清末學者何焯，以"宗"為民族名稱，宗當與巴賨之"賨"同義。李賢註《後漢書‧劉表列傳》，以"宗賊"為"宗黨共為賊"。宗是豪族大宗，故記載中也稱宗部、宗伍，即豪宗大族武裝（參看唐長孺教授《孫吳建國及漢末江南的宗部與山越》，見三聯書店 1955 年版《魏晉南北朝史論叢》）。西漢以來，豪族強宗組織逐步強大，西漢末和東漢末農民暴動時期，豪族強宗尤為活躍，以宗族長或有勢力的家族為中心，把宗族組織起來，築堡自守或參加政治鬥爭。這種豪族強宗的武裝組織，就稱作宗部、宗伍。南方少數民族氏族部落組織保留得更多些，他們以氏族部落為基礎擁眾自守，阻兵起事。因為他們的宗族組織更為顯著，更被稱為"宗賊"。

建安三年（198 年），長沙太守張羨率長沙、零陵、桂陽三郡叛劉表。表遣兵破張羨，平定三郡。於是劉表開疆拓土，"南接五嶺，北據漢川，地方數千里，帶甲十餘萬。"《後漢書‧劉表列傳》）

劉表是漢末名士，黨錮中人物，當時很有聲望。劉表安定荊州後，"關西、兗、豫學士歸者蓋有千數，表安慰賑贍，皆得資全。遂起立學校，博求儒術，綦母闓、宋忠等撰立《五經章句》，謂之後定。"（同上）

劉表雖虛有名譽，但不是有雄才大略的人。可以守成，不可以進取。

曹操就批評他："我攻呂布，表不為寇，官渡之役，不救袁紹，此自守之賊也。"（《三國誌・魏誌・武帝紀》註引《魏書》）《後漢書》撰者范曄評劉表的話，更是刻薄。他說："劉表道不相越，而欲臥收天運，擬蹤三分，其猶木偶之於人也。"（《後漢書・劉表列傳》）意思是說：劉表沒有超越別人的道德才能，卻希望依靠天命能和文王一樣三分天下有其二，真是如木偶之無知。

《後漢書・劉表列傳》裏有一句話，說劉表"愛民養士，從容自保"。這句話還是公允的。如果說曹操是"治世之能臣，亂世之奸雄"，劉表則可說是"治世之賢臣，亂世之庸人"。平心而論，在漢末亂世，天下擾攘、生民塗炭的情況下，劉表能在荊州保持十餘年的平靜，使得關中人口逃到荊州去的有十萬餘家，關西、兗、豫學士歸者蓋有千數，到荊州後都能活下去，有的"皆得資全"，也應該說劉表是對亂世士子百姓做了好事了。

官渡之戰袁紹失敗後，劉備去荊州依靠劉表。劉備在北方，也曾代陶謙領有徐州，但為呂布所襲，失徐州投奔曹操。二次領有徐州，又為曹操所敗，北投袁紹。他在北方始終站不住腳。他的失敗，是有多方面主、客觀原因的，這且不論。他是有雄才大略的人物，卻是時人所公認。劉備為呂布所襲投奔曹操，曹操的謀士程昱就對曹操說："觀劉備有雄才而甚得眾心，終不為人下，不如早圖之。"（《三國誌・魏誌・武帝紀》）曹操說："方今收英雄時也，殺一人而失天下之心，不可。"（同上）曹操不愧為曹操，確實高人一籌。曹操也是很了解劉備的，他對劉備說："今天下英雄，唯使君（指劉備）與操耳。本初（袁紹字）之徒，不足數也。"（《三國誌・蜀誌・先主傳》）曹操對劉備的才略，看得是很高的。建安五年（200年），曹操東征劉備，諸將都說："與公爭天下者，袁紹也。今紹方來而棄之東，紹乘人後，若何？"曹操說："夫劉備，人傑也，今不擊，必為後患。袁紹雖有大志，而見事遲，必不動也。"（《三國誌・魏誌・武帝紀》）在曹操眼裏，劉備的才略比袁紹高得多，所以曹操打擊劉備，決不使他在徐州站住腳。

劉表對劉備禮遇甚高，但心裏也很疑忌。"憚其為人，不甚信用。"（《三

國誌・蜀誌・先主傳》註引《世語》）

　劉備在荊州數年，最大的收穫是結識諸葛亮，並得到他出來贊助。

　諸葛亮，琅邪陽都（今山東臨沂北）人。隨叔父諸葛玄往依劉表。玄死，"亮家於南陽之鄧縣，在襄陽城西二十里，號曰'隆中'。"（《三國誌・蜀誌・諸葛亮傳》註引《漢晉春秋》）諸葛亮的隆中，到底是在襄陽還是在南陽，眼下還引起爭論。可以肯定地說，他住的地方"隆中"屬於南陽郡的鄧縣，所以諸葛亮說他自己是"臣本布衣，躬耕於南陽。"（《三國誌・蜀誌・諸葛亮傳》）但此屬於南陽鄧縣之隆中，卻在漢水之南，緊靠襄陽，只在襄陽城西二十里。說是南陽，是對的，因為地屬南陽。說是襄陽，也是對的，因為地方緊靠襄陽。

古隆中（劉煒攝）

　劉備為求諸葛亮出山相助，曾三顧隆中，問計於諸葛亮。劉備說："漢室傾頹，奸臣竊命，主上蒙塵，孤不度德量力，欲信（伸）大義於天下，而智術淺短，遂用猖獗，至於今日。然志猶未已。君謂計將安出？"（同上）諸葛亮說："自董卓以來，豪傑並起，跨州連郡者不可勝數。曹操比於袁紹，則名微而眾寡，然操遂能克紹，以弱為強者，非惟天時，抑亦人謀也。今操已擁百萬之眾，挾天子而令諸侯，此誠不可與爭鋒。孫權據有江東，已歷三世，國險而民附，賢能為之用，此可以為援而不可圖也。荊州北據漢、沔，利盡南海，東連吳會，西通巴、蜀，此用武之國，而其主不能守，此殆天所以資將軍，將軍豈有意乎？益州險塞，沃野千里，天府之土，高祖因之以成帝業。劉璋暗弱，張魯在北，民殷國富而不知存恤，智能之士思得明君。將軍既帝室之冑，信義著於四海，總攬英雄，思賢若

隆中臥龍崗草廬舊址（劉煒攝）

渴，若跨有荊、益，保其岩阻，西和諸戎，南撫夷越，外結好孫權，內修政理；天下有變，則命一上將將荊州之軍以向宛、洛，將軍身率益州之眾出於秦川，百姓孰敢不簞食壺漿以迎將軍者乎？誠如是，則霸業可成，漢室可興矣。"(同上)

劉備半生奔波，無存身處，最大的問題，用現在的話說，就是缺乏一條明確的政治路線。他聽了諸葛亮的話，真是頓開茅塞。無怪劉備說："孤之有孔明，猶魚之有水也。"(同上) 魚而無水是無法活的。

諸葛亮這段話，就是大家都知道的歷史上有名的"隆中對"。劉備以後的活動，大體上是依着這條道路走的。先取荊州，再取益州。

孫權此時已佔有江東。在江東為孫氏開創基業的是孫策。孫權是孫堅的次子。孫堅有四個兒子：孫策、孫權、孫翊、孫匡。初平二年（191年），袁術使孫堅攻劉表，為劉表將黃祖士兵射死，孫策時年十七。後往依袁術。孫策少年英俊，善於用人。袁術常感歎地說："使術有子如孫郎，死復何恨！"(《三國誌·吳誌·孫破虜討逆傳·孫策傳》) 劉繇時在江東，遣兵拒術。袁術以孫堅兵還孫策，使他將兵平江東。策渡江轉戰，所向皆破，莫敢當其鋒。劉繇棄軍逃遁，諸郡守皆棄城奔走，遂平定江東。

孫策為人，少年氣盛，行動輕脫，常常遠離隨從，單騎奔馳。一次又單騎外出，為許貢客擊傷。許貢原是吳郡太守，為孫策所殺，貢客為主報仇。孫策臨死，對長史張昭等說："中國方亂，夫以吳、越之眾，三江之固，足以觀成敗。公等善相吾弟！"(同上) 呼孫權至，佩以印綬，說："舉江東之眾，決機於兩陳（陣）之間，與天下爭衡，卿不如我；舉賢任能，各盡其心，以保江東，我不如卿。"(同上) 策卒，年二十六；孫權時年十九。

孫權首要的任務是安定內部。他待張昭以師傅之禮，周瑜、程普等為將領。他招延俊秀，聘求名士，魯肅、諸葛瑾等都應聘而來。分部諸將，鎮撫山越，討不聽命。部下傾心佩服，江東內部在安定中逐步開拓。

周瑜，字公瑾，廬江舒（今安徽廬江西南）人。孫堅討董卓時，移家居舒。周瑜與孫策同歲，兩人情同手足。在孫策平定江東中，周瑜立下汗馬功勞。他對孫權的傾心扶持，對孫權地位的鞏固也起了很大作用。《三國誌‧吳誌‧吳主傳》說："（孫策死）時，惟有會稽、吳郡、丹楊、豫章、廬陵，然深險之地猶未盡從，而天下英豪佈在州郡，賓旅寄寓之士以安危去就為意，未有君臣之固。張昭、周瑜等謂權可與共成大業，故委心而服事焉。"

（參看田餘慶教授《孫吳建國的道路》，見《歷史研究》1992 年第 1 期）

周瑜一直是孫權向長江中遊發展的核心人物。孫策死前，以周瑜為中護軍、領江夏（郡治在今湖北新洲，時孫策勢力未到江夏，遙領而已）太守，從攻皖（今安徽潛山縣），拔之。復進尋陽（今湖北廣濟西北），破劉勳，討江夏，還定豫章、廬陵（兩郡地在今江西西部、南部一帶），留鎮巴丘（裴松之註《周瑜傳》謂"瑜之所鎮，當在今巴丘縣也。"裴之所謂"今巴丘縣"在今江西吉安市北峽江縣。歷代學人多同此說）。但他總是領兵在長江沿線活動，留鎮偏僻之內陸巴丘，不會太久。

魯肅，字子敬，臨淮東城（今安徽定遠東）人。魯肅"家富於財，性好施與。爾時天下已亂，肅不治家事，大散財貨，摽賣土地，以賑窮弊結士為務，甚得鄉里歡心。周瑜為居巢長，將數百人故過候肅，並求資糧。肅家有兩囷米，各三千斛，肅乃指一囷與周瑜，瑜益知其奇也。遂相親結，定僑、札之分（僑，鄭大夫公孫僑，字子產。札，吳季札。僑、札之分，指子產和季札的深厚友誼）。袁術聞其名，就署東城長。肅見術無綱紀，不足與立事，乃攜老弱將輕俠少年百餘人，南到居巢就瑜。瑜之東渡，因與同行。"（《三國誌‧吳誌‧魯肅傳》）

看來魯肅乃東城地方上的大豪族，是一個英雄豪傑人物。家有兩囷米，有人來借，即以一囷相贈，好大氣派！散財貨，賣土地，以振窮弊，富有而不作守財奴。

魯肅初見孫權，孫權問他："君既惠顧，何以佐之？"魯肅說："肅竊料之，漢室不可復興，曹操不可卒除。為將軍計，惟有鼎足江東，以觀天下之釁。規模如此，自亦無嫌。何者？北方誠多務也。因其多務，剿除黃祖，進伐劉表，竟長江所極，據而有之，然後建號帝王以圖天下。"（同上）孫權說："今盡力一方，冀以輔漢耳，此言非所及也。"（同上）孫權這話，不是心裏話。漢室將亡，不可復振，這是當時有識之士誰都看得到的。但是要明目張膽地說我要當皇帝，還都有所顧慮。只有最愚蠢的袁術，才會迫不及待地在淮南做起皇帝來，結果落了個失道寡助，淒淒慘慘地死去。孫權所說"今盡力一方，冀以輔漢耳，此言非所及也"，依當時情勢和孫權的地位，也只能這樣說，但心裏對魯肅的話卻是高興的。二十二年後，孫權稱帝時對公卿們說："昔魯子敬嘗道此，可謂明於事勢矣。"（同上）這句話，說明當年孫權對魯肅的欣賞了。

　　魯肅的設想，遠景是建立帝號以圖天下，近處卻是鼎足江東以觀天下之釁。他所謂的鼎足，孫權之外，大約一是曹操，二是荊州劉表。由鼎立到一統的路線是先滅劉表，竟長江之極據而有之，然後再與曹操爭天下。對北方形勢的估計是"北方誠多務也"。因為多務，故可與爭。

魯肅灣（劉煒攝）
魯肅灣位於湖北漢陽，據說當年魯肅曾在此練兵，故而得名。

　　魯肅對當時形勢的估計和取天下的設想，與諸葛亮《隆中對》的估計和取天下的設想，是"英雄所見略同"，都是先三分再進而統一。不同的是：諸葛亮要結好孫權，先抗曹操；魯肅是先竟長江之極佔有荊、益，再進而統一。

　　諸葛亮、魯肅的規劃，都是主觀設想，是由兼併而統一的努力方向。這些設想能否實現，一靠主觀的努力，二靠外部條件的出現。主觀努力，即諸葛亮所說的"內修政理"；外部條件，即諸葛亮所說的"天下有變"，魯肅所說的"以觀天下之釁"，"北方誠多務"，而能"因其多務"。

　　諸葛亮的藍圖，是以全荊州七郡即劉表的割據地區為基礎；魯肅的藍圖，是以江東六郡為基礎；而且都以"天下有變"、"天下多務"為條件。諸葛亮、魯肅的藍圖都有實現的可能，也都有不能實現的可能。魯肅的"竟長江所極，據而有之"未能實現，諸葛亮的"命一上將將荊州之軍以向宛、洛，將軍身率益州之眾出於秦川"，也成了泡影。這都是以後內外形勢、條件變化使然，不能以此而斷言當初提出此議的不現實，根本無此可能。

　　建安十三年（208 年）七月，曹操出兵南征劉表。曹操兵尚未到荊州，劉表於八月病死了。劉表生前對劉備已有疑懼之心（見《三國誌·蜀誌·先主傳》）。劉表有兩個兒子，長劉琦，次劉琮。表後妻愛劉琮，欲以為嗣，出劉琦為江夏太守。表死，琮立。

　　曹操大軍壓境，戰乎？降乎？劉琮的屬下大多勸劉琮投降。劉琮說："今與諸君據全楚之地，守先君之業，以觀天下，何為不可乎？"《三國誌·魏誌·劉表傳》）東曹掾傅巽說："逆順有大體，強弱有定勢。以人臣而拒人主，逆也；以新造之楚而禦國家，其勢弗當也；以劉備而敵曹公，又弗當也。三者皆短，欲以抗王兵之鋒，必亡之道也。"（同上）最有說服力的是傅巽下面的這段話："誠以劉備不足禦曹公乎，則雖保楚之地，不足以自存也。誠以劉備足禦曹公乎，則備不為將軍下也。願將軍勿疑。"（同上）

　　敗了不能自保，勝了也是劉備的。這話很有說服力。劉琮決計投降。

劉備原住在樊城，在漢水之北，聽到劉琮投降消息已很遲，倉促率軍過襄陽奔江陵。曹操到襄陽，以劉琮為青州刺史，屬下多至大官。曹操選賢任能，各得其宜。劉表時期匯集在荊州的士人，都得到安排。王粲在董卓之亂時由長安逃到荊州依劉表。劉表以他“貌寢而體弱通侻，不甚重也”（裴松之註：貌寢，謂貌負其實也。通侻者，簡易也）。曹操取得荊州，即以粲為丞相掾，賜爵關內侯。一天，曹操在漢水之濱宴會群下，王粲舉杯祝賀說：“方今袁紹起河北，仗大眾，志兼天下。然好賢而不能用，故奇士去之。劉表雍容荊楚，坐觀時變。自以為西伯可規。士之避亂荊州者，皆海內俊傑也，表不知所任，故國危而無輔。明公定冀州之日，下車即繕其甲卒，收其豪傑而用之，以橫行天下；及平江、漢，引其賢俊而置之列位，使海內回心，望風而願治，文武並用，英雄畢力，此三王之舉也。”（《三國誌·魏誌·王粲傳》）

王粲對曹操、劉表、袁紹三人的褒貶讚揚是老實話，不是阿諛奉承，是實際情況。

曹操聽到劉備去江陵，江陵有軍實，怕劉備佔有江陵，於是選精兵五千人急追之，一日一夜行三百餘里。

2 孫劉聯合

曹操征劉表和劉表病死的消息傳到江東，江東大震。魯肅對孫權說：“荊楚與國鄰接，水流順北，外帶江漢，內阻山陵，有金城之固，沃野萬里，士民殷富，若據而有之，此帝王之資也。今表新亡，二子素不輯睦，軍中諸將，各有彼此。加劉備天下梟雄，與操有隙，寄寓於表，表惡其能而不能用也。若備與彼協心，上下齊同，則宜撫安，與結聯好；如有離違，宜別圖之，以齊大事。肅請得奉命弔表二子，並慰勞其軍中用事者，及説備使撫表眾，同心一意，共治曹操，備必喜而從命。如其克諧，天下

可定也。今不速往，恐為操所先。"（《三國誌·吳誌·魯肅傳》）

這年冬十月，孫權即遣魯肅前往。

魯肅到夏口（今湖北武漢市），聞曹操已向荊州，於是晨夜兼行，及到南郡（今湖北江陵），而劉琮已降，劉備南走。魯肅徑迎之，與劉備會於當陽長阪（今湖北當陽東）。魯肅代宣孫權意，願與劉備聯合破曹。劉備自然高興，於是隨魯肅進駐鄂縣之樊口（在今湖北鄂城）。

諸葛亮隨魯肅東下，見孫權於柴桑（今江西九江市西南）。諸葛亮對孫權說："海內大亂，將軍起兵據有江東，劉豫州亦收眾漢南，與曹操並爭天下。今操芟夷大難，略已平矣，遂破荊州，威震四海。英雄無所用武，故

十里長阪（劉煒攝）

曹操率軍南下，劉備被迫南逃，在長阪亂軍中拋妻棄子，十分狼狽。幸有趙雲懷抱幼主劉禪，掩護甘夫人；張飛率二十餘騎於長阪据水斷橋，橫矛立馬，曹兵無敢近前者。長阪由此聞名。

豫州遁逃至此。將軍量力而處之：若能以吳、越之眾與中國抗衡，不如早與之絕；若不能當，何不案兵束甲，北面而事之！今將軍外託服從之名，而內懷猶豫之計，事急而不斷，禍至無日矣。"（《三國誌・蜀誌・諸葛亮傳》）

孫權說："苟如君言，劉豫州何不遂事之乎？"諸葛亮說："田橫，齊之壯士耳，猶守義不辱，況劉豫州王室之胄，英才蓋世，眾士慕仰，若水之歸海。若事之不濟，此乃天也，安能復為之下乎！"孫權忿然說："吾不能舉全吳之地，十萬之眾，受制於人。吾計決矣！非劉豫州莫可以當曹操者，然豫州新敗之後，安能抗此難乎？"諸葛亮說："豫州軍雖敗於長阪，今戰士還者及關羽水軍精甲萬人，劉琦合江夏戰士亦不下萬人。曹操之眾，遠來疲弊，聞追豫州，輕騎一日一夜行三百餘里。此所謂'強弩之末，勢不能穿魯縞'者也。故兵法忌之，曰'必蹶上將軍'。且北方之人，不習水戰，又荊州之民附操者，逼兵勢耳，非心服也。今將軍誠能命猛將統兵數萬，與豫州協規同力，破操軍必矣。操軍破，必北還，如此則荊吳之勢強，鼎足之形成矣。成敗之機，在於今日。"（同上）

正當此時，曹操致書孫權，態度極為傲慢。來書說："近者奉辭伐罪，旄麾南指，劉琮束手。今治水軍八十萬眾，方與將軍會獵於吳。"（《三國誌・吳誌・吳主傳》註引《江表傳》）

孫權得書，與群下議，群下莫不震恐，多勸孫權迎操。他們說："曹公豺狼也，然託名漢相，挾天子以征四方，動以朝廷為辭，今日拒之，事更不順。且將軍大勢，可以拒操者，長江也。今操得荊州，奄有其地。劉表治水軍，蒙衝鬥艦，乃以千數，操悉浮以沿江，兼有步兵，水陸俱下，此為長江之險，已與我共之矣。而勢力眾寡，又不可論。愚謂大計，不如迎之。"（《三國誌・吳誌・周瑜傳》）

帶頭主張迎曹操的是張昭。張昭，漢末名士。彭城人，避亂江東。孫策據江東，以張昭為長史、撫軍中郎將。文武之事，一以委之。孫策死，賴張昭的維持，江東才得以安定下來。《吳書》說："是時天下分裂，擅命者眾。孫策涖事日淺，恩澤未洽，一旦傾隕，士民狼狽，頗有同異。及昭輔權，綏服百姓，諸侯賓旅寄寓之士，得用自安。"（《三國誌·吳誌·張昭傳》註引）

張昭等人的主降，在孫權的群下中是有分量的，有影響的。

孫權聽了眾人的議論，默不作聲，離座到室外去。眾人議論時，魯肅獨無言，他跟出來，對孫權說："向察眾人之議，專欲誤將軍，不足與圖大事。今肅可迎操耳，如將軍，不可也。何以言之？今肅迎操，操當以肅還付鄉黨，品其名位，猶不失下曹從事，乘犢車，從吏卒，交遊士林，累官故不失州郡也。將軍迎操，欲安所歸？願早定大計，莫用眾人之議也。"（《三國誌·吳誌·魯肅傳》）

魯肅的話，是老實話。不管曹操有沒有八十萬大軍，二三十萬總是有的。孫權可用的軍隊，估計有五六萬人，充其量最大動員不過十萬。曹操新得荊州，長江之險已與孫吳共有。在群下思想裏產生"迎"（投降）的想法也是很自然的。如魯肅所說的，他們迎操仍一樣可以做官。只有孫權沒有出路。安分守己，可能庸庸碌碌一生；如有不滿，就難免殺頭滅門之禍。

孫權聽了魯肅的話，想想群下的議論，非常感慨地說："此諸人持議，甚失孤望，今卿廓開大計，正與孤同，此天以卿賜我也。"（同上）

時周瑜出使去鄱陽（今江西鄱陽東北），魯肅勸孫權召回周瑜。周瑜贊成抗曹。他力排眾議，對孫權說："操雖託名漢相，其實漢賊也。將軍以神武雄才，兼仗父兄之烈，割據江東，地方數千里，兵精足用，英雄樂業，尚當橫行天下，為漢家除殘去穢。況操自送死，而可迎之邪？請為將軍籌之：今使北土已安，操無內憂，能曠日持久，來爭疆場，又能與我校勝負於船楫乎？今北土既未平安，加馬超、韓遂尚在關西，為操後患。且捨鞍馬，仗舟楫，與吳越爭衡，本非中國所長。今又盛寒，馬無藁草，驅中國士眾遠涉江湖之間，不習水土，必生疾病。此數四者，用兵之患也，而操皆冒行之。將軍禽操。宜在今日。瑜請得精兵三萬人，進住夏口，保為將軍破之。"（《三國誌·吳誌·周瑜傳》）

孫權聽了，很高興，說："老賊欲廢漢自立久矣，徒忌二袁、呂布、劉表與孤耳。今數雄已滅，惟孤尚存，孤與老賊，勢不兩立。君言當擊，甚與孤合，此天以君授孤也。"（同上）

迎曹操，對孫權來說是死路一條。魯肅、周瑜主戰，是合孫權的心意的。所以，一個是"此天以卿賜我也"，一個是"此天以君授孤也"。

有了魯肅、周瑜的支持，孫權更有信心。乃抽刀斫面前奏案，說："諸將吏敢復有言當迎操者，與此案同。"（《三國誌·吳誌·周瑜傳》註引《江表傳》）

當夜，周瑜又去見孫權說："諸人徒見操書，言水步八十萬，而各恐懾，不復料其虛實，便開此議，甚無謂也。今以實校之，彼所將中國人，不過十五六萬，且軍已久疲。所得表眾，亦極七八萬耳，尚懷狐疑。夫以疲病之卒，御狐疑之眾，眾數雖多，甚未足畏。得精兵五萬，自足制之，願將軍勿慮。"（同上）

孫權說："公瑾，卿言至此，甚合孤心。子布（張昭字）、文表（秦松字）諸人，各顧妻子，挾持私慮，深失所望。獨卿與子敬與孤同耳，此天以卿二人贊孤也。五萬兵難卒合，已選三萬人，船糧戰具俱辦，卿與子敬、程公便在前發，孤當續發人眾，多載資糧，為卿後援。卿能辦之者誠快，邂逅不如意，便還就孤，孤當與孟德決之。"（同上）

3　赤壁之戰，瓜分荊州

周瑜與程普、魯肅率吳兵溯長江而上，與劉備兵會合。進與曹操遇於赤壁。這時大約已到十月盡頭或十一月初了，正值嚴冬時節，北方兵到了南方，軍中已出現疾疫。初一交戰，操軍不利，遂退駐江北。周瑜駐軍南岸。

周瑜部將黃蓋對周瑜說："今寇眾我寡，難與持久。然觀操軍船艦首尾相接，可燒而走也。"（《三國誌·吳誌·周瑜傳》）於是黃蓋致書曹操，要求歸降。信說："蓋受孫氏厚恩，常為將帥，見遇不薄。然顧天下事有大勢，用江東六郡山越之人，以當中國百萬之眾，眾寡不敵，海內所共見也。東方將吏，無有愚智，皆知其不可，惟周瑜、魯肅偏懷淺戀，意未解耳。今日歸命，是其實計。瑜所督領，自易摧破。交鋒之日，蓋為前部，當因事變化，效命在近。"（《三國誌·吳誌·周瑜傳》註引《江表傳》）

開戰之日，"蓋先取輕利艦十舫，載燥荻枯柴積其中，灌以魚膏，赤幔覆之，建旄旗龍幡於艦上。時東南風急，因以十艦最着前，中江舉帆，蓋舉火白諸校，使眾兵齊聲大叫曰：'降焉！'操軍人皆出營觀。去北軍二里餘，同時發火，火烈風猛，往船如箭，飛埃絕爛，燒盡北船，延及岸邊營柴。瑜等率輕銳尋繼其後，雷鼓大進，北軍大敗，曹公退走。"（同上）

曹操取道華容（今湖北潛江南），退往江陵。劉備遣將邀曹操於華容道。《山陽公載記》載："公船艦為備所燒，引軍從華容道步歸，遇泥濘，

赤壁之戰圖

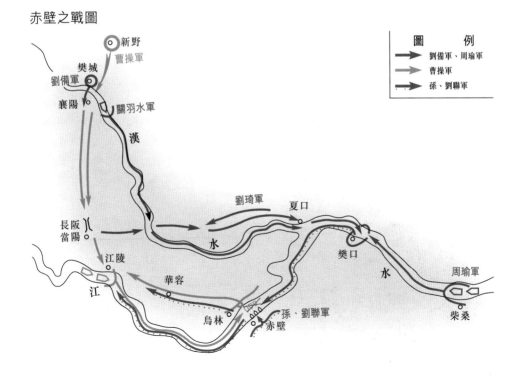

道不通，天又大風，悉使羸兵負草填之，騎乃得過。羸兵為人馬蹈藉，陷泥中，死者甚眾。軍既得出，公大喜，諸將問之，公曰：‘劉備，吾儔也，但得計少晚，向使早放火，吾徒無類矣。’備尋亦放火而無所及。”（《三國誌‧魏誌‧武帝紀》註引）

　　孫權、劉備水陸並進，追趕操軍。曹操留曹仁、徐晃屯江陵，使樂進守襄陽，遂領兵還鄴。

　　周瑜攻曹仁，別遣甘寧取夷陵（今湖北宜昌東）。劉備表（上表皇帝推薦）劉琦為荊州刺史，引兵南征四郡，武陵（郡治在今湖南常德）、長沙（郡治在今湖南長沙市）、桂陽（郡治在今湖南郴縣）、零陵（郡治在今湖南零陵）四郡皆降。廬江（郡治在今安徽廬江南）營帥雷緒率部曲數萬口歸備。廬江已深入孫權的勢力範圍，雷緒是廬江營帥，率部曲投附劉備，不是劉備佔有廬江地區。

華容道（劉煒攝）

劉備以諸葛亮為軍師中郎將，使督零陵、桂陽、長沙三郡，調其賦稅，以充軍實。

周瑜攻曹仁歲餘，殺傷甚眾。建安十四年（209 年）冬，即赤壁之戰後整整一年，曹仁棄江陵北歸。孫權以周瑜領南郡太守，屯據江陵；以程普領江夏太守，治沙羨（今湖北武漢市西南）。劉琦卒，孫權表劉備為荊州牧。劉備駐軍長江南岸之油江口，改名公安（今湖北公安）。

歷史上有借荊州之說，說孫權以荊州借給劉備。此說應細加辨析。《三國誌·吳誌·魯肅傳》說：「備詣京見權，求都督荊州，惟肅勸權借之，共拒曹公。」《漢晉春秋》（《三國誌·吳誌·魯肅傳》註引）、《江表傳》（《三國誌·蜀誌·先主傳》註引）等都有劉備借荊州說。《江表傳》的記載更明確說：「周瑜為南郡太守，分南岸地以給備。備別立營於油江口，改名為公安。劉表吏士見從北軍，多叛來投備。備以瑜所給地少，不足以安民，後從權借荊州數郡。」

借荊州之說，大約最初來自江東，是沒有多少根據的。荊州原是劉表的地方，劉表死，劉表的兒子劉琦還在，所以劉備表劉琦為荊州刺史。這是名正言順的事，孫權也沒有說話。不能說孫權出兵打敗了曹操，荊州就得歸孫權所有。而且赤壁之戰，周瑜統率的江東兵是三萬人，劉備加劉琦的兵也有兩萬多人。仗是孫劉兩家共同打的。「分南岸地以給備」，只是南郡的江南岸地，即油江口改為公安的。武陵、長沙、桂陽、零陵江南四郡，是劉備、諸葛亮自己爭來的，與孫權無涉。孫權是水軍，只在長江沿岸向西伸展，江南陸上四郡，孫權兵力根本未到過。

但孫權也不是完全沒有借地給劉備。借是有的，但借的只是江陵及江北屬於南郡的地方。赤壁戰後，孫權即以周瑜為南郡太守。建安十五年（210 年），周瑜病危，上疏說：「魯肅智略足任，乞以代瑜。」（《三國誌·吳誌·魯肅傳》）不久，周瑜死，孫權即以魯肅代瑜領兵駐江陵，以程普領南郡太守。南郡仍在孫權領下，未借給劉備。但魯肅代周瑜後，「初住江陵，後下屯陸口（今湖北嘉魚西南）。"（同上）魯肅勸孫權以荊州借給劉備應在此時。所借者江陵也，南郡之江北部分。江南之公安是給劉備的，不是借。江南四郡，是劉備自己討平的，也不是借的。江陵借給了劉備，魯肅才退駐陸口；程普也又調江夏郡。

東漢時，荊州有八郡，廬陵置立的晚，且又時廢。南陽、南郡、江夏三郡在江北，是荊州人口多、經濟比較發達的地區。其中江陵、襄陽又是重鎮。長沙、零陵、桂陽、武陵四郡在江南，比較落後。赤壁戰後，曹操退回北方仍佔據着江陵、襄陽，退出江陵後，仍佔有襄陽。孫權佔有江夏，劉備佔有江南四郡和南郡的一半（以襄陽為據點的一半為曹操佔去）。

赤壁戰後，曹、劉、孫三家瓜分了荊州。

這時，劉備才有塊土地，站住了腳步，三國鼎立的形勢初現。三家中，曹操最強，孫權次強，劉備最弱。和曹操抗衡的主要是孫權，地區上也主要是孫權和曹操為鄰，劉備還是孫權的附庸。

赤壁（劉煒攝）

史學界對赤壁之戰的發生地尚存爭議，主要觀點有二，一認為赤壁位於湖北嘉魚，
另一觀點認為赤壁位於湖北蒲圻。從出土文物來看，後者可能性更大。此圖即為蒲圻赤壁。

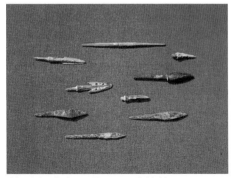

蒲圻赤壁出土的三國時箭鏃（劉煒攝）

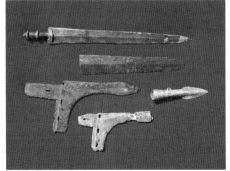

蒲圻赤壁出土的三國時戈劍（劉煒攝）

六、曹操取關中

　　滅袁紹後，曹操佔有河北四郡和河南的豫州、徐州和司隸一部分。他面對的形勢是：關中諸將分裂割據，劉表、劉備在荊州，孫權佔有江東。關中諸將馬騰、韓遂等群龍無首，能求得均勢相安已自滿足，沒有兼併天下的雄心壯志。劉備、孫權卻不可小覷。審時度勢，曹操決定先從荊州下手。及至赤壁戰敗，孫權、劉備勢力已成型，短期內取荊州、下江南已是勢不可能。曹操的目光遂由荊州、江南移到關中。關中諸將勢力分散，取之較易。取得關中，鞏固了中原，進而為將來取漢中、益州奠定基地，也為將來再取荊州、江南免除了後顧之憂。

　　自從獻帝從長安逃回洛陽後，粗野無知的李傕、郭氾在長安又折騰了幾年。後來郭氾為其部將所殺。建安三年（198 年），曹操假漢獻帝的詔令叫在關中的將軍段煨等人討伐李傕，夷其三族，李傕的人頭還被送到洛陽，高懸示眾。

　　李傕、郭氾雖然死了，但關中地區被他們折騰得一片荒涼，經濟衰落，人口稀少，十幾萬戶逃到荊州去。遠在涼州的韓遂、馬騰，又回到關中來。關中的地方勢力，不下十多股，馬騰、韓遂是最大的兩股。

　　關中稍為安定點後，逃到外地的流民逐漸回來。地方軍人競相招募他們做部曲，擴大勢力。當時曹操正和袁紹相爭，無力顧及他們。為了暫時安撫他們，乃於建安七年（202 年）拜馬騰為征南將軍，韓遂為征西將軍，並開府。後來，馬騰被調往洛陽任衛尉，他在關中的部隊由他兒子馬超率領。赤壁之戰時，周瑜所説“今北土既未平安，加馬超、韓遂尚在關西，為操後患”，正是指的馬超、韓遂為曹操後方之憂。

　　曹操在赤壁打了敗仗，知道在短時間內難以掃平江南，清除馬超、韓遂，安定關中便被提到日程上來。

早在官渡之戰時，曹操以挾天子而令諸侯之便，以鍾繇為侍中、司隸校尉，持節督關中諸將，進駐長安。鍾繇持之以靜，和關中諸將維持着相安無事的局面。鍾繇還勸說馬騰、韓遂各遣子入侍朝廷。鍾繇安撫歸來流民並招納亡叛，數年之間關中百姓稍安，還遷徙了一部分民戶充實洛陽。鍾繇在關中的措施，為曹操征服關中打下了良好的基礎 (參看《三國誌・魏誌・鍾繇傳》)。

張魯以五斗米道設教，雄踞漢中多年。建安十六年 (211 年) 三月，曹操出兵討張魯，以鍾繇為主力，並命夏侯淵由河東出兵入關與鍾繇會師。曹操這一行動，自然引起關中諸將的疑心。他們認為：討張魯是假，討他們才是真。於是馬超、韓遂、楊秋等十部人馬一時俱起抵拒，大軍十萬屯據潼關，使操軍不得入關。這個時候，曹操要越過關中向張魯進兵，根本無可能。取張魯是藉口，取關中是實。關中諸將自然要起兵自衛了。

七月，曹操親率大軍討伐馬超、韓遂。八月，曹操到潼關，與馬超等夾潼關而軍。

曹操加緊進攻，把馬超等的軍隊都吸引到潼關來，卻一面暗派徐晃、朱靈率軍自河東蒲阪津偷渡，在河西立營。然後，曹操自率大軍自潼關北渡河入河東。

這次渡河是很危險的。曹操讓兵先渡，自率精兵百餘人留南岸斷後。馬超率步騎萬餘人突襲圍操，矢如雨下。曹操上船，船工中流矢死。虎將許褚，左手持馬鞍保護曹操，右手搖櫓過河。地方豪強出身的許褚還會划船，也真不易！

曹操過河之後，也由蒲阪過河到了河西。然後沿河而南。馬超得知曹操自河西沿河而南進兵，不得不從潼關撤兵到渭口 (渭水入黃河的地方)。馬超在渭南，曹操在渭北。

《山陽公載記》記載說："初，曹公軍在蒲阪，欲西渡。超謂韓遂曰：'宜於渭北拒之，不過二十日，河東穀盡，彼必走矣。'遂曰：'可聽令渡，蹙於河中，顧不快耶！'超計不得施。曹公聞之曰：'馬兒不死，吾無葬地也。'"（《三國誌·蜀誌·馬超傳》註引）

按照馬超的戰略設想，曹操是否必敗甚至像曹操自己說的死"無葬地"，不敢說；韓遂所設想的"可聽令渡，蹙於河中"，大概是犯了錯誤。韓信曾使兵渡河背水而戰大勝趙軍，兵法上叫作置之死地而後生。韓遂並沒有能把曹操"蹙於河中"，而是曹軍渡河了，自己不得不撤退到渭南。

曹操要渡過渭水，在渭南和馬超決戰。渡渭也是不容易的。《三國誌·魏誌·武帝紀》說，曹操"乃多設疑兵，潛以舟載兵入渭為浮橋，夜分，兵結營於渭南。賊夜攻營，伏兵擊破之。……九月，進軍渡渭。"註引《曹瞞傳》所記渡渭築營的困難說："時公軍每渡渭，輒為超騎所衝突，營不得立，地又多沙，不可築壘。婁子伯說公曰：'今天寒，可起沙為城，以水灌之，可一夜而成。'公從之。乃多作縑囊以運水，夜渡兵作城，比明，城立。由是公軍盡得渡渭。"

記載如此，姑如是來說明。但是，有很多疑點，有的前人已有指出。譬如說，曹操渡渭時在九月，即使這年閏八月，九月已是十月天氣，能否滴水成冰把城築起，也大可懷疑。當時是兩軍夾渭水對壘，馬超如何可能看着曹操運沙運水築城而不加以突擊。如果說馬超沒有力量突擊築城，那麼，曹操就有力量長驅直入式地渡渭，不必有這樣或那樣的困難了。也許這些疑問都是軍事的外行話，那就算無知妄言吧。

馬超求和，求送任子。曹操最初不允，後來同意了，同意了更可施計。

曹操和韓遂是舊相識。既然同意和了，兩人便在兩軍陣前聊起天來，有時像密談，有時又仰頭大笑。馬超看在眼裏，疑在心裏。曹操便從中施起離間計來。

陣前相會之後，各自回營。馬超問韓遂和曹操談些甚麼。韓遂只是說

談些"京都舊故",或說"無所言也",馬超起了疑心。（《三國誌‧魏誌‧武帝紀》）

過了兩天,曹操給韓遂信,"多所點竄,如遂改定者"。馬超等更加疑惑韓遂。（同上）

曹操知道離間計成功,遂發起進攻。馬超、韓遂大敗,逃還涼州,關中平。

戰後,諸將曾問曹操一些戰略、戰術上的問題,如他們問:"初,賊守潼關,渭北道缺,不從河東擊馮翊而反守潼關,引日而後北渡,何也?"曹操說:"賊守潼關,若吾入河東,賊必引守諸津,則西河未可渡,吾故盛兵向潼關;賊悉眾南守,西河之備虛,故二將得擅取河西;然後引軍北渡,賊不能與吾爭河西者,以有二將之軍也。連車樹柵,為甬道而南,既為不可勝,且以示弱。渡渭為堅壘,虜至不出,所以驕之也;故賊不為營壘而求割地。吾順言許之,所以從其意,使自安而不為備,因畜士卒之力,一旦擊之,所謂疾雷不及掩耳。兵之變化,固非一道也。"（《三國誌‧魏誌‧武帝紀》）

馬超墓（劉煒攝）

馬超是漢末三國時代的一位勇將,曹操稱讚他"不減呂布之勇"。投奔劉備後,封驃騎將軍、涼州牧、斄鄉侯,章武二年卒,其墓位於陝西勉縣。

馬超、韓遂在涼州也沒有能站得住。建安十九年（214年）正月，涼州地方勢力討馬超，梟其妻子，超奔漢中。韓遂徙金城（今甘肅蘭州市西），入氐王千萬部，率羌、胡萬餘騎與夏侯淵戰，為夏侯淵所敗，率餘眾走西平（今青海西寧市）。次年五月，西平、金城諸將麴演等共斬韓遂，送其首於曹操。涼州平。

取關中戰馬超的一戰，對曹操來說可以說是一次必勝的戰爭，一盤散沙的關中諸將，雖然有個馬超也是有勇無謀，對抗曹操不是敵手。但這一仗，打的也是很艱苦的，曹操幾乎喪命。《曹瞞傳》說："公將過河，前隊適渡，超等掩至，公猶坐胡牀不起。張郃等見事急，共引公入船。河水急，比渡，流四五里，超等騎追射之，矢下如雨。諸將見軍敗，不知公所在，皆惶懼，至見，乃悲喜，或流涕。公大笑曰：'今日幾為小賊所困乎！'"（《三國誌·魏誌·武帝紀》註引）

《三國演義》說曹操被馬超追得馬頭接著馬尾，一槍就可刺死。但馬超不認識曹操，問他："你可是曹操？"曹操急中生智說："俺家不是曹操，前面穿紅袍的才是曹操。"馬超捨了曹操去追穿紅袍的，曹操才逃得性命。這雖然是演義誇張，也寫出了戰爭的緊張，在這場戰爭中曹操幾乎喪命。

自東漢後期以來，社會上就出現"關東出相，關西出將"這句話。在和羌人的戰爭中，關西人受到鍛煉，勇猛善戰。曹操出征之前，遣曹仁為前鋒，並告誡他："關西兵精悍，堅壁勿與戰。"（《三國誌·魏誌·武帝紀》）可見曹操對關西兵也是存有戒心的。

曹操打敗馬超，取得關中和涼州。關西的名馬和勇猛善戰的人，都為曹操所有，為曹操所用了。

曹操取得關中和涼州，山東中原地區有了保障，進而取漢中和益州也有了基地。

七、劉備取益州

1 劉璋仁弱

　　孫、劉兩家，在發跡起家之後，都有佔有益州的設想。前面已提到，魯肅初見孫權，就對孫權說："為將軍計，惟有鼎足江東，以觀天下之釁。……北方誠多務也。因其多務，剿除黃祖，進伐劉表，竟長江所極，據而有之，然後建號帝王以圖天下。"（《三國誌‧吳誌‧魯肅傳》）諸葛亮初見劉備，在《隆中對》中就說："若跨有荊、益，保其岩阻……天下有變，則命一上將將荊州之軍以向宛、洛，將軍身率益州之眾出於秦川，百姓孰敢不簞食壺漿以迎將軍者乎？誠如是，則霸業可成，漢室可興矣。"（《三國誌‧蜀誌‧諸葛亮傳》）魯肅是先佔荊州再佔益州，這是吳所處的地理條件使然，諸葛亮則竟以益州為主、荊州為副了。

　　赤壁戰後，曹操北歸，荊州為曹、孫、劉三家分領。這時周瑜、甘寧又提出西取益州的計劃。周瑜對孫權說："今曹操新折衄，方憂在腹心，未能與將軍連兵相事也。乞與奮威（孫權堂兄，奮威將軍孫瑜）俱進取蜀，得蜀而併張魯，因留奮威固守其地，好與馬超結援。瑜還與將軍據襄陽以蹙操，北方可圖也。"（《三國誌‧吳誌‧周瑜傳》）

　　周瑜的想法，足顯其雄心壯志。曹操"方憂在腹心"，未能與孫權"連兵相事"也是事實，但中間夾着一個劉備，取益州便很不現實了。如果要求劉備合作，請劉備打頭陣，劉備決不幹。如果劉備不參加，孫權單獨進兵，劉備從後面一招，足以制孫權軍的死命。

　　孫權以取益州的設想，徵求劉備的意見。荊州主簿殷觀對劉備獻計説："若為吳先驅，進未能克蜀，退為吳所乘，即事去矣。今但可然贊其伐蜀，而自説新據諸郡，未可興動，吳必不敢越我而獨取蜀。如此進退之計，可以收吳、蜀之利。"（《三國誌·蜀誌·先主傳》）劉備聽了殷觀的話，去答復孫權。果然孫權便放棄了單獨進兵取蜀的計劃。

當時在益州的是益州牧劉璋。欲知劉璋，當先説説他父親劉焉和劉焉的入川。

劉焉，江夏竟陵人，漢魯恭王之後裔。靈帝時，劉焉歷任荊州刺史、南陽太守、宗正、太常，看到朝政衰亂，欲避世難，遂向朝廷建議説：各地"刺史、太守，貨賂為官，割剝百姓，以致離叛。可選清名重臣以為牧伯，鎮安方夏。"（《三國誌·蜀誌·劉二牧傳·劉焉傳》）他還打算去交阯，聽得侍中董伏説："京師將亂，益州分野有天子氣。"（同上）遂謀得益州。正巧益州刺史郤儉賦斂煩擾，謠言遠聞，朝廷遂以焉為監軍使者，領益州牧。

這時，益州馬相、趙祇等起兵綿竹，自稱黃巾，殺刺史郤儉，旬月之間破蜀郡、犍為等三郡，有眾數萬，自稱天子。州從事賈龍率家兵在犍為東界擊破馬相，龍選吏卒迎焉。焉徙治綿竹，撫納離叛，務行寬惠，以收人心。同時，也造作天子車輿，陰圖異計。派張魯住漢中，斷絕谷閣，殺害漢使，卻上書説米賊斷道，不得與朝廷通使。

劉焉為了建立自己的威權，託故殺州中豪強王咸、李權等十餘人。於是本來是迎他入川的賈龍和犍為太守任岐都起兵反對他，但都被他撲滅。劉焉徙治成都。

興平元年（194年）冬，劉焉疽發背死。州大吏趙韙等以焉少子劉璋溫和仁弱，推璋為益州刺史。劉璋的部將沈彌、甘寧等反，擊璋，為璋所敗，走入荊州。朝廷遂以璋為益州牧。璋以趙韙為征東中郎將，使東擊劉表。

東漢末年，中原和關中紛擾多事之時，南陽、三輔人民流入益州的有數萬家，劉璋父子收其強者以為兵，號曰東州兵。劉璋寬仁柔弱，無威略，東州人侵暴本州人，劉璋不能禁。益州人對劉璋遂有怨言。趙韙本因劉璋仁弱，才擁戴劉璋，劉璋也信賴趙韙。趙韙素得民心，遂利用人民怨劉璋，陰謀反叛。他勾結州中大姓，共同起兵，蜀郡、廣漢、犍為都起兵響應。劉璋一時只有困守成都。

這場叛亂是由東州人欺壓本地人引起的，東州人非常害怕，如果趙韙勝利了，東州人將要受本地人報復。東州人皆同心協力為劉璋作戰，個個奮勇，皆殊死戰。趙韙敗，退守江州（今重慶市），後為部將所殺。但劉璋優柔寡斷，易聽信人言，又易反悔。益州在他治下，人心渙散。

2 劉備入川

劉璋常派使者與曹操通好。劉璋聽得曹操征荊州，遣河內陰溥向曹操致敬，曹操加璋振威將軍。劉璋又遣別駕從事蜀郡張肅送叟兵三百人並雜御物於曹操，曹操用張肅為廣漢太守。劉璋又遣別駕張松去曹操處。此時，曹操剛剛破劉備，取得襄陽、江陵，心氣驕傲，對張松有些輕慢，張松憤怨。正好曹操赤壁戰敗，張松還，遂勸劉璋與曹操絕，並勸劉璋和劉備結好，說：“劉豫州（劉備），使君之肺腑（同姓一家），可與交通。”（《三國誌‧蜀誌‧劉二牧傳‧劉璋傳》）

有法正者，字孝直，扶風郡人，為劉璋軍議校尉。此人是三國時代一位很有智謀的人，劉璋雖然能用他做官，卻不能施展其才，法正悒悒不得志。張松亦自負其才，度劉璋不足與有為，常竊歎息。法正、張松兩人都懷才不遇，遂相友好。劉璋欲通使劉備，問張松誰可使者，張松推法正，法正辭謝，佯為不得已而行。還，法正對張松說劉備有雄略，密謀奉戴以為州主。

建安十六年（211年），曹操進兵關中，揚言征張魯，實欲先圖關中。消息傳到成都，劉璋內懷恐懼，張松乘機對劉璋說：“曹公兵強無敵於天下，若因張魯之資以取蜀土，誰能禦之者乎？……劉豫州，使君之宗室而曹公之深仇也，善用兵，若使之討魯，魯必破。魯破，則益州強，曹公雖來，無能為也。”（《三國誌·蜀誌·先主傳》）又説：“今州中諸將龐羲、李異等皆恃功驕豪，欲有外意，不得豫州，則敵攻其外，民攻其內，必敗之道也。”（《三國誌·蜀誌·劉二牧傳·劉璋傳》）

劉璋聽了張松的話，遣法正將四千人迎備。法正到荊州，向劉備獻策説：“以明將軍之英才，乘劉牧之懦弱；張松，州之股肱，以響應於內；然後資益州之殷富，馮天府之險阻，以此成業，猶反掌也。”（《三國誌·蜀誌·法正傳》）龐統説：“荊州荒殘，人物殫盡，東有吳孫，北有曹氏，鼎足之計，難以得志。今益州國富民強，戶口百萬，四部兵馬，所出必具，寶貨無求於外，今可權藉以定大事。”（《三國誌·蜀誌·龐統傳》註引《九州春秋》）

劉備仍有猶豫，他説：“今指與吾為水火者，曹操也，操以急，吾以寬；操以暴，吾以仁；曹以譎，吾以忠；每與操反，事乃可成耳。今以小故而失信義於天下者，吾所不取也。”（同上）龐統説：“權變之時，固非一道所能定也。兼弱攻昧，五伯之事。逆取順守，報之以義，事定之後，封以大國，何負於信？今日不取，終為人利耳。”（同上）

法正、龐統、劉備所論，都是當時的大形勢、大人物自守之道。荊、益比起來，荊州荒殘雖不至像龐統所説“荊州荒殘，人物殫盡”，但已確不如益州之殷富、險阻，“國富民強，戶口百萬”。劉表時，荊州是人物匯聚的地方，曹操北歸，除諸葛亮等十數人外，多隨曹操北去，此龐統所説“人物殫盡”之本義也。荊州八郡，赤壁戰後，已經三分，孫權在東，曹操在北。劉備所有，不過原就比較落後的江南四郡和從孫權處借得的江陵和南郡的江北部分，這一部分雖為荊州之中心，但地方狹薄，曹、孫、劉三家雖可名為“鼎足之計”，對劉備説終是“難以得志”。形勢所迫，劉備非取益州，不能成大業。劉備所慮也自有道理，劉備“弘毅寬厚”、“英雄之器”（《三國誌·蜀誌·先主傳》評語），被曹操稱為“天下英雄，唯使君與操耳”。但劉備“機權幹略，不逮魏武"（陳壽評語），此亦為劉備所承認。劉備所說"操以急，吾以寬；操以暴，吾以仁；操以譎，吾以忠"，正是劉備所自覺的他比曹操的長處，可以補他的不足者。劉備的自信亦在此。這是他對以譎道取劉璋之所以猶豫處。法正、龐統所說只有取得益州，才有可能"以此成業"、"以定大事"，"今日不取，終為人利"，是劉備也懂的大道理，諸葛亮《隆中對》所早已定下的大計。龐統所說"權變之時，固非一道"、"事定以後，封以大國，何負於信"，正好破劉備之疑慮、增劉備的自信。

出兵益州，就這樣決定了。

這次出兵的安排是：龐統、黃忠隨劉備入蜀，諸葛亮、關羽、張飛、趙雲留在荊州。從這個安排上可以看出，主要力量仍然在荊州，關羽為襄陽太守、蕩寇將軍，駐江北，張飛為南郡太守、征虜將軍，趙雲領留營司馬。《三國誌・蜀誌・諸葛亮傳》說："亮與關羽鎮荊州。"關羽在留荊州諸將中，又有領先地位。

建安十六年十二月（按：十二月已入 212 年），劉備領兵入蜀，劉璋敕令所過之處，皆好作供奉，前後贈遺以巨億計。劉備至巴郡（治江州，即今重慶市），自江州北由墊江水（今涪水，墊江縣即今合川縣）至涪（今綿陽）。劉璋率步騎三萬餘人來會。車乘帳幔，精光耀日。張松令法正勸說劉備，便於會面時襲擊劉璋。劉備說："此大事也，不可倉卒。"（《三國誌・蜀誌・先主傳》）龐統也說："今因此會，便可執之，則將軍無用兵之勞而坐定一州也。"（《三國誌・蜀誌・龐統傳》）劉備說："初入他國，恩信未著，此不可也。"（同上）

劉璋推劉備行大司馬，領司隸校尉，劉備推劉璋行鎮西大將軍，領益州牧。劉備、劉璋駐涪百餘日，兩家將士往來相訪，日日歡飲。劉璋增劉備兵，白水關駐軍亦歸劉備督領，請劉備北擊張魯。劉備有兵三萬餘人，車甲器械資貨甚盛。劉璋還成都，劉備北至葭萌（今四川廣元南）。

劉備到葭萌後，並沒有即時向張魯進攻。而是停駐不前，厚樹恩德，以收眾心。

四川廣元葭萌關（劉煒攝）

三國時期，葭萌關是連接巴蜀和中原的重要關隘，劉備稱帝後，曾一度將這裏改名漢壽，後稱昭化。

3 劉備奪取益州

建安十七年（212年）十月，曹操征孫權，孫權向劉備求援。劉備遣使告劉璋説："孫氏與孤本為唇齒，又樂進在青泥與關羽相拒，今不往救羽，進必大克，轉侵州界，其憂有甚於魯。魯自守之賊，不足慮也。"（《三國誌‧蜀誌‧先主傳》）他向劉璋求派將士萬人為助，劉璋只給四千。其他希求，也多減半。劉備不高興。

在成都的張松不知就裏，忙寫信給法正和劉備説："今大事垂可立，如何釋此去乎？"（同上）張松兄張肅為廣漢太守，懼事情連及他，向劉璋告密，劉璋收斬松。嫌隙已構。劉備大怒，決定回師攻向成都。

在此之前，龐統已向劉備進言："陰選精兵，晝夜兼道，徑襲成都，璋既不武，又素無預備，大軍卒至，一舉便定，此上計也。楊懷、高沛，璋之名將，各仗強兵，據守關頭，聞數有箋諫璋，使發遣將軍還荊州。將軍未至（按：《資治通鑑》刪"未至"兩字，於文為好），遣與相聞，說荊州有急，欲還救之，並使裝束，作為歸形。此二子既服將軍英名，又喜將軍之去，計必乘輕騎來見，將軍因此執之，進取其兵，乃向成都，此中計也。退還白帝，連引荊州，徐還圖之，此下計也。若沉吟不去，將致大困，不可久矣。"《三國誌·蜀誌·龐統傳》劉備贊成他的中計。

劉備即召楊懷、高沛來見，楊懷、高沛至，即責其無禮，把他們斬首。劉備率兵徑至關頭，合併了楊懷、高沛的軍隊，遂進據涪城。

益州從事鄭度聽到劉備舉兵，向劉璋獻策說："左將軍縣（通懸）軍襲我，兵不滿萬，士眾未附，野穀是資，軍無輜重。其計莫若盡驅巴西、梓潼民內涪水以西，其倉廩野穀，一皆燒除，高壘深溝，靜以待之。彼至，請戰，勿許，久無所資，不過百日，必將自走。走而擊之，則必禽耳。"《三國誌·蜀誌·法正傳》

劉備聽到這消息，非常厭惡。法正說："終不能用，無可憂也。"（同上）劉璋果然不用鄭度的獻策，對群下說："吾聞拒敵以安民，未聞動民以避敵也。"（同上）自古以來，動民以避敵的很多。劉璋說"未聞動民以避敵也"，說明他缺乏歷史知識。但從"拒敵以安民，未聞動民以避敵"上看，劉璋腦子裏還有"民"，尚不失為"仁君"。可惜人太懦弱。

劉璋派將軍劉璝、冷苞、張任、鄧賢、吳懿等堵擊劉備，敗，退保綿竹。劉璋又派護軍李嚴、費觀督綿竹諸軍。李嚴、費觀降。劉備兵勢更強，分遣諸將略定各屬縣。劉璝、張任與璋子循退守雒城（今四川廣漢北）。劉備進兵圍雒城，張任出戰死，雒城卻堅守終年不下。

在攻雒城戰中，龐統不幸中流矢死，年三十六歲。龐統，襄陽人，諸葛亮被稱為"臥龍"，龐統則被稱為"鳳雛"。陳壽把他比作荀彧。劉備對他雖"親待亞於諸葛亮"，卻"與亮並為軍師中郎將"《三國誌·蜀誌·龐統傳》。劉備入川，諸葛亮留鎮荊州，龐統隨從入蜀，可見他在劉備集團中的地位。

在劉備從葭萌回師成都時，諸葛亮也把荊州交由關羽鎮守，自己帶領

落鳳坡古驛道（劉煒攝）

龐統死於此地，因龐統被
譽為“鳳雛”，故此地名
為落鳳坡。

張飛、趙雲率兵入蜀。大軍至江州（今重慶市），生擒巴郡太守嚴顏，然後兵分兩路，趙雲由外江（長江）出江陽（今四川瀘州）、犍為，張飛由內江（嘉陵江、涪水）出巴西、德陽，會師成都。雒城潰，劉備進圍成都，諸葛亮帶來的張飛、趙雲兩路大軍也都到達成都城下。三軍會合，把成都團團圍起。

法正寫信給劉璋勸降，內容不外是大勢已去，戰也無益，最後說：“左將軍從本舉來，舊心依依，實無薄意。愚以為可圖變化，以保尊門。”（《三國誌・蜀誌・法正傳》）劉璋不理睬。

正於此時，馬超來降。關中戰敗後，馬超西走依諸戎，又殺涼州刺史韋康，佔據天水翼城（今甘肅天水市西），自稱征西將軍，領并州牧，督涼州軍事。後為韋康故吏楊阜等所敗，投奔張魯，又不容於張魯，投奔劉備。劉備請他假裝帶兵而來，參加圍城，將兵徑到成都城下。城中大震。此時，成都城中尚有精兵三萬人，穀布支一年，屬下多欲死守死戰。

劉璋決定投降,説:"父子在州二十餘年,無恩德以加百姓。百姓攻戰三年,肌膏草野者,以璋故也。何心能安!"(《三國誌·蜀誌·劉二牧傳·劉璋傳》)遂開門出降。

建安十六年十二月,劉備受劉璋之邀請入蜀。建安十九年,劉璋降。前後約兩年有餘(《資治通鑒》係劉璋降在夏四月與秋七月之間)。

劉備取益州,張松、法正功最大,張松已死,法正在。劉備"以正為蜀郡太守、揚武將軍,外統都畿,內為謀主。"(《三國誌·蜀誌·法正傳》)時諸葛亮為軍師將軍、益州太守,與蜀郡太守法正並治成都郭下。《三國誌·蜀誌·先主傳》就説:"諸葛亮為股肱,法正為謀主。"法正的地位僅在諸葛亮之下了。

陳壽《法正傳》對法正的評論是:"有奇劃策算,然不以德素稱也。"他做蜀郡太守,"一餐之德,睚眥之怨,無不報復,擅殺譭傷己者數人。"(同上)有人對諸葛亮説:"法正於蜀郡太縱橫,將軍宜啟主公,抑其威福。"

劉備取益州路綫圖

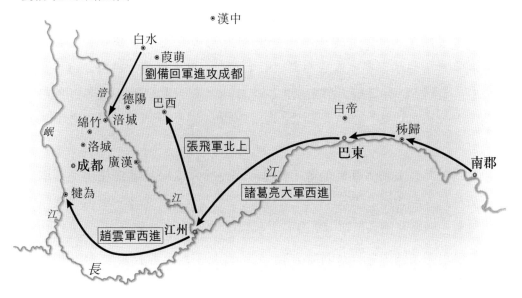

(同上) 諸葛亮回答說："主公之在公安也，北畏曹操之強，東憚孫權之逼，近則懼孫夫人生變於肘腋之下，當斯之時，進退狼跋，法孝直為之輔翼，令翻然翱翔，不可復制，如何禁止法正使不得行其意邪！"(同上)

諸葛亮這段話，是實際情況。法正有奇謀大功，在劉璋時期也確實受了一些人的欺侮。《三國誌·蜀誌·法正傳》說：劉璋對法正，"召署軍議校尉。既不任用，又為其州邑俱僑客者所謗無行，志意不得。"可知法正不得意，心中窩着氣，得志之後，就出手報復了。但諸葛亮這段話，和他一生依法行事的精神心態是不合的，孫盛就批評他說："夫威福自下，亡家害國之道，刑縱於寵，毀政亂理之源，安可以功臣而極其陵肆，嬖幸而藉其國柄者哉？……諸葛氏之言，於是乎失政刑矣。"(《三國誌·蜀誌·法正傳》註)當然，此時的諸葛亮和後主時期主政的諸葛亮是不同的。那時，政由他為主，持法不能不平；現在，事由劉備主持，他也可以少事為好了。

諸葛亮輔助劉備治蜀，頗多嚴峻，人多怨歎者。法正對諸葛亮說："昔高祖入關，約法三章，秦民知德，今君假借威力，跨據一州，初有其國，未垂惠撫；且客主之義，宜相降下，願緩刑弛禁，以慰其望。"諸葛亮回答說："君知其一，未知其二。秦以無道，政苛民怨，匹夫大呼，天下土崩，高祖因之，可以弘濟。劉璋暗弱，自焉以來有累世之恩，文法羈縻，互相承奉，德政不舉，威刑不肅。蜀土人士，專權自恣，君臣之道，漸以陵替。寵之以位，位極則賤，順之以恩，恩竭則慢。所以致弊，實由於此。吾今威之以法，法行則知恩，限之以爵，爵加則知榮；榮恩並濟，上下有節。為治之要，於斯而著。"(《三國誌·蜀誌·諸葛亮傳》註)

這是諸葛亮初入蜀時的政治措施。這是合乎當時蜀地的情勢而採取的正確措施。劉璋的舊政失在太寬，寬則蜀土人士專權自恣，君臣之義，漸以陵替。諸葛亮治之以猛，正合孔子政寬則濟之以猛之義。

諸葛亮《隆中對》為劉備劃策，第一步是"跨有荊、益"，然後再爭中原。第一步目標，現在按設想實現了。

八、曹、劉爭漢中

1　張魯的政教合一統治

　　漢中地處關中和益州之間，北有秦嶺山脈由西向東，橫貫關中和漢中之間，是長江、黃河兩大水系的分水嶺。渭水橫貫關中東入黃河，漢水橫貫漢中東入長江。漢中南有大巴山系，橫貫漢中和四川之間。漢中盆地，宜於農業，自古以來是個農業區。但漢中盆地幅員狹小，比關中渭水流域平原小，比四川盆地更小。地形上四面多山，有其地理上的獨立性，政治上在分裂局面下也就有可能成為一個割據勢力。但因為它幅員小，這種割據只有在極為分裂割據的時代才會出現；一般時期，漢中不為關中勢力所吞，就為益州勢力所併。東漢末年張魯在漢中的割據，就是很好的說明。

　　張魯原是劉焉部屬，曾為劉焉的督義司馬。他與別部司馬張脩將兵出擊漢中太守蘇固，魯襲殺張脩，奪其眾。劉焉死，張魯對劉璋漸不順服。劉璋殺魯母妻子，張魯遂叛劉璋，割據漢中。

　　在中國歷史上，張魯在漢中的政權是一個奇特的政權，他在漢中地區實行的是政教合一的統治，統治組織就是宗教組織。

　　張魯所信奉的是道教的一支五斗米道。在"黃巾起義"一節裏，我們曾引《典略》的記載說："熹平中，妖賊大起，三輔有駱曜。光和中，東方有張角，漢中有張脩。……角為太平道，脩為五斗米道。"《典略》說的"漢中有張脩"，有問題。張脩是劉焉的別部司馬，是和張魯同受劉焉之命去討伐漢中太守蘇固的，傳五斗米道的不是張脩，而是張魯。《三國誌‧魏誌‧張魯傳》說："張魯，字公祺，沛國豐人也。祖父陵，客蜀，學道鵠鳴山中，造作道書以惑百姓，從受道者出五斗米，故世號米賊。陵死，子衡行其道。衡死。魯復行之。”裴松之在引了《典略》的文字後，曾加按語說：“臣松之謂張脩應是張衡，非《典略》之失，則傳寫之誤。”（見《三國誌・魏誌・張魯傳》註）

張魯一家，雖在益州、漢中傳教，但五斗米道實起於東方濱海地域。陳寅恪先生《天師道與濱海地域之關係》一文已講得清楚（此文原載中央研究院歷史語言研究所《集刊》第三本第四分冊，已收入上海古籍出版社 1980 年版《陳寅恪文集》之二《金明館叢稿初編》）。張陵，沛國豐人，與天師道起源之濱海地域鄰近。大約張氏家族先於本地受道而後客居蜀，所謂“學道鵠鳴山中”，是在鵠鳴山中修道傳教，不是五斗米道起源於蜀。

五斗米道也和太平道一樣，借醫病在民間傳道。《典略》於敍述太平道以符水為人看病後，接着說：“脩法（按：應作陵法或衡法）略與角同，加施淨室，使病人處其中思過。又使人為奸令祭酒，祭酒主以《老子》五千文使都習，號為奸令；為鬼吏，主為病者祈禱。祈禱之法，書病人姓名，說服罪之意；作三通，其一上之天，着山上，其一埋之地，其一沉之水，謂之三官手書。使病者家出米五斗以為常，故號曰‘五斗米師’。實無益於治病，但為淫妄，然小人昏愚，競共事之。後角被誅，脩亦亡。及魯在漢中，因其民信行脩業，遂增飾之。”（《三國誌・魏誌・張魯傳》註引。《後漢書》註引文字稍有出入）

張魯佔據漢中後，即以祭酒、治頭大祭酒這一套宗教教職治民，不另設縣鄉官吏。《三國誌・魏誌・張魯傳》說：“魯遂據漢中，以鬼道教民，自號‘師君’。其來學道者，初皆名‘鬼卒’。受本道已信，號‘祭酒’。各領部眾，多者號‘治頭大祭酒’。皆教以誠信不欺詐，有病自首其過，大都與黃巾相似。諸祭酒皆作義舍，如今之亭傳。又置義米肉，懸於義舍，行路者量腹取足；若過多，鬼道輒病之。犯法者，三原，然後乃行刑。不置長吏，皆以祭酒為治，民夷便樂之。”

這裏，我們看到古代農村公社的影子。農民受到剝削兼併，生活痛苦。他們看不到前景、出路，他們幻想到的，是無剝削無壓迫的平均主義社會。他們不自知地回到了原始共產主義社會——農村公社社會裏去。古代的宗教組織，往往都有這種消費共產主義思想，基督教、佛教都有。張魯在漢中的統治，義舍、義米肉，不置長吏，都是古代農民對原始農村公社不自覺的懷念和幻想其再現。

張魯在漢中的統治，《三國誌》本傳說是"雄踞巴、漢垂三十年"。他是建安二十年（215 年）投降曹操的，上溯三十年，當是靈帝中平三年（186 年），但劉焉出任益州牧在中平五年（188 年）。張魯受劉焉任命為督義司馬進漢中，不會早於中平五年劉焉入蜀。"垂三十年"，近三十年也。

2　曹操佔有漢中

建安十六年（211 年），曹操以征伐張魯為名進兵關中，結果引起馬超、韓遂的反抗。曹操平定關中，佔有關中。

按說，曹操既以討張魯為名才進兵關中，關中既平，理當討張魯，但曹操沒有這樣做。他卻自長安西征楊秋，圍安定（今陝西鎮原南）。楊秋降服後，他就留夏侯淵屯長安，自己回鄴城了。他何以如此，是可以研討的問題。

也就在建安十六年，劉備接受劉璋的邀請，進入益州。建安十七年到十八年，曹操進兵征孫權，大戰於濡鬚口。建安二十年（215 年），劉備取得益州。漢中居益州和關中之間，它的重要性就突顯出來了。曹操佔有漢中，關中就有了屏蔽；劉備佔有漢中，益州就有了保障，但關中還不是曹操的心臟，而益州卻是劉備的心臟。關中保不住，曹操還有中原；益州保不住，劉備再回到荊州，就大勢已去，一切都完了。

劉備剛剛取得益州，內部有些問題需要時間來處理，須要安定，一時尚無力取漢中。曹操卻決定取漢中了。

建安二十年，曹操西征張魯。三月，至陳倉（今陝西寶雞東）。四月，自陳倉出散關（今陝西寶雞市西南）至河池（今甘肅徽縣）。七月，曹操兵到陽平關（今陝西勉縣定軍山西）。

張魯聽得曹操大軍到來，就想投降，怎奈其弟張衛不肯。張衛率眾萬人，屯守陽平關，橫山築城十餘里，堅決抗拒曹軍。

曹操出征前，聽得涼州人和武都降人說：張魯易攻，陽平關不可守。及至到了陽平，才知道不是這麼回事。陽平是很險要、易守難攻的。

曹操攻陽平，一時攻打不下，士卒又多死傷，軍糧且盡，有意退兵。曹操能攻取漢中，是很有戲劇性的。《魏名臣奏》所載董昭《表》說："攻陽平山上諸屯，既不時拔，士卒傷夷者多。武皇帝意沮，便欲拔軍截山而還，遣故大將軍夏侯惇、將軍許褚呼山上兵還。會前軍未還，夜迷惑，誤入賊營，賊便退散。侍中辛毗、劉曄等在兵後，語惇、褚，言'官兵已據得賊要屯，賊已敗走。'猶不信之。惇前自見，乃還白武皇帝，進兵定之，幸而克獲。此近事，吏士所知。"（《三國誌·魏誌·張魯傳》註）就這樣，曹操佔有了陽平關。董昭是當時人，也是當事人，他的話大概是可信的。

張魯聽得陽平關失守，急急忙忙越南山逃往巴中（今四川巴中）。張魯本意在投降，只是張衛要打，才不得不打。現在張衛戰敗，陽平失守，他逃往南中時，對漢中寶貨倉庫一點未作破壞。曹操很高興，派人招他出降，他就出降了。

曹操佔有漢中，以夏侯淵為督護將軍，督張郃、徐晃等守漢中，自己回鄴。

3 劉備奪取漢中

曹操降張魯取漢中的時候，劉備正和孫權爭荊州。劉備聽得曹操征漢中，遂與孫權妥協，平分荊州，以湘水為界，湘水以東歸孫權，湘水以西歸劉備。兩家暫時言歸於好。曹操取漢中，蜀中確實很緊張了一個時期，司馬懿和劉曄都曾向曹操建議，乘勝，也乘劉備在荊州未歸，進攻益州。曹操不從，說："人苦無足，既得隴右，復欲得蜀！"《晉書‧宣帝紀》

過了兩年，建安二十二年（217年），法正對劉備說："曹操一舉而降張魯，定漢中，不因此勢以圖巴、蜀，而留夏侯淵、張郃屯守，身遽北還，此非其智不逮而力不足也。必將內有憂逼故耳。今策淵、郃才略，不勝國之將帥，舉眾往討，則必可克。克之之日，廣農積穀，觀釁伺隙，上可以傾覆寇敵，尊獎王室，中可以蠶食雍、涼，廣拓境土，下可以固守要害，為持久之計。此蓋天以與我，時不可失也。"《三國誌‧蜀誌‧法正傳》

劉備聽了法正的話，於建安二十二年進兵漢中。諸葛亮居守，法正從行。另遣張飛、馬超、吳蘭等屯下辨（今甘肅成縣東）。曹操遣都護將軍曹洪率軍迎擊吳蘭，這一路不是主要戰場。第二年三月間，曹洪攻吳蘭，臨陣斬吳蘭。張飛、馬超即退走。

劉備屯陽平關下，夏侯淵、張郃、徐晃等率兵相拒。劉備遣將軍陳式率十餘營兵斷絕馬鳴閣道，但被曹操手下將軍徐晃所敗，兵士死傷甚多。曹操聽到後很是高興，他給徐晃下令說："此閣道，漢中之險要咽喉也。劉備欲斷絕外內，以取漢中。將軍一舉，克奪賊計，善之善者也。"《三國誌‧魏誌‧徐晃傳》有人解釋說，馬鳴閣道在今四川昭化縣北，並把它和褒斜道聯繫起來，說馬鳴閣道就是褒斜道。褒斜道是很險的，後來諸葛亮在給他哥哥諸葛瑾的信中曾說："前趙子龍退軍，燒壞赤崖以北閣道。緣谷百餘里，其閣梁一頭入山腹，其一頭立柱於水中，今水大而急，不得安柱。"又說："頃大水暴出，赤崖以南，橋閣悉壞。時趙子龍與鄧伯苗，一戍赤崖屯田，一戍赤崖口。但得緣崖與伯苗相聞而已。"《水經‧沔水註》

時張郃屯廣石（今陝西勉縣西），劉備以精兵萬餘分為十部急攻郃，與郃相持。

劉備出兵爭漢中之時，曹操內部也正是多事之秋。建安二十二年春，與孫權有濡鬚口之戰，少府耿紀等謀殺曹操相府長史王必（時曹操居鄴，王必典兵督許中事），欲挾天子以攻魏，南引關羽為援。所以建安二十二年，劉備出兵爭漢中，直到二十三年七月，曹操才能自將兵擊劉備，九月才到長安。

夏侯淵與劉備在漢中相持一年多。建安二十四年（219年）春，劉備自陽平南渡沔水，緣山稍前，駐紮於定軍山。定軍山在沔陽縣，北臨沔水。夏侯淵引兵來爭。法正說：「可擊矣！」劉備命黃忠乘高鼓噪攻之，大破淵軍，斬淵。

四川廣元棧道（劉煒攝）

這是保存至今的一段蜀道，保留了古棧道的風貌，可一窺當時馬鳴閣道之險。

定軍山擋箭石（劉煒攝）

定軍山下古戰場（劉煒攝）

定軍山位於陝西勉縣，是漢中西北的門
戶，因黃忠於此大敗曹軍，斬殺夏侯淵
而聞名。

三月，曹操急忙自長安出斜谷到漢中。劉備說："曹公雖來，無能為也，我必有漢川矣。"（《三國誌·蜀誌·先主傳》）曹操到後，劉備斂眾拒險，終不交鋒。兩軍相守積月，曹軍軍士多亡。夏五月，曹操率漢中諸軍還長安。劉備遂奪取漢中。

劉備並趁機在漢水中遊一帶擴佔土地。他命宜都太守扶風人孟達從秭歸北攻房陵（今湖北房縣），殺房陵太守。又遣義子劉封自漢中乘沔水東下，統達軍，與達會攻上庸（今湖北竹山縣西南）。上庸太守申耽降，劉備佔有上庸。

這年七月，劉備受群下推尊稱漢中王。

漢中爭奪戰後，劉備需回成都。誰留鎮漢中？這當然需要一員大將。荊州、漢中是益州東方、北方的兩扇門戶，關羽已留鎮荊州，守住東門，人人都以為這次應該是張飛留鎮漢中，把守北門了，張飛也自認為該是他了。

但任命下來的，卻是魏延。魏延，義陽人也。以部曲隨劉備入蜀，數有戰功，遷牙門將軍。劉備拔魏延為督漢中鎮遠將軍，領漢中太守。有如當年劉邦拜韓信為大將軍故事，一軍盡驚！

劉備大會群臣，問魏延："今委卿以重任，卿居之欲云何？"魏延說："若曹操舉天下而來，請為大王拒之；偏將十萬之眾至，請為大王吞之。"（《三國誌·蜀誌·魏延傳》）魏延是蜀漢的一個人才，劉備能知人善用，諸葛亮就差了。此是後話。

到建安二十四年時，劉備雄踞益州，東有荊州，北有漢中，是他疆域最廣、勢力最強的時候，是劉備的鼎盛時期。諸葛亮"隆中對"所分析的形勢，劉備進而爭天下的條件實現了。劉備的高興是可以想見的，然而樂極生悲，悲劇一個個跟着出現了。

九、孫、曹爭淮南

　　建安十三年（208 年）赤壁之戰前，孫權的勢力主要在長江以南，只佔有所謂江東六郡。這年上半年，孫權西擊黃祖於夏口（漢口，今屬武漢市），屠其城，虜其男女數萬口。然劉表仍以長子劉琦為江夏太守，似乎孫權只屠其城、虜其男女人口，並未佔有其地。

　　赤壁戰後，曹、劉、孫三家鼎立的形勢逐步形成。三家之間的一些地區，成為三家爭奪的地區。劉備佔有益州後，曹、劉之間是爭奪漢中、關中；曹、孫之間是爭奪淮南，特別是爭奪合肥城（今安徽合肥市）；孫、劉兩家一面聯合抗曹，一面明爭暗鬥地爭荊州。

　　孫、劉兩家在赤壁大勝後，周瑜仍在荊州與曹軍爭江陵、夷陵的時候，孫權已在這年（建安十三年）冬十二月，自將兵圍合肥，使張昭攻九江之當塗（今安徽淮南市北）。張昭攻當塗不利，孫權攻合肥也久攻不下。曹操赤壁戰敗回到北方後，馬上派將軍張喜領兵解合肥圍。張喜未到，建安十四年（209 年）春孫權就撤退了。

　　建安十四年三月，曹操領兵至譙（今安徽亳縣），作輕舟，治水軍。七月，由渦水入淮，出肥水，軍合肥。他兒子曹丕曾隨軍前往，作《浮淮賦》。其《序》說這次出兵的盛況：「建安十四年，王師自譙東征，大興水軍，泛舟萬艘。時余從行，始入淮口，行泊東山。睹師徒，觀旌帆，赫哉盛矣。雖孝武盛唐之狩，舳艫千里，殊不過也。」（《三國誌集解‧武帝紀》建安十四年「出肥水，軍合肥」句下）這是文學作品，不免誇張。但可看出從此開始，曹操已開始注意淮南了。

　　這一年，曹操並未對孫權用兵，只是置揚州郡縣長吏，開芍陂屯田，遂於十二月回到譙去了。以將軍張遼、樂進、李典將七千餘人屯駐合肥。

但這次，曹操做了一件蠢事。他擔心淮南人口會被孫權掠走，打算把他們遷到北方去。他對當時的揚州別駕蔣濟說："昔孤與袁本初對官渡，徙燕、白馬民，民不得走，賊亦不敢鈔。今欲徙淮南民，何如？"蔣濟說："是時兵弱賊強，不徙必失之。自破袁紹，北拔柳城，南向江漢，荊州交臂，威震天下，民無他志。然百姓懷土，實不樂徙，懼必不安。"（《三國誌‧魏誌‧蔣濟傳》）

曹操沒有聽蔣濟的話，決定徙淮南民。結果："江淮間十餘萬眾，皆競走吳。"（同上）而《三國誌‧吳誌‧吳主傳》說得更詳細，說："曹公恐江濱郡縣為權所略，徵令內移。民轉相驚，自廬江、九江、蘄春、廣陵戶十餘萬皆東渡江，江西遂虛，合肥以南，惟有皖縣城（今安徽潛山）。"

孫策、孫權開拓江東，皆住在吳（今江蘇蘇州市）。赤壁之戰時，孫權住京口（今江蘇鎮江市）。建安十六年（211 年），孫權移秣陵（今南京市南），作濡須口。明年，築石頭城，改秣陵為建業。

秣陵既改名建業，作了都邑，地位自然重要起來。城石頭以備陸，作濡須以備水。陸有石頭城，水有濡須塢，建業有了水陸屏障。

濡須水，源出巢湖，在今安徽無為西南入長江。修濡須塢是呂蒙的建議。當時孫權諸將都說："上岸擊賊，洗足入船，何用塢為？"呂蒙說："兵有利鈍，戰無百勝，如有邂逅，敵步騎蹙人，不暇及水，其得入船乎？"（《三國誌‧吳誌‧呂蒙傳》註引《吳錄》）孫權接受呂蒙的意見，立濡須塢。

立濡須塢，轉年就用上了。建安十七年（212 年）冬十月，曹操東擊孫權。十八年（213 年）正月，曹操進軍濡須口，步騎四十萬，攻破孫權江西營。

孫權率大軍七萬抵禦曹軍。相持月餘，曹軍不得進。曹操見權軍舟船器仗軍伍整肅，歎說："生子當如孫仲謀，如劉景升（劉表）兒子，豚犬耳。"孫權寫信給曹操說："春水方生，公宜速去。"另一紙說："足下不死，孤不得安。"曹操對部下說："孫權不欺孤。"乃撤軍還。（《三國誌‧吳誌‧吳主傳》註引《吳曆》）

　　淮南盧江、九江、蘄春等地，雖然民戶逃亡，地方空虛，但孫、曹兩家對這塊地方還是要爭的。孫權爭這塊地方以保衛長江，保衛江南；曹操爭這塊地方，是為保衛徐、兗、豫。

　　曹操在淮南的重鎮是合肥（今安徽合肥），此外還有皖城。合肥是軍事據點，這裏有張遼、樂進、李典三將駐守。

　　淮南駐軍的軍糧問題，是大問題。解決軍糧問題的辦法，就是屯田。建安十四年（209 年），曹操到合肥，即“置揚州郡縣長吏，開芍陂屯田。”《三國誌・魏誌・武帝紀》芍陂，在合肥北壽春南，是春秋時期孫叔敖所開置。陂周一百二十來里，可灌田萬頃（參看《水經・肥水註》）。建安十九年（214 年），曹操於濡鬚口退軍後，於蘄春設置屯田，“使盧江謝奇為蘄春典農”。後又“遣朱光為盧江太守，屯皖，大開稻田。”《三國誌・吳誌・呂蒙傳》

　　曹操在淮南設置軍事據點，又大開屯田，進可以攻，退可以守，軍事上佔有主動形勢。孫權方面當然要設法破壞這種形勢，破壞曹操在這裏設置的屯田。謝奇在蘄春的屯田，即遭到呂蒙的襲擊，不能成立。為了爭奪皖城，建安十九年引發了孫、曹間一場大戰。這年五月，孫權征皖城；閏月，克之。俘獲盧江太守朱光、參軍董和並男女數萬口《三國誌・吳誌・吳主傳》。這一戰，孫權方面主力是呂蒙，《呂蒙傳》記述這次戰爭比較詳細，註引《吳書》又作了些補充。

　　“曹公遣朱光為盧江太守，屯皖，大開稻田。又令間人招誘鄱陽賊帥，使做內應。蒙曰：‘皖田肥美，若一收執，彼眾必增，如是數歲，操態見矣，宜早除之。’乃具陳其狀。於是權親征皖。引見諸將，問以計策。”《三國誌・吳誌・呂蒙傳》

　　“諸將皆勸作土山，添攻具，蒙趨進曰：‘治攻具及土山，必歷日乃成，城備既修，外救必至，不可圖也。且乘雨水以入，若留經日，水必向盡，還道艱難，蒙竊危之。今現此城，不能甚固，以三軍銳氣，四面並攻，不移時可拔，及水以歸，全勝之道也。’權從之。”

"蒙乃薦甘寧為升城督,督攻在前,蒙以精銳繼之。侵晨進攻,蒙手執枹鼓,士卒皆騰踴自升,食時破之。既而張遼至夾石,聞城已拔,乃退。權嘉其功,即拜廬江太守,所得人馬皆分與之。"所得人馬,大約就是前面所說:孫權征皖城,克之,"獲男女數萬口"的人口,從中抽出一部分賜給呂蒙。

合肥是曹操在淮南的重鎮,重要性又在皖城之上。孫權爭淮南就要爭合肥。

建安二十年(215 年)八月,孫權率眾十萬圍合肥。這又是一次大戰,孫權幾乎喪命。

張遼、樂進、李典等將七千餘人屯合肥。曹操西征張魯,留下一條錦囊妙計,付予護軍薛悌保藏。錦囊外面寫了幾個字:"賊至乃發"。孫權率十萬眾來圍合肥,四人共來打開錦囊,密諭上寫着:"若孫權至者,張、李將軍出戰,樂將軍守,護軍勿得與戰。"(《三國誌‧魏誌‧張遼傳》)諸將皆疑,不願出戰。"張遼說:'公遠征在外,比救至,彼破我必矣。是以教指及其未合逆擊之,折其盛勢,以安眾心,然後可守也。成敗之機,在此一戰,諸君何疑?'李典亦與遼同。於是遼夜募敢從之士,得八百人,椎牛饗將士,明日大戰。平旦,遼被甲持戟,先登陷陳,殺數十人,斬二將,大呼自名,衝壘入,至權麾下。權大驚,眾不知所為,走登高塚,以長戟自守。遼叱權下戰,權不敢動,望見遼所將眾少,乃聚圍遼數重。遼左右麾圍,直前急擊,圍開,遼將麾下數十人得出,餘眾號呼曰:'將軍棄我乎!'遼復還突圍,拔出餘眾。權人馬皆披靡,無敢當者。自旦戰至日中,吳人奪氣。還修守備,眾心乃安,諸將咸服。權守合肥十餘日,城不可拔,乃引退。"(同上)

在孫權引退時,張遼追擊,幾乎俘獲了孫權。《資治通鑒》綜合呂蒙、甘寧、淩統各傳,對孫權撤退時的危急情勢,有很好的描述。孫權"徹軍還。兵皆就路,權與諸將在逍遙津北,張遼覘望知之,即將步騎奄至。甘寧與呂蒙等力戰捍敵，淩統率親近扶權出圍，復還與遼戰，左右盡死，身亦被創，度權已免，乃還。權乘駿馬上津橋，橋面已徹，丈餘無板；親近監谷利在馬後，使權持鞍緩控，利於後着鞭以助馬勢，遂得超渡。賀齊率三千人在津南迎權，權由是得免。"（《資治通鑒》卷六七，獻帝建安二十年）

建安二十一年（216年）十月，曹操又進兵擊孫權。十一月，至譙。二十二年（217年）正月，曹操軍居巢（今安徽安慶市北）。居巢臨濡鬚水，與吳之濡鬚塢相對。孫權保濡鬚塢。二月，曹操進軍郝溪（地在居巢東濡鬚口西）。孫權在濡鬚口，據塢拒守。曹操進攻，孫權退走。孫權派人去向曹操請降，曹操接受了孫權的投降。三月，引軍還，留夏侯惇都督曹仁、張遼等二十六軍屯守居巢。

這一仗打得有些使人不解。曹操於建安二十一年冬十月治兵，十一月至譙，二十二年正月至居巢，二月至郝溪，和孫權的軍隊打了一個照面，孫權退，請降，曹操受降，三月曹操就退兵了。

為甚麼出兵？孫權為何請降？曹操為何草草受降即撤兵？似乎都是待研究的問題。

建安二十二年後，曹、劉、孫三方關係出現一些新情況：

建安二十二年四月，漢獻帝命曹操設天子旌旗，出入稱警蹕。冬十月，命王冕十有二旒，乘金根車，駕六馬，設五時副車。

建安二十三年（218年）正月，漢太醫令吉本與少府耿紀、司直韋晃等反，攻許，燒丞相史王必營。六月，曹操令：古之葬者必居瘠薄之地。其規西門豹祠西原上為壽陵，公卿大臣列將有功者宜陪壽陵。七月，治兵，遂西征劉備。九月，至長安，冬十月，宛守將侯音等反，執南陽太守，劫略吏民，與關羽聯合。

建安二十四年（219年），夏侯淵與劉備戰於陽平，為劉備所殺。三月，曹操自長安出斜谷，臨漢中，遂至陽平。劉備因險拒守。五月，曹操領兵還長安，劉備佔有漢中。稱漢中王。七月，關羽攻曹仁於樊，曹操使于禁助仁。大雨，漢水泛溢。于禁所督七軍皆沒，于禁降，龐德戰死。關羽威震華夏。九月，相國西曹掾魏諷反。謀襲鄴。曹操太子曹丕誅諷，死者數十人。十月，曹操自長安還洛陽。孫權遣使上書曹操以討關羽自效。孫權襲佔江陵。關羽自襄陽退兵，為孫權將潘章所殺。

建安二十五年（220年）正月，曹操至洛陽，病死。

從以上所述，可知從建安二十二年三月到建安二十五年正月這三年裏，曹操內部和曹、孫、劉三方關係都出現新情況。

（一）曹操雖然自己説"若天命在吾，吾為周文王矣。"（《三國誌・魏誌・武帝紀》註引《魏氏春秋》）但由曹操接受設天子旌旗，出入稱警蹕，冕十有二旒，乘金根車，駕六馬，設五時副車看來，蛛絲馬跡，曹操未始不願做皇帝。如果不死，説不定演禪讓戲的是他而不是他兒子曹丕。

（二）曹操內部，君相鬥爭相當緊張，兩年之內有吉本、魏諷兩次帝黨反叛曹操。

（三）劉備佔有荊、益，勢力強大。關羽在荊州，尤為曹操所忌，也為孫權所忌。終至演出曹、孫聯合，襲殺關羽。

我的設想，這些形勢的演變，很可能於建安二十二年春在曹操、孫權頭腦裏都已有所構思。濡鬚口一戰，雷聲大雨點小，稍一接觸，就孫權降、曹操退了。曹操退，要回去謀劃做天子。曹操為自己修壽陵，已有老意了。做天子要快。孫權看到了這一點，所以他才上書曹操"稱臣，稱説天命"。曹操也拿出此書讓部下文武們看，引出群下一片天命説表示擁戴。曹操所説"是兒欲踞我着火爐上邪"（《三國誌・魏誌・武帝紀》註引《魏略》），不過是個試探之辭，和早年袁紹的表演是一樣的。

話説遠了，回來説一句結束的話。建安二十二年之後，曹、孫間相安了好多年，淮南前線無戰事。

十、孫、劉爭荊州

1 孫、劉必爭之地

　　赤壁之戰後，孫權佔有了南郡，南郡的江南一部分分給劉備駐紮。後劉備平定了江南四郡，但境地仍是狹促的，又從孫權處借得南郡的江北部分，包括江陵。孫權退到陸口（今湖北嘉魚西南，陸水入江處）。依據記載，主張以荊州借給劉備的是魯肅。《三國誌・吳誌・魯肅傳》載："後備詣京見權，求都督荊州，惟肅勸權借之，共拒曹公。"魯肅死後，孫權論魯肅時仍説："後雖勸吾借玄德地，是其一短。"（同上）

荊州古城（劉煒攝）
荊州古城即三國時期的江陵，
地處連東西貫南北的交通要塞，
歷來為兵家必爭之地。

借荊州這個“借”字，就留下了孫、劉爭奪荊州的禍根。

建安十九年（214年），“是歲，劉備定蜀。權以備已得益州，令諸葛瑾從求荊州諸郡。備不許，曰：‘吾方圖涼州，涼州定，乃盡以荊州與吳耳。’權曰：‘此假而不反，而欲以虛辭引歲。’遂置南三郡長吏，關羽盡逐之。權大怒，乃遣呂蒙督鮮于丹、徐忠、孫規等兵二萬取長沙、零陵、桂陽三郡，使魯肅以萬人屯巴丘（今湖南岳陽）以禦關羽。權住陸口，為諸軍節度。蒙到，二郡皆服，惟零陵太守郝普未下。會備到公安，使關羽將三萬兵至益陽，權乃召蒙等使還助肅。蒙使人誘普，普降，盡得三郡將守，因引軍還，與孫皎、潘璋並魯肅兵並進，拒羽於益陽。未戰，會曹公入漢中，備懼失益州，使使求和。權令諸葛瑾報，更尋盟好，遂分荊州：長沙、江夏、桂陽以東屬權；南郡、零陵、武陵以西屬備。”《三國誌·吳誌·吳主傳》）

“備既定益州，權求長沙、零、桂，備不承旨。權遣呂蒙率眾進取。備聞，自還公安，遣羽爭三郡。肅住益陽，與羽相拒。肅邀羽相見，各駐兵馬百步上，但諸將軍單刀俱會。肅因責數羽曰：‘國家區區本以土地借卿家者，卿家軍敗遠來，無以為資故也。今已得益州，既無奉還之意，但求三郡，又不從命。’……備遂割湘水為界，於是罷軍。”《三國誌·吳誌·魯肅傳》）

孫、劉兩家這次爭荊州，以妥協結束，以湘水為界，大體也是一種辦法。當年借荊州，也只是借的南郡，而且只是南郡的江北部分。《江表傳》說：“周瑜為南郡太守，分南岸地以給備。備別立營於油江口，改名為公安。劉表吏士見從北軍，多叛來投備。備以瑜所給地少，不足以安民，復從權借荊州數郡。”（《三國誌·蜀誌·先主傳》註引）《江表傳》所言，南岸地是周瑜給的。又從權借“荊州數郡”，更是誇大的。江南四郡是劉備自取的，不是借的。借了南郡江北部分，現在還給長沙、桂陽，不失為一種妥善的妥協辦法。

但孫權的目的，卻是取全部荊州。借是藉口，奪是本質。

建安二十二年（217 年），魯肅死，時年四十六。

魯肅的策略思想，主要是以曹操為敵手，孫、劉兩家應當聯合對曹，勸孫權以荊州南郡借給劉備的是魯肅。周瑜死後，魯肅接周瑜職務，代瑜領兵，駐屯陸口，他與關羽為鄰，雖然“數生狐疑，疆場紛錯”，但魯肅對關羽“常以歡好撫之”。魯肅以為“曹公尚存，禍難始構，宜相輔協，與之同仇，不可失也。”（《三國誌・吳誌・魯肅傳》）

接魯肅職務的是呂蒙。“魯肅卒，蒙西屯陸口，肅軍人馬萬餘盡以屬蒙。”（《三國誌・吳誌・呂蒙傳》）

呂蒙，字子明，汝南富陂（今河南阜陽南）人。從征黃祖，“祖令都督陳就逆以水軍出戰。蒙勒前鋒，親梟就首，將士乘勝，進攻其城。祖聞就死，委城走，兵追禽之。權曰：‘事之克，由陳就先獲也。’以蒙為橫野中郎將，賜錢千萬。”（同上）征黃祖，呂蒙立了大功。

“又與周瑜、程普等西破曹公於烏林，圍曹仁於南郡。……曹仁退走，遂據南郡，撫定荊州。”（同上）

“魯肅代周瑜，當至陸口，過蒙屯下。肅意尚輕蒙，或說肅曰：‘呂將軍功名日顯，不可以故意待也，君宜顧之。’遂往詣蒙。酒酣，蒙向肅曰：‘君受重任，與關羽為鄰，將何計略，以備不虞？’肅造次應曰：‘臨時施宜。’蒙曰：‘今東西雖為一家，而關羽實熊虎也，計安可不豫定？’因為肅劃五策。肅於是越席就之，拊其背曰：‘呂子明，吾不知卿才略所及乃至於此也。’遂拜蒙母，結友而別。”（同上）

但呂蒙對劉、曹兩家的看法，誰是友，誰是敵，和魯肅的看法大有不同。呂蒙認為：對東吳來說，最重要的問題是荊州問題，應先拿下荊州；如與曹操為敵，即使能拿下徐州也不能守。《三國誌・吳誌・呂蒙傳》說：“（蒙）與關羽分土接境，知羽驍雄，有併兼心，且居國上流，其勢難久。……乃密陳計策曰：‘今（《資治通鑑》“今”下有“令”字）征虜守南郡，潘璋住白帝，蔣欽將遊兵萬人，循江上下，應敵所在，蒙為國家前據襄陽，如此，何憂於操，何賴於羽？且羽君臣，矜其詐力，所在反復，不可以腹心待也。今羽所以未便東向者，以至尊聖明，蒙等尚存也。今不於強壯時圖之，一旦僵仆，欲復陳力，其可得邪？'權深納其策，又聊復與論取徐州意，蒙對曰：'今操遠在河北，新破諸袁，撫集幽、冀，（按：此處陳壽記事有誤。曹操破諸袁在建安九年、十年，距此時已十多年。不當仍説"新破諸袁"。）未暇東顧。徐土守兵，聞不足言，往自可克。然地勢陸通，驍騎所騁，至尊今日得徐州，操後旬必來爭，雖以七八萬人守之，猶當懷憂。不如取羽，全據長江，形勢益張！"孫權尤以此言為當。

孫權如此對呂蒙的意見表示贊同，是因為呂蒙的意見深合孫權的心意。關羽勇猛而又驕傲，使孫權忌畏；荊州居上遊之勢，對孫權的威脅也

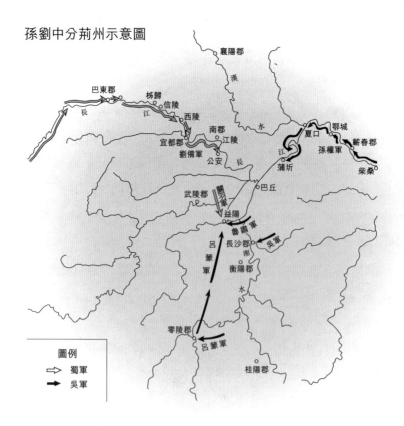

孫劉中分荊州示意圖

遠比曹操在淮南對孫權的威脅大。這時，孫權也在考慮與曹操休戰轉而與劉備爭荊州了。

建安二十一年和二十二年之交，曹操攻濡鬚口一戰，無結果而結束，曹操退兵。二十二年春，孫權卻令都尉徐詳去向曹操請降，曹操也派使者回報孫權修好，還要聯姻。這時，孫權已為與曹操休戰轉而向關羽進攻打下埋伏，只等機會了。

2 呂蒙施計襲取荊州

事隔兩年，機會來了。建安二十四年 (218 年)，關羽對曹操發起進攻，進兵圍曹仁於襄陽。

關羽使南郡太守糜芳守江陵，將軍傅士仁守公安，自率大軍攻曹仁於樊城。曹仁守城，使左將軍于禁、立義將軍龐德等屯樊城北。

這年秋天，大霖雨，漢水溢，平地數丈，于禁等七軍皆沒。禁與諸將登高避水，羽乘大船就攻之。禁等窮迫，遂降。龐德在堤上，被甲持弓，箭不虛發，自平旦力戰，至日過午，羽攻益急，矢盡，短兵接，德戰益怒，氣愈壯。而水浸盛，吏士盡降。德"乘小船欲還仁營。水盛船覆，失弓矢，獨抱船覆水中，為羽所得，立而不跪。羽謂曰：'卿兄在漢中，我欲以卿為將，不早降何為？'德罵羽曰：'豎子！何謂降也！魏王帶甲百萬，威振天下。汝劉備庸才耳，豈能敵邪！我寧為國家鬼，不為賊將也。'"羽殺之。魏王操聞之，"曰：'吾知禁三十年，何意臨危處難，反不如龐德邪！'"（《三國誌·魏誌·于禁傳》）

關羽急攻樊城，樊城得水，往往崩壞，眾皆恟懼。"或謂仁曰：'今日之危，非力所支。可及羽圍未合，乘輕船夜走，雖失城，尚可全身。'"汝南太守滿寵"曰：'山水速疾，冀其不久。聞羽遣別將已在郟下，自許以南，百姓擾擾，羽所以不敢遂進者，恐吾軍掎其後耳。今若遁去，洪河

以南，非復國家有也。君宜待之。'仁曰：'善。'"（《三國誌·魏誌·滿寵傳》）
滿寵乃沉白馬，與軍人盟誓，同心固守。時城中人馬才數千，城不沒者數
板。羽船臨城，立圍數重，外內斷絕。（《三國誌·魏誌·曹仁傳》）關羽又遣別將
圍將軍呂常於襄陽。荊州刺史胡脩、南鄉太守傅方皆降於關羽。

　　陸渾（今河南宜陽南）民孫狼等"作亂"，殺縣主簿，南附關羽。羽授狼
印，給兵，還為"寇賊"。（《三國誌·魏誌·管寧傳附胡昭傳》）關羽遣別將已到郟縣
（今河南郟縣）城下，自許以南，百姓擾擾。（《三國誌·魏誌·滿寵傳》）梁、郟、
陸渾"群盜"或遙受關羽印號，為之支黨。關羽威震華夏，曹操議徙許都以
避其銳。（《三國誌·蜀誌·關羽傳》）丞相軍司馬司馬懿、丞相主簿西曹屬蔣濟言
於操曰："于禁等為水所沒，非戰攻之失，於國家大計未足有損。劉備、孫
權，外親內疏，關羽得志，權必不願也。可遣人勸（權）躡其後，許割江南
以封權，則樊圍自解。"（《三國誌·魏誌·蔣濟傳》）操從之。

湖北襄陽水淹七軍處（劉煒攝）
關羽水淹七軍，貌似聲勢浩大，實際上並沒有對曹操造成多大的威脅，樊城並沒有被攻破。
後來的發展證實，沒有孫權的出兵，關羽也只有敗回江陵，可能不會身死地失，但敗是一定
的，絕不可能下宛、洛取曹操項上人頭。

在這之前，孫權曾為其子向關羽求婚，關羽不答應，還罵了使者，孫權由是發怒。及關羽出兵攻樊，孫權奪荊州的機會到了。呂蒙駐軍在陸口，他給孫權上疏說：“羽討樊而多留備兵，必恐蒙圖其後故也。蒙常有病，乞分士眾還建業，以治疾為名。羽聞之，必撤備兵，盡赴襄陽。大軍浮江，晝夜馳上，襲其空虛，則南郡可下，而羽可擒也。”（《三國誌・吳誌・呂蒙傳》）

呂蒙遂稱疾篤，權乃露報召蒙還，陰與圖計。蒙到蕪湖，時定威校尉陸遜駐屯蕪湖，往見蒙，說：“關羽接境，如何遠下，後不當可憂也？”呂蒙說：“誠如來言，然我病篤。”陸遜說：“羽矜其驍氣，陵轢於人。始有大功，意驕志逸，但務北進，未嫌於我，有相聞病，必益無備。今出其不意，自可禽制。下見至尊，宜好為計。”呂蒙說：“羽素勇猛，既難為敵，且已據荊州，恩信大行，兼始有功，膽勢益盛，未易圖也。”蒙到都城，孫權問他：“誰可代卿者？”呂蒙說：“陸遜意思深長，才堪負重，觀其規慮，終可大任。而未有遠名，非羽所忌，無復是過。若用之，當令外自韜隱，內察形便，然後可克。”（《三國誌・吳誌・陸遜傳》）

孫權即召遜還都，拜偏將軍、右部督，以代蒙。陸遜至陸口，為書與羽，盛讚關羽功業，勸告關羽切勿輕敵。“戰捷之後，常苦輕敵”，“願將軍廣為方計，以全獨克”。表示對關羽的關心。總之，不外“謙下自託之意”。關羽覽陸遜來書，“意大安，無復所嫌。”（同上）遂稍撤後方留兵以赴樊城。陸遜將情況報告孫權，說關羽可擒。

關羽虜得于禁等人馬數萬，糧食乏絕，遂擅取孫權湘關米。

孫權發兵襲關羽，以呂蒙為大督。

曹操使平寇將軍徐晃屯宛（今河南南陽），以助曹仁。及于禁陷沒，晃前至陽陵陂（今襄樊市北）。關羽遣兵屯偃城（今襄樊市北陽陵陂南）。晃既到，詭道作都塹，示欲截其後，羽兵燒屯走，晃得偃城，連營稍前。晃營距羽圍三丈所，作地道及箭飛書與曹仁，消息數通。

孫權寫書信給曹操，請以討關羽自效，並望勿走漏消息，令羽有備。操以問群臣，群臣咸言宜當密之。董昭説：“軍事尚權，期於合宜。宜應權以密，而内露之。羽聞權上，若還自護，圍則速解，便獲其利。可使兩賊相對銜持，坐待其弊。秘而不露，使權得志，非計之上。又，圍中將吏不知有救，計糧怖懼，儻有他意，為難不小。露之為便。且羽為人強梁，自恃二城守固，必不速退。”曹操聽從董昭的話，即敕徐晃以權書射着圍裏及羽屯中。圍裏聞之，志氣百倍。羽果猶豫不能去。（《三國誌‧魏誌‧董昭傳》）

曹操自洛陽南救曹仁，駐軍摩陂（今河南郟縣），前後遣十二營詣晃。

關羽圍頭有屯，又別屯四塚。徐晃揚言當攻圍頭屯而密攻四塚。關羽見四塚欲壞，自將步騎五千出戰，徐晃擊之，退走。羽圍塹鹿角十重。晃追羽，與俱入圍中。關羽遂撤圍退走。（《三國誌‧魏誌‧徐晃傳》）

“呂蒙至尋陽，盡伏其精兵䑲艫（舟也）中，使白衣搖櫓，作商賈人服，晝夜兼行，至羽所置江邊屯候，盡收縛之，是故羽不聞知。”（《三國誌‧吳誌‧呂蒙傳》）

南郡太守麋芳在江陵，將軍傅士仁屯公安，皆素嫌羽輕己。自關羽出軍，芳、仁供給軍資，不悉相救。羽言“還，當治之”。芳、仁咸懷懼不安。（《三國誌‧蜀誌‧關羽傳》）

呂蒙令故騎都尉虞翻為書説士仁，為陳成敗。仁得書即降。翻謂蒙曰：“此譎兵也。當將仁行，留兵備城。”遂將仁至南郡。麋芳守城，蒙以仁示之，芳遂開門出降。（《三國誌‧吳誌‧呂蒙傳》註引《吳書》）

呂蒙入江陵，釋于禁之囚，得關羽及將士家屬，皆撫慰之。約令軍中不得干歷人家，有所求取。蒙麾下士，與蒙同郡人，取民家一笠以覆官鎧。官鎧雖公，蒙猶以為犯軍令，不可以鄉里故而廢法，遂垂涕斬之。於是軍中震栗，道不拾遺。蒙旦暮使親近存恤耆老，問所不足，疾病者給醫藥，飢寒者賜衣糧。（《三國誌‧吳誌‧呂蒙傳》）

關羽聽得南郡已被孫權偷襲佔領，趕快率軍南還。曹仁召集諸將會議，諸將軍都説：「今因羽危懼，必可追禽也。」議郎參曹仁軍事趙儼説：「權邀（胡三省説：邀，當作徼，徼幸也。）羽連兵之難（孫權利用關羽和曹仁作戰的困難時機），欲掩制其後，顧羽還救，恐我承其兩疲，故順辭求效，乘舋因變，以觀利鈍耳。今羽已孤迸，更宜存之以為權害。若深入追北，權則改虜於彼，將生患於我矣。王必以此為深慮。」《三國誌‧魏誌‧趙儼傳》曹仁乃解嚴。曹操聽得關羽撤退，恐諸將追之，疾敕仁，如儼所策。（同上）

關羽數使人與呂蒙相聞，「蒙輒厚遇其使，周遊城中，家家致問，或手書示信。羽人還，私相參訊，咸知家門無恙，見待過於平時，故羽吏士無鬥心。」《三國誌‧吳誌‧呂蒙傳》

孫權至江陵，荊州將吏悉皆歸附，武陵部從事樊仙誘導諸夷，圖以武陵附劉備，孫權派兵討平。孫權以呂蒙為南郡太守，賜錢一億，黃金五百斤；以陸遜為宜都太守。劉備委派的宜都太守樊友棄郡走，諸城長吏及蠻夷君長皆降於陸遜。秭歸大姓擁兵拒守的，陸遜皆破降之，前後斬獲、招納凡數萬計。孫權以遜為右護軍、鎮西將軍，屯夷陵守峽口。

湖北當陽麥城遺跡（劉煒攝）

河南關林關羽墓（劉煒攝）

湖北當陽關羽墓（劉煒攝）

孫權斬關羽後，將其頭顱送與曹操，以諸侯禮葬其屍骸。故在河南、湖北皆有關羽墓。

關羽自知孤窮，乃西保麥城（今湖北當陽西南）。孫權使人勸降，羽偽降，立幡旗為像人於城上，因遁走，兵皆解散，才十餘騎。孫權使朱然、潘璋斷其歸路，璋司馬馬忠截獲關羽及子關平於章鄉（今湖北荊門西），斬之。

孫權殺了關羽，取了荊州，如願以償了。

關羽在荊州的失敗，有其客觀上的原因。荊州與益州中間是大山，地方落後，交通困難。雙方的聯繫只靠長江一水，而三峽險阻亦非暢通大道。荊州有事，益州支援困難。

關羽進攻襄陽、樊城，似乎預先沒有和劉備、諸葛亮商討。建安二十四年五月，劉備剛剛擊斬夏侯淵取得漢中。七月，稱漢中王。對劉備來說，這時正需要一段時間休養生息。而關羽卻發動了對樊城、襄陽的進擊。諸葛亮《隆中對》設計的方針是佔有荊、益，"天下有變，則命一上將將荊州之眾以向宛、洛，將軍（劉備）身率益州之眾出於秦川，百姓孰敢不簞食壺漿以迎將軍者乎？"諸葛亮所設想的一是天下有變，二是兩路出兵，形成夾擊形勢。而關羽的出兵，則只是一路。乘漢水大漲，一舉降于禁，斬龐德，圍困曹仁於樊城，使曹操援軍一時不得近。羽軍貌似聲勢浩大，但實際上並沒有對曹操造成多大的威脅，樊城並沒有被攻破。徐晃援軍一到，即可與關羽於近在三丈中對壘，並與城中曹仁通消息，關羽力不能制曹軍，於此可見。徐晃所領，只是曹軍的一支。曹操坐鎮摩陂，援軍正源源而來。而徐晃不需這後方的援軍源源而來，一軍亦可以衝入關羽圍中，迫關羽不得不撤圍而退。由此可見，孫權出兵偷襲，只是搶了一個便宜，取了荊州，與關羽之敗實無多大關係。沒有孫權的出兵，關羽也只有敗回江陵，可能不會身死地失，但敗是一定的，絕不可能下宛、洛取曹操項上人頭。

關羽的出兵，是在一個不是時機的時候的一次軍事冒險。即使冒險成功，他最大的成功也不過是佔有襄陽，但看來這也是不大可能的。沒有漢水大漲的幫忙，他連水淹七軍、降于禁、斬龐德都不大可能。所謂曹操想遷出許都以避之，只不過是事後的戲劇性的語言，和歷史逗樂而已。實際形勢，全不是這樣。

關羽和張飛，都很雄壯威猛，被時人稱為"萬人敵"。但從失荊州上可以看出，他傲慢、無智謀、無籌略，遠不是他所遇到的對手們的敵手。在一次戰鬥或一個戰役中，像斬顏良、誅文醜，或水淹七軍，他是強手，但對戰略政略他是一竅不通的。呂蒙、陸遜一給他戴高帽，他就上當、暈頭轉向，飄飄然不知所以。孫權和他聯姻，當然也是政治婚姻，即使關羽同意，結為兒女親家，為了奪取荊州，孫權也會翻臉。但關羽即使不願聯姻，也不要罵人。關羽在前方打仗，糜芳、士仁守江陵、公安，這是何等重要的職務，即使對他們不能完成的任務不滿意，也不能說"還，當治之"。

山西解州關帝廟（劉煒攝）

關羽被時人譽為萬人敵，經過民間演義，更被賦予極高的人格魅力，被譽為"關帝"，在他的家鄉乃至全國各地，都有關帝廟，以示對他的景仰和紀念。

荊州是劉備天下的一半。荊州一丟，劉備的強勢削弱一半，諸葛亮所說的"霸業可成，漢室可興"，就完全成為泡影了。

孫權前期有三大名將：周瑜、魯肅、呂蒙。三人都是文武全才，能打仗，有韜略，都和荊州有關係。但三人的風格又是不同的。周瑜、呂蒙都重在取荊州，聯劉在其次；而魯肅重在聯劉抗曹，甚至願把荊州一部分借給劉

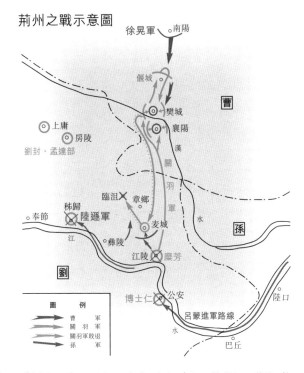

荊州之戰示意圖

備。孫權後來在和陸遜談話中，對周、魯、呂三人都有評價。他說："公瑾雄烈，膽略兼人，遂破孟德，開拓荊州，邈焉難繼，君今繼之。公瑾昔要子敬來東，致達於孤，孤與宴語，便及大略帝王之業，此一快也。後孟德因獲劉琮之勢，張言方率數十萬眾水步俱下。孤普請諸將，咨問所宜，無適先對，至於子布、文表，俱言宜遣使修檄迎之，子敬即駁言不可，勸孤急呼公瑾，付任以眾，逆而擊之，此二快也。且其決計策意，出張、蘇遠矣；後雖勸吾借玄德地，是其一短，不足以損其二長也。……子明少時，孤謂不辭劇易，果敢有膽而已；及身長大，學問開益，籌略奇至，可以次於公瑾，但言議英發不及之耳。圖取關羽，勝於子敬。……然其（指魯肅）作軍屯營，不失令行禁止，部界無廢負，路無拾遺，其法亦美矣。"（《三國誌·吳誌·呂蒙傳》）孫權對彼三人的評價，大體是妥當的。陳壽說："孫權之論，優劣允當，故載錄焉。"（同上）故陳壽《三國誌》把彼三人放在一卷，亦可謂有識。

3　夷陵之戰

荊州問題，到此並沒有結束。荊州對劉備來説也是命根子，是關係成敗的大問題，他不能不爭。建安二十四年，孫權取荊州。二十五年，魏文帝篡漢稱帝，是為魏。次年，劉備也稱帝以繼漢獻帝，改元章武。這年七月，劉備就率軍東下伐吳，接着，就是歷史上有名的吳蜀之間的夷陵之戰。

章武元年（魏黃初二年，即 221 年）七月，劉備率師伐吳，先頭部隊破孫權部隊於巫縣（今四川巫山），進駐秭歸（今湖北秭歸）。劉備出征的大軍是四萬人。孫權以陸遜為大都督，領兵五萬人，拒戰。

章武二年（222 年）二月，劉備自秭歸進兵，緣山截嶺，進至夷道猇亭。遣侍中馬良自假山通武陵，聯結五溪蠻夷，遣鎮北將軍黃權督江北諸軍，與吳軍相距於夷陵道。

劉備自巫峽建平連營至夷陵界（約自今四川巫山到湖北宜昌），立數十屯，以馮習為大督，張南為前部督。劉備遣吳班將數千人於平地立營，吳將帥皆欲擊之，陸遜曰：“此必有譎，且觀之。”

夷陵之戰圖一

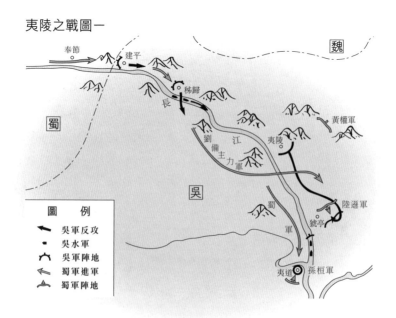

夷陵之戰圖二

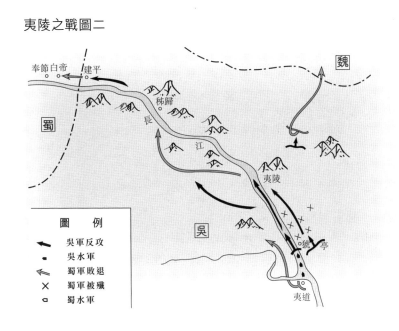

劉備知其計不行，乃引伏兵八千從谷中出。遜曰："所以不聽諸君擊班者，揣之必有巧故也。"（《三國誌‧吳誌‧陸遜傳》）

陸遜給孫權上疏説："夷陵要害，國之關限，雖為易得，亦復易失。失之，非徒損一郡之地，荊州可憂。今日爭之，當令必諧。備干天常，不守窟穴，而敢自送。臣雖不材，憑奉威靈，以順討逆，破壞在近。尋備前後行軍，多敗少成，推此論之，不足為戚。臣初嫌之，水陸俱進，今反捨船就步，處處結營，察其佈置，必無他變。伏願至尊高枕，不以為念也。"（同上）

閏五月，陸遜將發起對劉備的進攻。諸將都説："攻備當在初，今乃令入五六百里，相銜持經七八月，其諸要害皆已固守，擊之必無利矣。"陸遜説："備是猾虜，更嘗事多，其軍始集，思慮精專，未可干也。今住已久，不得我便，兵疲意沮，計不復生，犄角此寇，正在今日。"乃先攻一營，不利。諸將卻説："空殺兵耳！"陸遜説："吾已曉破之之術。"乃敕各持一把茅，以火攻拔之。一爾勢成，通率諸軍同時俱攻，斬張南、馮習及胡王沙摩柯等首，破其四十餘營。蜀將杜路、劉寧等窮逼請降。（同上）

劉備到馬鞍山，陳兵自繞，遜督促諸軍四面蹙之，土崩瓦解，死者萬數。備因夜遁，驛人自擔燒鐃鎧斷後，僅得入白帝城。其舟船器械，水步軍資，一時略盡，屍骸漂流，塞江而下。劉備大慚恚，説："吾乃為遜所折辱，豈非天邪！"（同上）

一場大戰，就此以劉備的慘敗結束。

劉備失敗的原因，大約不能歸之於天而仍應歸之於人。大軍敗後，劉備還住白帝，諸葛亮想起了法正，慨歎地説："法孝直若在，則能制主上，令不東行；就復東行，必不傾危矣。"（《三國誌・蜀誌・法正傳》）法正這人的品德是説不上的，但有奇謀奇才。諸葛亮對法正的智術是非常佩服的。《法正傳》説："諸葛亮與正，雖好尚不同，以公義相取。亮每奇正智術。"

劉備出兵爭荊州，蜀中人不同意的多，正像《法正傳》所説："群臣多諫，一不從。"從記載上我們只看到，趙雲勸劉備不要出兵，別人的態度

四川奉節白帝城白帝廟山門（劉煒攝）

夷陵慘敗後，劉備病逝於白帝城，這裏也是劉備託孤諸葛亮的地方。

如何，沒有記載。看來諸葛亮是不同意的，但他可能沒有多說話。從他所說“法孝直若在，則能制主上，令不東行”看，他是感歎於他未能制止劉備。大概他對征孫權爭荊州是不同意的。但他和劉備一樣，心裏都清楚，失掉荊州，蜀就成為一個自守的小國，從此以後，再也沒有和曹操爭天下、“霸業可成，漢室可興”的機會了。諸葛亮可能有僥倖的心理，希望劉備能把荊州奪回來。諸葛亮是一位有遠見的政治家、政略家，但不是一位軍事家、戰略家。他在赤壁之戰中的功勞，是促使孫、劉合作共抗曹操，而赤壁之戰，卻不是他打的。劉備入蜀，帶了龐統而未帶諸葛亮。劉備和曹操爭漢中，是靠法正的軍略。曹操丟掉漢中後說：“吾故知玄德不辦有此，必為人所教也。”（同上）這固然是一句解嘲的話，但也看出法正在軍事方面的重要性。如果法正活着，劉備爭荊州一定有法正同去，要不然，諸葛亮不會說：“法孝直若在，則能制主上，令不東行；就復東行，必不傾危矣。”

劉備在夷陵之戰中的失敗，而且失敗得如此之慘，他在戰略戰術方面都是犯了嚴重錯誤的。法正若在，就能使劉備“就復東行，必不傾危矣”，可見在諸葛亮眼裏，也是可以打勝的；即使不是大勝，也可以爭個相峙，把前線推到夷陵，或再分荊州。

慘敗之後，回到白帝城的劉備的心理狀態和精神面貌，我們是可以想像得到的，悔恨、絕望，前途茫茫。這情況有點和官渡之戰後的袁紹相似。他不願再回成都，他已失去再活下去的精神支柱。章武三年（魏黃初四年，223 年）夏四月癸巳，劉備死於永安（劉備改白帝城為永安），年六十三。

劉備死後，諸葛亮為丞相，主持蜀漢政權，恢復了和孫權和好共抗曹魏的局面。三國鼎立的局面，三國的疆域，大體都穩定下來。'

十一、三國鼎立

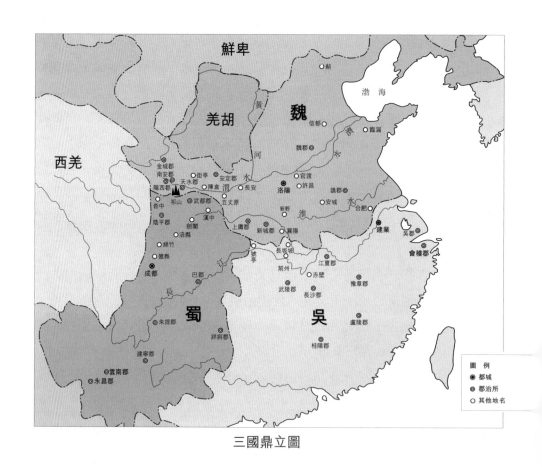

三國鼎立圖

建安十三年赤壁之戰後，三國分立的形勢已見端倪，但三國分立局面的正式出現則在建安二十四年以後。

建安二十五年（220年）正月，曹操死，其子曹丕繼位為魏王。十月，曹丕廢漢獻帝自立為皇帝，美其名曰"禪讓"，改元黃初。次年（221年），劉備即帝位，是為蜀漢。又次年（222年）：孫權自立為吳王。三國分立局面正式出現。這是秦統一四百年後，中國第一次出現全國大分裂。

曹魏在北方統治時期，前後有五個皇帝，他們是：

文　帝（曹丕）黃初一至七年（220—226 年）

明　帝（曹叡）太和一至六年（227—232 年）

　　　　　　　青龍一至四年（233—236 年）

　　　　　　　景初一至三年（237—239 年）

齊　王（曹芳）正始一至九年（240—248 年）

　　　　　　　嘉平一至五年（249—253 年）

高貴鄉公（曹髦）正元一至二年（254—255 年）

　　　　　　　甘露一至四年（256—259 年）

陳留王（曹奐）景元一至四年（260—263 年）

　　　　　　　咸熙一至二年（264—265 年）

　　曹魏皇帝在位統治，共四十五年。

孫吳四帝，共五十九年：

吳大帝（孫權）黃武一至七年（222—228 年）

　　　　　　　黃龍一至三年（229—231 年）

　　　　　　　嘉禾一至六年（232—237 年）

　　　　　　　赤烏一至十三年（238—250 年）

　　　　　　　太元一年（251 年）

會稽王（孫亮）建興一至二年（252—253 年）

　　　　　　　五鳳一至二年（254—255 年）

　　　　　　　太平一全二年（256—257 年）

景帝（孫休）　永安一至六年（258—263 年）

末帝（孫皓）　元興一年（264 年）

　　　　　　甘露一年（265 年）

　　　　　　寶鼎一至三年（266—268 年）

　　　　　　建衡一至三年（269—271 年）

　　　　　　鳳凰一至三年（272—274 年）

　　　　　　天冊一年（275 年）

　　　　　　天璽一年（276 年）

　　　　　　天紀一至四年（277—280 年）

蜀漢兩帝，共四十三年：

昭烈帝（劉備）章武一至二年（221—222 年）

後　主（劉禪）建興一至十五年（223—237 年）

　　　　　　延熙一至二十年（238—257 年）

　　　　　　景耀一至六年（258—263 年）

　　魏陳留王奐景元四年（263 年），魏滅蜀，蜀亡，蜀漢存在四十三年。晉武帝泰始元年十二月（泰始元年為 265 年，十二月應已進入 266 年），晉代魏（十二月方代魏改元，此年仍是魏咸熙二年），魏亡。統治四十五年。晉武帝太康元年（280 年）滅吳，吳亡。孫吳存在五十九年。大體説來，公元 220 年至 280 年，這個六十來年，就是三國時代。

　　夷陵之戰後，蜀失掉荊州。大體上，魏、蜀以秦嶺為界。關中、涼州屬魏，漢中屬蜀。吳、蜀邊界在巫縣，以東屬吳，以西屬蜀。魏、吳邊界大體和長江平行，長江以北一部分屬吳，有的向北深入多些，有的少些。

　　三國疆域，曹魏最大，孫吳次之，蜀漢最小。東漢十三州，魏得其九，吳得其三，蜀得其一。而荊、揚一部分在長江以北的，又為魏所佔。三國分立後，對自己的州郡縣又有調整，有的合併，有的分出，也有增設，真所謂"置省無定，分合不時。"(清吳增僅《三國郡縣表附考證》序) 三國行政區劃，郡縣名數，實已不易詳考。大體説來，咸熙二年（265 年），魏有州 12，共有郡 93、縣 720；天紀四年（280 年），吳有州 4，共有郡 43、縣 331；炎興元年（263 年），蜀有州 1，共有郡 22、縣 139。現依吳增僅《三國郡縣表附考證》和楊守敬《補正》列表如下。只列縣數，不出縣名。

魏州郡縣表：

司隸，統郡		**7**	沛國	領縣	5
河南	領縣	21	譙郡	領縣	15
原武	領縣	1	魯國	領縣	6
弘農	領縣	7	安豐	領縣	4
河東	領縣	13	**冀州**	**統郡**	**13**
平陽	領縣	10	魏郡	領縣	9
河內	領縣	15	廣平	領縣	16
野王	領縣	1	陽平	領縣	9
豫州，統郡		**10**	鉅鹿	領縣	8
潁川	領縣	8	趙國	領縣	6
襄城	領縣	7	常山	領縣	7
汝南	領縣	24	中山	領縣	11
弋陽	領縣	5	安平	領縣	15
梁國	領縣	8	平原	領縣	9
陳郡	領縣	5	樂陵	領縣	5

勃海	領縣	8		城陽	領縣	13
河間	領縣	10		東萊	領縣	12
清河	領縣	7		**荊州，統郡**		**7**
兗州，統郡		**8**		南陽	領縣	27
陳留	領縣	15		南鄉	領縣	8
東郡	領縣	5		江夏	領縣	5
濟陰	領縣	9		襄陽	領縣	8
山陽	領縣	8		魏興	領縣	5
任成	領縣	3		上庸	領縣	6
東平	領縣	8		新城	領縣	5
濟北	領縣	5		**揚州，統郡**		**2**
泰山	領縣	11		淮南	領縣	8
徐州，統郡		**6**		廬江	領縣	4
下邳	領縣	11		**雍州，統郡**		**10**
彭城	領縣	6		京兆	領縣	10
東海	領縣	11		馮翊	領縣	9
琅邪	領縣	9		扶風	領縣	11
東莞	領縣	5		北地	領縣	2
廣陵	領縣	4		新平	領縣	2
青州，統郡		**6**		安定	領縣	6
齊國	領縣	10		廣魏	領縣	4
濟南	領縣	8		天水	領縣	6
樂安	領縣	9		隴西	領縣	5
北海	領縣	5		南安	領縣	3

涼州，統郡	**8**	新興 領縣	6
金城 領縣	4	**幽州，統郡**	**12**
武威 領縣	5	范陽 領縣	8
張掖 領縣	7	燕國 領縣	5
酒泉 領縣	9	漁陽 領縣	5
敦煌 領縣	8	北平 領縣	4
西海 領縣	1	上谷 領縣	6
西平 領縣	4	代郡 領縣	3
西郡 領縣	1	遼東 領縣	8
并州，統郡	**6**	昌黎 領縣	2
太原 領縣	13	遼西 領縣	5
上黨 領縣	11	玄菟 領縣	3
樂平 領縣	3	帶方 領縣	7
西河 領縣	4	樂浪 領縣	6
雁門 領縣	5		

蜀漢州郡縣表：

益州，統郡	**22**	廣漢 領縣	5
蜀郡 領縣	7	東廣漢 領縣	4
汶山 領縣	8	梓潼 領縣	6
犍為 領縣	6	巴西 領縣	8
江陽 領縣	3	巴郡 領縣	4
漢嘉 領縣	4	巴東 領縣	5

涪陵	領縣	5	建寧	領縣	18
漢中	領縣	5	牂柯	領縣	7
武都	領縣	6	永昌	領縣	8
陰平	領縣	2	興古	領縣	5
朱提	領縣	5	雲南	領縣	7
越巂	領縣	11			

孫吳州郡縣表：

揚州，統郡		**14**	南郡	領縣	7
丹陽	領縣	19	宜都	領縣	3
新都	領縣	6	建平	領縣	5
蘄春	領縣	3	江夏	領縣	6
會稽	領縣	10	武陵	領縣	10
臨海	領縣	7	天門	領縣	3
建安	領縣	9	長沙	領縣	10
東陽	領縣	9	衡陽	領縣	10
吳郡	領縣	13	湘東	領縣	6
吳興	領縣	9	零陵	領縣	10
豫章	領縣	15	始安	領縣	5
廬陵	領縣	16	昭陵	領縣	6
鄱陽	領縣	9	桂陽	領縣	6
臨川	領縣	9	始興	領縣	6
安成	領縣	6	臨賀	領縣	6
荊州，統郡		**15**	**交州，統郡**		**8**

合浦	領縣	7		**廣州，統郡**		**6**
朱崖	領縣	2		南海	領縣	7
交阯	領縣	10		蒼梧	領縣	9
新興	領縣	4		鬱林	領縣	9
武平	領縣	10		桂林	領縣	8
九真	領縣	6		高涼	領縣	3
九德	領縣	6		高興	領縣	5
日南	領縣	5				

　　吳增僅在《序》裏已說："附會牴牾，舛訛遺漏，知所不免。"我們這裏只是想對三國時期魏、蜀、吳州郡縣行政區劃的大體形勢有些印象和了解，對有些問題，也就不作詳考了。

　　三國戶口統計的記載，留下來的不多，魏陳留王奐景元四年（263 年），魏滅蜀，蜀後主劉禪"遣尚書郎李虎送士民簿，領戶二十八萬，男女口九十四萬，帶甲將士十萬二千，吏四萬人。"（《三國誌·蜀誌·後主傳》註引王隱《蜀記》）景元四年滅蜀，魏、蜀戶口合起來是"民戶九十四萬三千四百二十三，口五百三十七萬二千八百八十一。"如此，"除平蜀所得，當時魏氏唯有戶六十六萬三千四百二十三，口有四百四十三萬二千八百八十一。"（《通典·食貨典七》）晉武帝太康三年（280 年）晉滅吳，收其圖籍"戶五十二萬三千，吏三萬二千，兵二十三萬，男女口二百三十萬。"（《三國誌·吳誌·三嗣主傳·孫皓傳》註引《晉陽秋》）

　　如果把不同時代的兩個三國戶口數字加起來（魏、蜀是景元四年，263年；吳是太康元年，280 年），可知三國時的戶口數，大略是戶 147 萬，口767 萬多。因為是不同時間的兩個統計（相差十六七年），所以只能說三國戶口總數彷彿如此了。

十二、魏國社會和政治

1 自然經濟

三國時期從漢繼承下來的，是個破爛攤子。城鄉經濟，經過黃巾起義和董卓之亂，都遭受極大破壞。

秦漢是中國城市經濟比較發達的時期。大量人口集中在都市裏。西漢元帝時大臣貢禹說當時"耕者不能半"《漢書・貢禹傳》。東漢前期的思想家王符又說："今舉俗捨本農，趨商賈，牛馬車輿，填塞道路，遊手為巧，充盈都邑。……今察洛陽，資末業者什於農夫，虛偽遊手，什於末業。是則一夫耕，百人食之，一婦桑，百人衣之，以一奉百，孰能供之！天下百郡千縣，市邑萬數，類皆如此。"《潛夫論・浮侈篇》，見《後漢書・王符列傳》

這段話，對東漢城市生活的活躍和城市養育人口的眾多，刻畫得很生動。但他的估計不免有誇大。漢代城市人口，比我們所想像的要多。長期封建社會和以農立國所養成的意識，束縛了我們的思維，也以為古代城市居民的數量是不能和農村居民相比的，一定少得多。王符所說，城鄉人口是百與一之比，大概是誇大了，但他也不能誇大得毫無邊際。他是嚴肅的討論社會問題的，說話是要人信的，無邊際的誇大，會降低他說話的可信性。漢代城市經濟的繁榮和城市集中了大量人口是不能懷疑的。

繁榮的兩漢城市，在東漢末年遭到毀滅性的打擊，董卓由洛陽遷都長安時，"盡徙洛陽人數百萬口於長安，步騎驅蹙，更相蹈藉，飢餓寇掠，積屍盈路。卓自屯留畢圭苑中，悉燒宮廟官府居家，二百里內無復孑遺。"《後漢書・董卓列傳》到獻帝幾年後從長安逃回洛陽時，洛陽的情況是"宮室燒盡，街陌荒蕪，百官披荊棘，依丘牆間。"《三國誌・魏誌・董卓傳》長安所遭受的破壞，也並不亞於洛陽。"初，帝入關，三輔戶口尚數十萬，自催、汜相攻，天子東歸後，長安城空四十餘日，強者四散，羸者相食，二三年間，關中無復人跡。"《後漢書・董卓列傳》

洛陽、長安以外，"百郡千縣，市邑萬數"的中小城市，也都遭到破壞。當時人常常用"以及今日，名都空而不居。"（仲長統語，見《後漢書・仲長統列傳》）"中國蕭條，或百里無煙，城邑空虛。"（朱治語，見《三國誌・吳誌・朱治傳》註引《江表傳》）等話來形容城市的破壞，可證中小城市的破壞也很嚴重。

戰亂中，人民流亡的情況非常嚴重。司馬朗對董卓說："兵難日起，州郡鼎沸，郊境之內，民不安業，捐棄居產，流亡藏竄……"《三國誌・魏誌・司馬朗傳》"關中膏腴之地，頃遭荒亂，人民流入荊州者十萬餘家。"《三國誌・魏誌・衛覬傳》"南陽、三輔人，流入益州數萬家。"《三國誌・蜀誌・劉璋傳》註引《英雄記》"韓遂、馬超之亂，關西民從子午谷奔之（漢中）者數萬家。"《三國誌・魏誌・張魯傳》"自京師遭董卓之亂，人民流移東出，多依彭城間。"《三國誌・魏誌・荀彧傳》註引《曹瞞傳》

人民在流徙中，死亡自然是很嚴重的，獻帝的一個詔書說："今四民流移，託身他方，攜白首於山野，棄稚子於溝壑，顧故鄉而哀歎，向阡陌而流涕，饑厄困苦，亦已甚矣。"《三國誌・魏誌・陶謙傳》註引《吳書》

三國時期的人口，比起兩漢來是大量的減少了。兩漢戶口，一般戶在 1000 萬，口在 5000 萬左右。桓帝永壽二年（156 年）的數字是 1607 萬多戶，5000 多萬口（《續漢誌・郡國一》註引《帝王世紀》）。如上章所說，三國全盛時期的戶口是 147 萬多戶，767 萬多口。兩者相比，三國時期的戶是東漢桓帝時的十分之一弱，口是七分之一多。東漢地方官吏呈報戶口數往往增大不實，但三國時期戶口比東漢差得很遠大約是沒問題的，有些記載可以證實。《三國誌・魏誌・張繡傳》載："是時，天下戶口減耗，十裁一在。"這是漢末三國初年的情況，三國中期魏文帝、明帝時人口也沒有多少增加，當時人蔣濟說：“今雖有十二州，至於民數，不過漢時一大郡。”（《三國誌·魏誌·蔣濟傳》）杜恕說：“今大魏奄有十州之地，而承喪亂之弊，計其戶口不如往昔一州之民。”（《三國誌·魏誌·杜畿傳附子恕傳》）陳群說：“今喪亂之後，人民至少，比漢文、景之時，不過一大郡。”（《三國誌·魏誌·陳群傳》）陳群的話，有毛病，文景時雖然稱作盛世，但當時大亂之後，經濟剛剛恢復，人口不會增加太快。他大概以為文景時是盛世，人口也應最多，才這樣說的。

　　人口大量流動和大量死亡、減少，其結果自然是土地大量失耕荒蕪，農業蕭條。這情況在三國時期是極為顯著的。仍用當時人的話來說明問題。仲長統說：“今者土廣民稀，中地未墾。”又說：“以及今日，名都空而不居。百萬絕而無民者不可勝數。”（《後漢書·仲長統列傳》）朱治說：“中國蕭條，或百里無煙，城邑空虛，道殣相望。”（《三國誌·吳誌·朱治傳》註引《江表傳》）衛覬對魏明帝說：“當今千里無煙，遺民困苦。”（《三國誌·魏誌·衛覬傳》）百里無煙，千里無煙，土地自然是荒蕪的了。

　　三國時期，城市破壞，人口減少，土地荒蕪，是戰亂的結果，但更是戰國兩漢社會內在矛盾發展的結果。戰國以來，社會中一個大問題是商人、豪族兼併農民，農民流亡。西漢後期，農民流亡已很嚴重，元帝時貢禹就說：“（農）民棄本逐末，耕者不能半，貧民雖賜之田，猶賤賣以賈。”（《漢書·貢禹傳》）他已看出問題，社會上之所以出現這種現象，是錢在作祟。他說：“何者？末利深而惑於錢也。”“是以奸邪不可禁，其原皆起於錢也。”（同上）

　　錢為甚麼有這麼大的魔力，貢禹不了解。恩格斯了解。恩格斯說：“隨着金屬貨幣就出現了非生產者統治生產者及其生產的新手段。……一切商品，從而一切商品生產者，都應該畢恭畢敬地匍匐在貨幣面前。”又說：“誰握有它，誰就統治了生產世界。但是誰首先握有了它呢？商人。”又說：“隨着貿易的擴大，隨着貨幣和貨幣高利貸、土地所有權和抵押制的產生，財富便迅速地積聚和集中到一個人數很少的階級手中，與此同時，大眾日益貧困化，貧民的人數也日益增長。"（《家庭、私有制和國家的起源》，見《馬克思恩格斯全集》第 21 卷第 190—191 頁）

在貨幣、錢的作用下，農民離開土地、流亡城市的情況，東漢比西漢更為嚴重。我們前面引用的王符的話，洛陽資末業的十倍於農夫，虛偽遊手在都市鬼混的又十倍於資末業的。城市人口和農村人口是百與一之比。如前所說，這個比數即使是誇大了，也不會誇大到無邊際。王符是個學者，他是在討論社會問題的，誇大太狠了，就不足取信於人。

人口集中城市，就是農民離開農村；農民離開農村，就意味着勞動力（農民）和生產手段（土地）的分離；勞動力和生產手段的分離，就意味着土地荒蕪、生產衰落。東漢人常常提到土地失耕的嚴重，其根本原因在此。

東漢末年的戰亂，使得東漢以來農民流亡、土地失耕、生產衰落的社會內在危機一下總爆發出來，整個社會、城鄉經濟都陷入大衰敗的局面。

東漢末三國初的社會，真是千里無煙，城市空無人居，白莽莽一片大地真乾淨了。

在這樣一個社會、一個時代，錢幣的作用就無足輕重了。交換經濟衰落了，社會更多的是靠自給自足，錢的作用自然就不大了。

兩漢時期。使用了三百多年的五銖錢，由於城市破壞、土地荒蕪、人口稀少，造成的經濟衰落，到此已無多大用處。交易還有，但已不用五銖錢作媒介而是使用穀帛。《三國誌‧魏誌‧董卓傳》說：董卓"悉椎破銅人、鐘虡，及壞五銖錢。更鑄為小錢，大五分，無文章，肉好無輪郭，不磨鑢。於是貨輕而物貴，穀一斛至數十萬。自是後錢貨不行。"這是把錢貨不行的原因歸之於董卓毀五銖、鑄小錢上。這是表面現象。錢之不行，是由於經濟衰落，交易中對貨幣的需求少了。只要交換經濟發達，錢貨就會使用的。

錢貨不行之後，在交換中擔當交易媒介即貨幣使用的是穀帛。漢末、三國初年，穀帛成為交易工具和價值標準，一切交易通過穀帛作媒介來實現，財富多寡以穀帛來計算。如《任嘏別傳》說："（任）嘏，樂安博昌人，世為著姓。……年十四始學。……遂遇荒亂，家貧賣魚，會官稅魚，魚貴數倍，嘏取值如常。又與人共買生口，各僱八匹。後生口家來贖，時價值六十匹。共買者欲隨時價取贖，嘏自取本價八匹。共買者慚，亦還取本價。"（《三國誌‧魏誌‧王昶傳》註引）後來，"會太祖（曹操）創業，召海內至德，嘏應其舉。"（同上）他買生口的事，當在董卓亂後初平到建安年間，民間買賣以布匹為交易媒介了。

魏文帝黃初二年（221年），曾一度恢復五銖錢。三月"初復五銖錢"，但十月，就又"以穀貴，罷五銖錢"了。（《三國誌‧魏誌‧文帝紀》）

穀帛代替金屬貨幣，時間久了，便出現一些流弊。《晉書‧食貨誌》載："至明帝世，錢廢穀用既久，人間巧偽漸多，競濕穀以要利，作薄絹以為市，雖處以嚴刑而不能禁也。"又載："（晉）安帝元興中……孔琳之議曰：……穀帛為寶，本充衣食，分以為貨，則致損甚多。又勞毀於商販之手，耗棄於割截之用，此之為弊，著自於曩，故鍾繇曰：'巧偽之人，競濕穀以要利，製薄絹以充資。

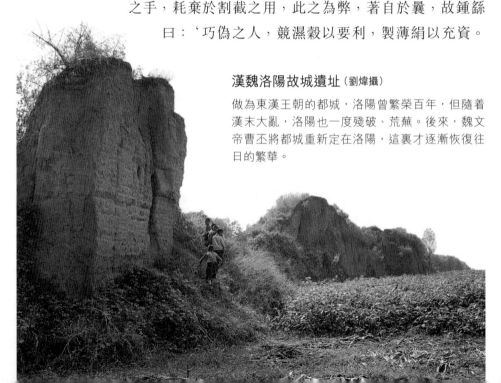

漢魏洛陽故城遺址（劉煒攝）

做為東漢王朝的都城，洛陽曾繁榮百年，但隨着漢末大亂，洛陽也一度殘破、荒蕪。後來，魏文帝曹丕將都城重新定在洛陽，這裏才逐漸恢復往日的繁華。

魏世制以嚴刑，弗能禁也。’”

東漢洛陽城平面圖

因此，到了魏明帝時，便接受司馬芝等人的建議，於太和元年（227 年）四月，“行五銖錢”。這是《三國誌·魏誌·明帝紀》的記載，比較簡略。《晉書·食貨誌》記載較詳，說：“司馬芝等舉朝大議，以為用錢非徒豐國，亦所以省刑。今若更鑄五銖錢，則國豐刑省，於事為便。魏明帝乃更立五銖錢，至晉用之。”

但即使明帝恢復使用五銖錢以後，金屬貨幣也仍未能排擠穀帛之用作貨幣，民間一般仍以布帛為幣。《三國誌·魏誌·胡質傳》註引《晉陽秋》有這樣一段故事：“質之為荊州也，（質子）威自京都省之。……拜見父。停廄中十餘日，告歸。臨辭，質賜絹一匹，為道路糧。威跪曰：‘大人清白，不審於何得此絹？’質曰：‘是吾俸祿之餘，故以為汝糧耳！’”

胡質為荊州刺史，是在明帝時。在他任荊州刺史時，適逢東吳大將朱然圍樊城。朱然圍樊城在明帝景初元年（237 年），事在明帝恢復五銖錢之太和元年（227 年）整十年之後，而各地人間來往仍以布帛為路糧。路糧者，路上之費用也，仍是以布帛為貨也。

不僅各地方，就是京師，起貨幣作用的仍是布帛而非五銖錢。景初年間，京師買官仍是用布帛的。《三國誌·魏誌·夏侯尚傳附子玄傳》註引《魏略》有如下一段事：“玄既遷，司馬景王（司馬師）代為護軍。護軍總統諸將，任主武官選舉，前後當此官者，不能止貨賂。故蔣濟為護軍時，有謠言：'欲求牙門，當得千匹；百人督，三百匹。'宣王（司馬懿）與蔣善，聞以問濟，濟無以解之。因戲曰：'洛中市買，一錢不足則不行。'遂相對歡笑。"

一"錢"不足，這錢不知指甚麼，即使是指金屬五銖錢，也只說明京師也是銅錢和布帛同時並用的。五銖錢行後，並未能擠去布帛作為貨幣的職能。

布帛作貨幣使用，三國時尚只是開始，一直用到唐中葉玄宗開元天寶時期。魏晉南北朝幾百年中，布帛都是作貨幣使用的。中唐以後，布帛為貨幣才逐漸又為銅錢所排擠，所代替。

大體上說，三國時期開始進入一個新時代。如果說戰國秦漢是交換經濟、城市經濟比較活躍的時代和社會，則三國時期開始進入一個自然經濟佔優勢的時代和社會了。

2　屯田、客、士家

在漢末人口稀少、土地荒蕪、生產衰落的時代，任何政治集團乃至社會集團（如豪族）要想站得住，一要靠糧食，二要靠人口，否則就難以生存。《三國誌‧魏誌‧武帝紀》註引《魏書》說："自遭荒亂，率乏糧穀。諸軍並起，無終歲之計，飢則寇略，飽則棄餘，瓦解流離，無敵而自破者不可勝數。袁紹之在河北，軍人仰給桑椹；袁術在江、淮，取給蒲蠃。民人相食，州里蕭條。"

平時一個有勢力的政治集團佔據一塊土地後，就可向當地人民徵收租稅，解決糧食問題。漢末時期，到處是"百里無煙"、"千里無煙"的景象，無人，無生產，哪裏去徵糧收租？人民的租課不可依靠，政治軍事集團要想生存而不"無敵自破"，只有自己解決糧食問題。辦法就是屯田。最早想出屯田辦法的是曹操，在中原站得住的也是曹操。建安元年（196年），曹操接受羽林監潁川棗祗的建議，開始在許下屯田。《晉書·食貨誌》載："魏武既破黃巾，欲經略四方，而苦軍食不足，羽林監潁川棗祗建置屯田議。魏武乃令曰：'夫定國之術在於強兵足食，秦人以急農兼天下，孝武以屯田定西域，此先世之良式也。'於是以任峻為典農中郎將，募百姓屯田許下，得穀百萬斛。郡國列置田官，數年之中所在積粟，倉廩皆滿。"《魏書》的記載於"所在積粟"下，還有幾句："征伐四方，無運糧之勞，遂兼滅群賊，克平天下。"（《三國誌·魏誌·武帝紀》註引）這段話，把屯田和"兼滅群賊，克平天下"聯繫起來。當然這是後話，但這是實話。曹操能兼滅群賊克平天下，和他的屯田是有關係的。

除許下屯田外，曹魏在各地建立了很多屯田點，即所謂"郡國列置田官"。管理屯田的官，稱作典農中郎將、典農校尉、典農都尉，各地凡設有典農官的都是有屯田的。依此來查尋曹魏設置屯田的郡國，至少有下列各地：

潁川屯田。《三國誌·魏誌·武帝紀》載："（建安）二十三年春正月，漢太醫令吉本與少府耿紀、司直韋晃等反，攻許，燒丞相長史王必營。必與潁川典農中郎將嚴匡討斬之。"同書《裴潛傳》載："文帝踐阼……出為魏郡、潁川典農中郎將。奏通貢舉，比之郡國。由是農官進仕路泰。"同書《徐邈傳》載："文帝踐阼，歷譙相，平陽、安平太守，潁川典農中郎將。"

魏郡屯田。《三國誌·魏誌·裴潛傳》，裴潛曾任魏郡典農中郎將。鄴有屯田，石苞曾在鄴任典農中郎將。鄴是魏郡治邑，鄴之屯田，想即魏郡屯田。

睢陽屯田。《三國誌·魏誌·盧毓傳》載："文帝踐阼……遂左遷毓，使將徙民為睢陽典農校尉。"

汲郡屯田。《晉書·何曾列傳》載："魏明帝……即位，累遷散騎侍郎，汲郡典農中郎將。"同書《賈充列傳》載："累遷黃門侍郎、汲郡典農中郎將。……世受魏恩。"

河內屯田。《晉書·司馬孚傳》載:魏文帝世,"出為河內典農"。又《水經註》卷九《沁水》條引《魏土地記》載:"河內郡野王縣西七十里有沁水。……石門是晉安平獻王司馬孚之為魏野王典農中郎將之所造也。"(按:此乃在野王之河內屯田)

河東屯田。《三國誌·魏誌·趙儼傳》載:"文帝即王位,為侍中。頃之,拜駙馬都尉,領河東太守、典農中郎將。"

洛陽屯田。《三國誌·魏誌·王昶傳》載:"文帝踐阼,徙散騎侍郎,為洛陽典農。時都畿樹木成林,昶斫開荒萊,勤勸百姓,墾田特多。"《太平御覽》卷六八一引《魏書》載:"桓範,黃初中為洛陽典農中郎將。"

襄城屯田。《三國誌·魏誌·裴潛傳》註引《魏略》載:"(黃)朗始仕黃初中……遷襄城典農中郎將、涿郡太守。"

弘農屯田。《三國誌·魏誌·杜畿傳》註引《魏略》載:"(杜)恕(杜畿子)正始中,出為弘農,領典農校尉。"

另外,在芍陂、皖、漢中、長安、上邽等地,都有屯田。

以上所說是民屯,另有軍屯。最大最重要的軍屯在淮水流域。這是鄧艾建議的。鄧艾說:"昔破黃巾,因為屯田,積穀於許都以制四方。今三隅已定,事在淮南,每大軍征舉,運兵過半,功費巨億,以為大役。陳、蔡之間,土下田良,可省許昌左右諸稻田,並水東下,令淮北屯二萬人,淮南三萬人,十二分休,常有四萬人,且田且守。水豐常收三倍於西,計除眾費,歲完五百萬斛以為軍資。六七年間,可積三千萬斛於淮上,此則十萬之眾五年食也。以此乘吳,無往而不克矣。"(《三國誌·魏誌·鄧艾傳》)

這時司馬懿已經有權,司馬懿同意鄧艾的意見,按照他的設計在淮水南北屯田,且佃且守。這當然是軍屯,當時的屯田措施是:"北臨淮水,自鍾離而南橫石以西,盡沘水、四百餘里,五里置一營,營六十人,且佃且守。兼修廣淮陽、百尺二渠，上引河流，下通淮潁，大治諸陂於潁南、潁北，穿渠三百餘里，溉田二萬頃，淮南、淮北皆相連接。自壽春到京師，農官兵田，雞犬之聲，阡陌相屬。每東南有事，大軍出征，泛舟而下，達於江淮，資食有儲，而無水害。”（《晉書‧食貨誌》）

民屯的勞動者，是屯田客；軍屯的勞動者，是士兵。

《三國誌‧魏誌‧趙儼傳》載：“屯田客呂並自稱將軍，聚黨據陳倉。”屯田客也稱典農部民。同書《鄧艾傳》註引《世語》載：“鄧艾少為襄城典農部民。”但部民可能是通稱，就如稱“農民”、“農夫”，而“屯田客”則是專稱。

屯田客的來源，主要是招募。建安元年曹操在許下屯田，就是“乃募民屯田許下”（《三國誌‧魏誌‧武帝紀》註引《魏書》）。募之外，也徙民屯田。魏文帝時在譙和睢陽的屯田，就是徙民屯田。《三國誌‧魏誌‧盧毓傳》載：“帝以譙舊鄉，故大徙民充之，以為屯田。而譙土地磽瘠，百姓窮困，毓愍之，上表徙民於梁國就沃衍，失帝意。雖聽毓所表，心猶恨之，遂左遷毓，使將徙民為睢陽典農校尉。”

屯田大約是以屯為單位，每屯約五十到六十人，如淮水南北的屯田是“五里置一營，營六十人，且佃且守”。西晉武帝咸寧元年（275 年），以奴隸屯田，是以五十人為一屯。《晉書‧食貨誌》載：“咸寧元年十二月詔曰：‘出戰入耕，雖自古之常，然事力未息，未嘗不以戰士為念也。今以鄴奚官奴著新城，代田兵種稻，奴婢各五十人為一屯，屯置司馬，使皆如屯田法。’”鄴奚官奴婢所代替的是田兵，事之起因也是“以戰士為念”。這裏大約是軍屯，屯田法自然也是軍屯田法。但民屯也是軍法部勒的，民屯的管理人是典農中郎將、典農校尉、典農都尉，都是軍職。想來民屯和軍屯的內部管理也不會差別太大，軍屯田法和民屯田法，也不會相差太多。

屯田的土地是屬於國家的。《三國誌‧魏誌‧司馬朗傳》載：“（朗）又以為宜復井田。往者以民各有累世之業，難中奪之，是以至今。今承大亂

之後，民人分散，土業無主，皆為公田，宜及此時復之。"井田當然無法
"復之"，但土地已是國家的公田，實行屯田實即以公田課給屯田客耕種，
國家是地主，屯田客是國家的佃戶。

屯田收穫的糧食如何分配，從屯田一開始就有討論，也就有爭論。曹
操有一個令專述這個問題。令說："及破黃巾定許，得賊資業，當興立屯
田，時議者皆言當計牛輸穀。佃科以定。施行後，（棗）祗白以為僦牛輸
穀，大收不增穀，有水旱災除，大不便。反覆來說，孤猶以為當如故，大
收不可復改易。祗猶執之，孤不知所從，使與荀令君議之。時故軍祭酒侯
聲云：'科取官牛，為官田計，如祗議，於官便，於客不便。'聲懷此云
云，以疑令君。祗猶自信，據計劃還白，執分田之術。孤乃然之，使為屯
田都尉，施設田業。其時歲則大收。後遂因此大田，豐足軍用，摧滅群
逆，克定天下，以隆王室。"（《三國誌・魏誌・任峻傳》註引《魏武故事》）

魏屯田租課，按分成收租，是從棗祗定下來的。辦法大約是四六分或
對半分。晉武帝泰始四年（268年），傅玄曾上疏說："舊兵持官牛者，官得
六分，士得四分；自持私牛者，與官中分。"（《晉書・傅玄列傳》）

泰始四年，司馬氏剛剛奪取天下四年，傅玄所謂"舊"自然是指魏，在
魏時他曾任弘農太守領典農校尉。他對曹魏的屯田制度當是熟悉的。分成
制既能保證政府的收入，也能鼓勵屯田客得到溫飽，屯田客就會有生產熱
情。分成制對政府、屯田客是兩利的。

國家對於郡縣編戶民和屯田客是分而治之的。郡縣的太守、令、長治
編戶民；典農中郎將、校尉、都尉治屯田客。完全是兩個系統，屯田官和
屯田客都不屬郡縣。《三國誌・魏誌・賈逵傳》載："太祖征馬超……以逵
領弘農太守。……其後發兵，逵疑屯田都尉藏亡民。都尉自以不屬郡，言
語不順。逵怒，收之，數以罪，撾折腳，坐免。"又本傳註引《魏略》說：
"逵前在弘農，與典農校尉爭公事，不得理，乃發憤生癭。"典農中郎將秩
二千石，典農校尉秩比二千石，典農都尉秩六百石或四百石。典農中郎將

和典農校尉同郡太守是同級的官，典農都尉同縣令、縣長是同級官。弘農典農都尉雖然和縣令長同級但不屬郡，而弘農典農校尉因為和郡守同級就可以和郡守因公事而爭了。所爭的可能和都尉所爭的是同一件事──郡疑屯田藏匿亡民問題。"發憤生瘻"，大約是因免官而憤生的。

屯田客和郡縣編戶民對國家的負擔不一樣。編戶民於田租之外，還要負擔戶調和徭役，屯田客則只負擔租課。

到了曹魏後期，屯田客的任務也慢慢多起來，他們有了役的負擔。如魏明帝營造宮室，常調取洛陽典農領下的屯田客服役。《三國誌·魏誌·毌丘儉傳》載："出為洛陽典農。時取農民以治宮室。儉上疏曰：……"所謂農民，就是洛陽典農領下的屯田客，所以毌丘儉才出來說話。服役之外，甚至有抽調屯田客從事商業活動的。同書《司馬芝傳》載："先是諸典農各部吏民，末作治生，以要利人。芝奏曰：'……武皇帝特開屯田之官，專以農桑為業。建安中，天下倉廩充實，百姓殷足。自黃初以來，聽諸典農治生，各為部下之計，誠非國家大體所宜也。……今諸典農，各言留者為行者宗田計。課其力，勢不得不爾。不有所廢，則當素有餘力。臣愚以為不宜復以商事雜亂，專以農桑為務，於國計為便。'明帝從之。"

屯田客是"募"來的。但在當時歷史條件下，"募"也不會是完全自由的，募之中有很大的強制性。《三國誌·魏誌·袁渙傳》載："是時新募民開屯田，民不樂，多逃亡。渙白太祖曰：'夫民安土重遷，不可卒變，易以順行，難以逆動，宜順其意，樂之者乃取，不欲者勿強。'太祖從之。百姓大悅。"

"不欲者勿強"，不知道如何個不強法。而且，也不知就是這一次"不欲者勿強"了，還是所有的屯田都實行"不欲者勿強"。估計在當時的歷史條件下，對屯田客不搞點勉強是辦不成事的。而且管理屯田的都是軍職，在屯田生產過程中，少不了軍法部勒的措施。屯田客的人身自由少不了要受些限制。不能說屯田客的身份已經下降到依附民，但在從兩漢到南北朝，郡縣編戶民身份逐步由自由民向依附民轉化的漫長過程中，不能不說屯田客的身份已從自由向依附化移動了一步。

軍屯中的士兵和民屯中的屯田客在身份變化上有着同樣的情況。曹魏的士亡法，對士兵逃亡治罪是很重的，士本人被捕獲後，身死，家屬妻子從死。《三國誌・魏誌・盧毓傳》載："時天下草創，多逋逃，故重士亡法，罪及妻子。亡士妻白等，始適夫家數日，未與夫相見，大理奏棄市。毓駁之曰：'……苟以白等皆受禮聘，已入門庭，刑之為可，殺之為重。'太祖曰：'毓執之是也。'"又同書《高柔傳》："鼓吹宋金等在合肥亡逃。舊法，軍征士亡，考竟其妻子。太祖患猶不息，更重其刑。金有母妻及二弟皆給官，主者奏盡殺之。柔啟曰：'……重刑非所以止亡，乃所以益走耳。'太祖曰：'善。'即止不殺金母、弟，蒙活者甚眾。"大約由於曹操以盧毓、高柔所論為是，從士亡法改為妻子沒為官奴婢。《高柔傳》又載："護軍營士竇禮近出不還。營以為亡，表言逐捕，沒其妻盈及男女為官奴婢。"

士兵的家屬，是集中起來居住的，不屬於郡縣。曹魏的士兵家屬集中居住在鄴，有十萬家。《三國誌・魏誌・辛毗傳》載："（文）帝欲徙冀州士家十萬戶實河南。時連蝗民饑，群司以為不可……帝遂徙其半。"因此，曹魏的士兵家屬，有了"士家"名稱。

士家的妻女，可以由政府配嫁。《魏略》有如下的記載："太子舍人張茂以……而（明）帝……又剝奪士女前已嫁為吏民妻者，還以配士，既聽以生口自贖，又簡選其有姿色者內之掖庭，乃上書諫曰：'臣伏見詔書，諸士女嫁非士者，一切錄奪，以配戰士。……吏屬君子，士為小人，今奪彼以與此。……縣官以配士為名而實內之掖庭。'"（《三國誌・魏誌・明帝紀》註引）士兵只有積戰功封侯以後，才能免去這種配嫁的恥辱。這還是到了曹魏後期才制定出來的律條。《三國誌・魏誌・鍾繇傳附子毓傳》載："（曹）爽既誅，入為御史中丞、侍中廷尉。聽君父已沒，臣子得為理謗，及士為侯，其妻不復配嫁，毓所創也。"

在曹魏後期，士已成為小人，士妻女得由政府配嫁，只有因功封侯才能免去這條桎梏。這都說明士家地位已低於一般編戶民。士和士家，也和屯田客一樣，我們雖然不能說他們的身份已降為依附民地位，但他們也已和編戶民不在同一等級。他們已是小人。在由自由民向依附民過渡的漫長過程中，他們也向依附民邁出了一步。

屯田制，是在戰亂時代人民死傷逃亡、土地荒蕪的歷史條件下，解決糧食問題的一種救急措施。待社會安定，生產逐步恢復，國家租課有了基礎，政分郡縣、屯田兩條系統的辦法已無十分必要。到了曹魏晚期，郡縣、屯田劃一以均政令的要求便提出來了。《三國誌・魏誌・三少帝紀・陳留王奐紀》載，咸熙元年（264 年），即魏亡之前一年，"是歲，罷屯田官以均政役，諸典農皆為太守，都尉皆為令長。"屯田系統既然自己有治地，有人民，只把屯田地區改為郡縣，屯田官改為郡守、縣令長即可，沒有任何困難。如《水經註》卷十五《洛水》條所載："（昌澗水）東南流徑宜陽故郡南，舊陽市邑也。故洛陽都典農治，此後改為郡。"《水經註》卷二十二《潁水》條載："潁水又南徑潁鄉城西，潁陰縣故城在東北，舊許昌典農都尉治也，後改為縣。"這兩條記載，可為典農校尉治改為郡，典農都尉治改為縣的註腳。

屯田改為郡縣，還有一個經濟上的原因。三國時期，在一部分農民被"募"或"徙"出去成為屯田客的同時，郡縣編戶民也都國家佃農化，郡縣治理編戶民實際上也成為領佃的性質。《晉書・食

手持箕鍤的陶俑

這是出土於四川的東漢陶俑，為典型的農夫形象，頭戴斗笠，着短褐，下穿廣口褲。右手持鍤，左手持箕。

貨誌》載："宋侯相應遵……縣領應佃二千六百口，可謂至少。"這句話是杜預說的。縣所領的編戶民被稱作應佃人口了。這是西晉初年的情況，但它所由來者漸，曹魏時應已有苗頭，西晉課田佔田制下的農民，實際上已是國家的佃戶。農民成為國家佃戶，與屯田客差別已不大。名義上，取消屯田改為郡縣是屯田向郡縣靠攏，實質上郡縣編戶民成為國家佃戶，也是郡縣編戶民向屯田客靠攏。後一個靠攏，郡縣民的佃戶化是屯田改郡縣的更重要原因。

3　豪族、依附民

豪族強宗，從戰國開始就一路發展下來，沒有中斷過。它的起源還可以追溯到春秋以前的氏族貴族。西周春秋時期的氏族貴族都是大家族、豪族強宗。當然，在發展中性質也就變化了。

秦漢時期的豪族，一部分是戰國時代的貴族強宗延續下來的。如秦和漢初的齊地諸田，楚地的景、昭、屈，都是先秦的貴族。一部分是新發展起來的，這一部分中，有的是以經濟起家的商人豪富民，有的是以政治起家的官僚貴族。

這些豪族勢力的發展，不利於皇權，所以秦漢皇帝對豪族勢力總是給予打擊。他們採取的辦法主要是遷徙，把他們調離本土遷徙到關中去。秦始皇二十六年統一後，即"徙天下豪富於咸陽十二萬戶"（《史記‧秦始皇本紀》）。西漢繼續採取這種政策。劉邦徙"齊諸田，楚昭、屈、景，燕、趙、韓、魏後，及豪傑名家居關中。……十餘萬口。"（《史記‧劉敬列傳》）西漢二百來年一直執行遷徙豪族強宗於關中的政策。其中最突出的是漢武帝，關東豪富之家，遊俠首領，官至二千石以上的家族，都徙置關中茂陵。劉敬、主父偃的話，最足以說明皇權和豪族強宗的矛盾，劉敬對劉邦說："諸侯初起時，非齊諸田，楚昭、屈、景，莫能興。今陛下雖都關中，實少人。北近胡寇，東有六國之族，宗強，一日有變，陛下亦未得高枕而臥也。臣願陛下徙齊諸田，楚昭、屈、景，燕、趙、韓、魏後，及豪傑名家居關中。無事可以備胡；諸侯有變，亦足率以東伐。此強本弱末之術也。"（同上）主父偃對漢武帝說："茂陵初立，天下豪傑兼併之家，亂眾民，皆可徙茂陵，內實京師，外銷奸猾，此所謂不誅而害除。"（《漢書・主父偃傳》）他們這些話的意思，都是說豪族強宗是地方上與皇權對立的勢力，要鞏固皇權就不能允許豪族強宗勢力的發展。景帝、武帝時期出了許多酷吏，酷吏打擊的對象就是豪族強宗。武帝時設置刺史，以六條察郡，主要是察地方官（郡守）和地方勢力（豪族強宗）的勾結。

西漢皇帝打擊豪族強宗，但豪族強宗仍然存在和發展。王莽末年，各地一下就冒出來那麼多豪族強宗來反對他。劉秀就是南陽豪族，劉秀的成功取天下，一個因素就是他取得各地豪族強宗的支持和擁護。東漢政權對豪族強宗勢力不像西漢一樣那麼打擊，除明帝外，大體上是採取皇權、豪族平行發展的和平共處政策，以聯姻的形式使兩種勢力聯繫起來。當然，完全不矛盾是不可能的，東漢外戚、宦官鬥爭，就是皇權、豪族強宗鬥爭的一種形式。宦官依靠皇權代表皇帝，外戚多是當時最有權有勢的豪族強宗。

豪族強宗勢力在東漢一朝是一直發展的，未受甚麼打擊。東漢末年的學者仲長統談到豪族強宗的社會、經濟、政治勢力時說："豪人之室，連棟數百，膏田滿野，奴婢千群，徒附萬計。船車賈販，周於四方；廢居積貯，滿於都城。琦賂寶貨，巨室不能容；馬牛羊豕，山谷不能受。"（《後漢書・仲長統列傳》）又說："井田之變，豪人貨殖，館舍佈於州郡，田畝連於方國。身無半通青綸之命，而竊三辰龍章之服；不為編戶一伍之長，而有千室名邑之役。榮樂過於封君，勢力侔於守令。財賂自營，犯法不坐。刺客死士，為之投命。"（同上）

仲長統說的，主要是以商業起家的豪族強宗。這部分豪族強宗的經濟勢力和社會勢力都很強大，有代表性；以官起家的豪族強宗，勢力之強大也是可觀的。

東漢豪族強宗勢力之大，現舉兩家為例。官僚型的，以汝南袁家為例。《三國誌・魏誌・袁紹傳》載："袁氏樹恩四世，門生、故吏遍於天下，若收豪傑以聚徒眾，英雄因之而起，則山東非公之有也。"這是伍瓊、何顒對董卓說的話。又同書《滿寵傳》載："時袁紹盛於河朔，而汝南紹之本郡，門生、賓客佈在諸縣，擁兵拒守。太祖憂之，以寵為汝南太守。寵募其服從者五百人，率攻下二十餘壁，誘其未降渠帥，於坐上殺十餘人，一時皆平。得戶二萬，兵二千人，令就田業。"商人型的，以東海麋氏為例。《三國誌・蜀誌・麋竺傳》載："麋竺，字子仲，東海朐人也。祖世貨殖，僮客萬人，貲產巨億。……先主轉軍廣陵海西，竺於是進妹於先主為夫人，奴客二千，金銀貨幣以助軍資；於時困匱，賴此復振。"麋竺有奴客萬人，劉備正被呂布打得走投無路，麋竺給他奴客兩千人，劉備遂賴以復振。麋家勢力了不得。

在東漢皇權控制下，豪族強宗一般不得展其羽翼，待董卓之亂一起，漢家乾坤不振，皇綱解紐。這些豪族強宗展翅的機會到了，他們紛紛割地自雄起來。曹丕《典論・自序》說："初平之元，董卓殺主鴆后，蕩覆王室。是時四海既困中平之政，兼惡卓之兇逆，家家思亂，人人自危。山東牧守，咸以《春秋》之義，'衛人討州吁於濮'，言人人皆得討賊。於是大興義兵，名豪大俠，富室強族，飄揚雲會，萬里相赴；兗、豫之師戰於滎陽，河內之甲軍於孟津。卓遂遷大駕，西都長安。而山東大者連郡國，中者嬰城邑，小者聚阡陌，以還相吞滅。"（見《三國誌・魏誌・文帝紀》註）

關於豪族強宗割地自雄的情況，下面再舉幾個例子。《三國誌・魏誌・許褚傳》載："許褚字仲康，譙國譙人也。長八尺餘，腰大十圍，容貌雄毅，勇力絕人。漢末，聚少年及宗族數千家，共堅壁以禦寇。"同書《李典傳》載："典從父乾，有雄氣，合賓客數千家在乘氏。……呂布……殺乾。太祖使乾子整將乾兵。……整卒，典……將整軍。……太祖與袁紹相拒官渡，典率宗族及部曲輸穀帛供軍。……典宗族部曲三千餘家，居乘氏，自請願徙詣魏郡。……遂徙部曲宗族萬三千餘口居鄴。"同書《李通傳》載："李通……與其郡人陳恭共起兵於朗陵，眾多歸之。時有周直者，眾二千餘家，與恭、通外和內違。"

三國時期，由這些豪族強宗團聚起來的人，一部分是他們固有的，如他們的宗族、部曲，一部分是新來投靠的。社會荒亂，農民很難單獨生存。他們只有向豪族強宗投靠，求得他們的庇護。這種情況，在三國時期很盛行。這就擴大了豪族強宗的勢力。

豪族強宗集團內部有各類人，從名稱上看，有宗族、部曲、賓客、客、家兵、門生、故吏、奴隸等。最主要的是部曲、客，人數可能是最多的。

在漢代，部曲原是軍隊基層中的兩層組織，就如同後代的團、營一樣。後來漸漸被用來泛指軍隊，如將軍率部曲如何如何。三國時期，部曲漸向私兵轉化。豪族強宗的家兵，也被稱作部曲。如前引《李典傳》，李典宗族部曲三千餘家居乘氏。這部曲，就是李典的家兵、私兵。

董卓亂後，東漢皇朝土崩瓦解。各地豪族強宗也就解脫了皇朝的控制，他們成為地方上獨立或半獨立的勢力。他們庇護他們屬下的人口，不向政府交納租稅，不負擔役調。《三國誌·魏誌·王脩傳》載：(孔融在北海) 時"膠東多賊寇，復令脩守膠東令。膠東人公沙盧宗強，自為營塹，不肯應發調。"又同書《司馬芝傳》載："太祖平荊州，以芝為菅 (屬青州，今山東濟陽東) 長。時天下草創，多不奉法。

貴族的莊園

豪強的城堡

漢末以來，貴族豪強、世家大族的勢力日益強大，不但擁有自己的莊園農田、部曲客戶，有的還擁有城堡和私人武裝，成為可與中央政權對抗的的地方勢力。

郡主簿劉節，舊族豪俠，賓客千餘家，出為盜賊，入亂吏治。頃之，芝差節客王同等為兵，掾史據曰：‘節家前後未嘗給繇，若至時藏匿，必為留負。’”不過，漢末年間，只是由於皇綱不振，一時沒有權力來加在他們頭上，這些豪族強宗就鑽空子，依靠自己的勢力抗拒出租調，法律上還沒有承認他們的特權，遇到能幹嚴格的地方官，特別是在曹操的力量強大起來以後，對於這種不法行為還是打擊的。如王脩在膠東，對於公沙盧這種“不肯應發調”的違法行為就是打擊的。他“獨將數騎徑入其門，斬盧兄弟，公沙氏驚愕莫敢動。脩撫慰其餘。由是寇少止。”（《三國誌・魏誌・王脩傳》）司馬芝在菅，也是如此。他“與節書曰：‘君為大宗，加股肱郡，而賓客每不與役，既眾庶怨望，或流聲上聞。今調同等為兵，幸時發遣。’兵已集郡，而節藏同等。因令督郵以軍興詭責縣，縣掾史窮困，乞代同行。芝乃馳檄濟南，具陳節罪。太守郝光素敬信芝，即以節代同行。青州號芝‘以郡主簿為兵’。”（《三國誌・魏誌・司馬芝傳》）

公沙盧、劉節的所作所為雖不合法，但這在當時已是公開的事實。豪族強宗的賓客、部曲等等私賓私人，都是不向政府納租稅服役調的。這猶之有時候法律上是反腐敗的，貪污是有罪的，而事實上貪污腐敗已成風一樣。不用重典，能臣像王脩、司馬芝那樣，是很難成事的。

曹魏末年，豪族強宗可以庇護屬下賓客、部曲等私有人口不向政府出租稅徭役的特權，已取得法律上的承認。《晉書‧王恂傳》載："魏氏給公卿已下租牛客戶數各有差，自後小人憚役，多樂為之，貴勢之門動有百數。又太原諸部亦以匈奴人為田客，多者數千。"魏氏給公卿以下租牛客戶的時代，大約在司馬氏掌權以後，司馬氏為了買好朝臣取得他們的支持，採取了這套辦法。

豪族強宗的部曲、客，除去他們原有的部曲、客以外，多是投靠來的。現在豪族強宗又取得庇護他們免向國家出納租稅徭役的特權，部曲、客對主人的依附關係，便逐漸產生和發展了。部曲、客身份由自由民降為半自由民，失掉了自由離開主人的權利等等。豪族強宗原來的部曲、客的來源，除自由民的投靠外，就是奴隸的解放。王莽改天下田曰王田、奴婢曰私屬，私屬就是從奴隸身份解放仍須留在主人名下的半自由人，就是依附民。東漢豪族強宗屬下的部曲、客，我想多半是由奴隸解放來的，是王莽改奴婢曰私屬的結果。對此，我們雖然沒有直接的證明材料，我想做此推想是不會有大誤的。

前面說，自西周春秋就有豪族強宗，但自西周到三國，豪族強宗的性質是有發展變化的。西周春秋時代的豪族強宗，是氏族貴族和他們的族人，他們之間是血緣關係。這是以血緣關係為主的家族。戰國兩漢的豪族強宗，仍有宗族血緣關係的一面，但已脫離了氏族貴族性質，而是以經濟和政治為基礎而組成的豪族強宗。他們的宗族血緣關係已讓位於經濟、社會、政治關係。從三國時代開始，是豪族強宗發展中的第三階段。這時期豪族強宗的特性，即使它區別於戰國兩漢時期豪族強宗特性的是，他們在政治上已經取得特權，他們從國家分割出來一部分人口，他們可以庇護他們的人口免除對國家的租稅徭役負擔。

這個變化是在漢末三國時期出現的，兩晉南北朝時期則發展起來了。

4 寬與猛的政治

中國有句老話，叫做"治亂世用重典"。用重典一在懲治不法之人，二是建立法律秩序。亂世必須用重刑，仁愛懦弱辦不了事。

過去曾有過儒法鬥爭之爭，其實不只法家，儒家一樣也主張需要用重刑的時候就用重刑。孔子就有"寬以濟猛，猛以濟寬"的話。《左傳》昭公二十年，"鄭子產有疾，謂子大叔曰：'我死，子必為政。唯有德者能以寬服民，其次莫如猛。夫火烈，民望而畏之，故鮮死焉；水懦弱，民狎而玩之，則多死焉。故寬難。'疾數月而卒。大叔為政，不忍猛而寬。鄭國多盜，取人於萑苻之澤。大叔悔之曰：'吾早從夫子，不及此。'興徒兵以攻萑苻之盜，盡殺之。盜少止。仲尼曰：'善哉！政寬則民慢，慢則糾之以猛，猛則民殘，殘則施之以寬。寬以濟猛，猛以濟寬，政是以和。'"東漢中葉以後，政治散漫無法。思想家王符、崔寔都是主張寬猛相濟的。他們都是儒家。

曹操所處的時代，是個混亂的時代，官吏貪污腐敗，橫行不法，欺壓良民。曹操投身政治，一出手就是打擊不法豪強的。曹操二十歲時，任洛陽北部尉，他"初入尉廨，繕治四門。造五色棒，縣門左右各十餘枚，有犯禁者，不避豪強，皆棒殺之。後數月，靈帝愛幸小黃門蹇碩叔父夜行，即殺之。京師斂跡，莫敢犯者。"（《三國誌‧魏誌‧武帝紀》註引《曹瞞傳》）他做濟南相，"國有十餘縣，長吏多阿附貴戚，贓污狼藉，於是奏免其八。"（《三國誌‧魏誌‧武帝紀》）他滅袁紹後，下令說："袁氏之治也，使豪強擅恣，親戚兼併，下民貧弱，代出租賦，衒鬻家財，不足應命；審配宗族，至乃藏匿罪人，為逋逃主。"（《三國誌‧魏誌‧武帝紀》註引《魏書》）他於是"重豪強兼併之法"（《三國誌‧魏誌‧武帝紀》）。

亂世需要的是人的才能，曹操甚至發展到重才不重德的偏頗方面去了。有名的魏武三令，就是很好的說明。如建安十五年的一令說："今天下尚未定，此特求賢之急時也。'孟公綽為趙、魏老則優，不可以為滕、薛大夫。’若必廉士而後可用，則齊桓其何以霸世！今天下得無有被褐懷玉而釣於渭濱者乎？又得無盜嫂受金而未遇無知者乎？二三子其佐我明揚仄陋，唯才是舉，吾得而用之。”(同上)

曹操的話，說得很清楚明白，天下還未定，尚在亂時，有德無才的人，沒有用，只能當花瓶擺一擺，沒有實際用處。有才無德，關係不大，我是唯才是舉，得而用之。曹操這話，說得有點過，無德而貪污腐敗的人，他也是不用的。他只是說不要埋沒人才而已。

有人說曹操是法家，《三國誌》作者陳壽就有這個意思，他說：“太祖……攬申、商之法術，該韓、白之奇策。”(《三國誌・魏誌・武帝紀》評曰) 其實，先秦百家興起，有所謂儒家、法家，秦漢以後只有孔子所說的寬、猛，無所謂法家、儒家。“寬以濟猛，猛以濟寬”是儒家政治觀的兩種境界。理想是德，其次是刑。法家是根本否定德的。韓非說：“嚴家無悍虜，而慈母有敗子。吾以此知威勢之可以禁暴，而德厚之不足以止亂也。”(《韓非子・顯學》) 法家根本否定仁德慈愛。法家只有刑罰，儒家有寬猛兩手。

曹操以後，魏文帝、明帝時期，天下雖仍三分，但大體已經安定。儒家德教思想就慢慢抬頭了。

曹操集團，包括文、武兩類人物，武以創天下；文則一面幫助創天下，一面幫助守成。

武人中主要是曹氏、夏侯氏。曹操的父親曹嵩是桓帝時中常侍大長秋(宦官) 曹騰的養子。《曹瞞傳》和《世語》都說：“嵩，夏侯氏之子，夏侯惇之叔父。太祖於惇為從父兄弟。”(《三國誌・魏誌・武帝紀》註引) 如此說來，夏侯氏、曹氏，都是曹操的同族弟兄。曹氏、夏侯氏組成曹操軍事方面的骨幹力量。曹操左右最親近的侍衛兵稱為虎豹騎，前後率領虎豹騎的有曹休、曹真、曹純，都是曹家子弟。曹操、文帝、明帝三代，軍事最高長官和軍事最高指揮權總在曹氏和夏侯氏手裏。文帝疾篤，以中軍大將軍曹真、鎮軍大將軍陳群、征東大將軍曹休、撫軍大將軍司馬懿，並受遺詔輔明帝。明帝臨死前，以大將軍曹爽、太尉司馬懿輔幼主。最高軍權才有外姓參與。

武將中，於曹氏、夏侯氏之外，曹操也吸收一些有作戰能力的降將，如張郃、張遼、于禁、龐德等。也吸收一些地方豪強如許褚、李典、臧霸等。這些人也成為曹操武將中的骨幹力量。

曹操創業，固然要靠武人，但正像陸賈對劉邦説的：「居馬上得之，寧可以馬上治之乎？且湯武逆取而以順守之，文武並用，長久之術也。」（《史記·陸賈列傳》）曹操也要用文人。

文、武並用，長久之術也。曹操用武人打天下，也要用文人來守。

當時的文人士大夫，多半出身世家豪族。漢武帝以後，儒學受到獨尊。讀了經書，可以做官，做官可以致富。原來沒有文化的官僚和社會上的豪富家族，子弟也可以讀書掌握知識文化成為有文化的家族。東漢時期，士大夫、官僚、豪族強宗，三者已結合起來成為一體。（余英時教授似對本問題寫過文章，一時又找不着，姑誌之於此。）

曹操出身宦官家族，宦官是皇帝身邊的人物，是皇權的寄生物，是依附於皇帝、皇權的。皇帝有權，宦官就有權。東漢宦官、外戚的鬥爭，反映了東漢時期皇權與世家豪族的鬥爭。世家豪族勢力的發展，對皇權是不利的，而東漢外戚多半是世家豪族。如外戚馬、竇、鄧、梁諸家，可以説都是世家豪族中的代表家族。

東漢末年桓、靈之世是宦官掌權的時代，政治昏暗腐敗，宦官極不得心。曹操出身宦官家族，卻極願擺脫這個因素而向士大夫世家豪族靠攏。曹操幼時，就極力和袁紹拉攏，和士族階層拉攏。但曹操一出仕做官就打擊豪強，仍和他出身皇權依附物的宦官家族是有關係的。

曹操知人善用，都能各盡其才。曹操時代的文人，大體可分為兩部分：一部分是他的智囊團，這是些有軍事才能的人，能幫助曹操「運籌帷幄，決勝千里＂的人；一部分是有治民才能的人，曹操馬上得的天下，由這些人去治理，或在中央，或在地方。兩種人多半出自世家豪門。

曹操的智囊團多是汝穎文士。如荀彧，穎川穎陰人。荀攸，是荀彧的侄子。郭嘉，穎川陽翟人。另外，還有一個戲志才，也是為曹操所器重的，不幸早死。《三國誌·魏誌·郭嘉傳》載：＂先是時，穎川戲志才，籌畫士也，太祖甚器之。早卒。太祖與荀彧書曰：‘自志才亡後，莫可與計事者。汝、穎固多奇士，誰可以繼之？’彧薦嘉。召見，論天下事，太祖曰：‘使孤成大業者，必此人也。’＂

荀彧是穎川世家豪族。荀彧的祖父荀淑，在漢順帝、桓帝時知名當世。荀淑有子八人，號曰八龍。荀彧父緄，做過濟南相；叔父爽，官到司空。

幫助曹操守成的人，又可以分作兩派，一派是＂猛＂，一派是＂寬＂。一如西漢的酷吏與循吏，他們面對的人和問題是不同的。酷吏和猛派，打擊的對象是豪強中的不法家族，循吏和寬派所面對的是編戶百姓。

如上節所述，當時很多豪族強宗是不守法的，對這些人須要打擊。對此確有一些猛派官吏，對他們採取打擊措施。《魏略·楊沛傳》載：＂及太祖輔政，遷沛為長社令。時曹洪賓客在縣界，徵調不肯如法。沛先摀折其腳，遂殺之。由此太祖以為能。＂（《三國誌·魏誌·賈逵傳》註引）《三國誌·魏誌·滿寵傳》載：＂時曹洪宗室親貴，有賓客在界（時滿寵為許令），數犯法，寵收治之。洪書報寵，寵不聽。洪白太祖，太祖召許主者。寵知將欲原，乃速殺之。太祖喜曰：‘當事不當爾邪？’＂曹操對這些猛派官是欣賞的，不是說＂以為能＂，就是說＂當事不當爾邪＂。王脩打擊公沙盧，司馬芝打擊劉節，已如前述。

曹操用猛派官，打擊的是豪族強宗中的不法者；對於編戶百姓，曹操的政策是寬的。所標榜的是儒家的仁政，對於臣下建議行儒家仁政、德政的，曹操都能讚許或聽從。《三國誌·魏誌·袁渙傳》載：＂（呂）布誅，渙得歸太祖。渙言曰：'夫兵者，凶器也，不得已而用之。鼓之以道德，征之以仁義，兼撫其民而除其害。……雖以武平亂而濟之以德，誠百王不易之道也。……'太祖深納焉。""魏國初建，為郎中令，行御史大夫事。渙言於太祖曰：'今天下大難已除，文武並用，長久之道也。以為可大收篇籍，明先聖之教，以易民視聽，使海內斐然向風，則遠人不服可以文德來之。'太祖善其言。"

袁渙這些話，完全是儒家的說教。而曹操一則"深納焉"，一則"善其言"，可見曹操對儒家仁政德政這套思想也是接受的。

事實上，曹操時地方官在地方上政績好的，都是行的儒家一套。如杜畿在河東，"是時天下郡縣皆殘破，河東最先定，少耗減。畿治之，崇寬惠，與民無為。……班下屬縣，舉孝子、貞婦、順孫，復其徭役，隨時慰勉之。……百姓勤農，家家豐實。畿乃曰：'民富矣，不可不教也。'於是冬月修戎講武，又開學宮，親自執經教授，郡中化之。"（《三國誌·魏誌·杜畿傳》）

崇寬惠，舉孝子、貞婦、順孫，富而教之，開學宮，這都是儒家的施政思想，杜畿在河東推而行之。《魏略》說："博士樂詳，由畿而升。至今河東特多儒者，則畿之由矣。"（《三國誌·魏誌·杜畿傳》註引）

曹操本人對孔子是非常尊重的。他常常稱讚孔子或引孔子言語以稱讚別人。建安十年，曹操令曰："阿黨比周，先聖所疾也。"（《三國誌·魏誌·武帝紀》）先聖即指的孔子。《論語·為政》說："君子周而不比，小人比而不周。"《集解》說："忠信為周，阿黨為比。"他下令讚美河東太守杜畿說："河東太守杜畿，孔子所謂'禹，吾無間然矣。'增秩中二千石。"（《三國誌·魏誌·杜畿傳》）又一令曰："昔仲尼之於顏子，每言不能不歎，既情愛發中，又宜率馬以驥。今吾亦冀眾人仰高山，慕景行也。"（《三國誌·魏誌·杜畿傳》註引《杜氏新書》）

魏文帝曹丕時期，社會安定，儒學儒家受到更多的重視。黃初二年，下詔稱："昔仲尼資大聖之才，懷帝王之器，當衰周之末，無受命之運，在魯、衛之朝，教化乎洙、泗之上。淒淒焉，遑遑焉，欲屈己以存道，貶身以救世。……可謂命世之大聖，億載之師表者也。遭天下大亂，百祀墮壞，舊居之廟，毀而不修；褒成之後，絕而莫繼。闕里不聞講頌之聲，四時不睹蒸嘗之位。斯豈所謂崇禮報功、盛德百世必祀者哉！其以議郎孔羨為宗聖侯，邑百戶，奉孔子祀。"同時又令："魯郡修起舊廟，置百戶吏卒以守衛之。又於其外廣為室屋以居學者。"（《三國誌‧魏誌‧文帝紀》）

黃初五年，又"立太學，制五經課試之法，置《春秋穀梁》博士。"（同上）又"使諸儒撰集經傳，隨類相從，凡千餘篇，號曰《皇覽》。"（同上）

文帝時，因儒雅進用，曹操時期以打擊豪強而被視為"能"的猛派臣僚於是失勢。楊沛的遭遇，可以為例。《魏略‧楊沛傳》載："黃初中，儒雅並進，而沛本以事能見用，遂以議郎冗散里巷。沛前後宰歷城守，不以私計介意，又不肯以事貴人，故身退之後，家無餘積。治疾於家，借舍從兒，無他奴婢。後佔河南幾陽亭部荒田二頃，起瓜牛廬，居止其中，其妻子凍餓。沛病亡，鄉人親友及故吏民為殯葬也。"（《三國誌‧魏誌‧賈逵傳》註引）

《三國誌‧魏誌》卷十一、十二、十三、十五、十六、二十二、二十三、二十四、二十五、二十六、二十七各卷，是有魏一代有地位的政治家的列傳。我曾粗略地統計了一下，絕大部分是主張仁政和以寬惠的措施來從政施政的。其中很多是儒門世家，如鮑勳、陳群、司馬懿、高堂隆等，都是世代儒家。

九品官人法，是六朝時期國家取士任官的主要辦法。九品中正制，就是曹丕時陳群提出的。《三國誌‧魏誌‧陳群傳》載："及（丕）即王位，封群昌武亭侯，徙為尚書。制九品官人之法，群所建也。及踐祚，遷尚書僕射，加侍中。"曹丕即王位，陳群任尚書，這是延康元年；這年，後又改元為黃初元年。《通典‧選舉典》載："延康元年，吏部尚書陳群，以天朝選用，不盡人才，乃立九品官人之法，州郡皆置中正，以定其選。擇州郡之賢有識鑑者為之，區別人物，第其高下。"《宋書‧恩幸傳‧序》載：

"漢末喪亂，魏武始基，軍中倉卒，權立九品。"把九品官人之制歸之曹操，大約是不確的。

九品官人法原是適應漢末大亂之後戶口混亂時期選舉人才的辦法。但魏晉時期，世家豪族政治經濟勢力強大，郡縣中正多由大小世家豪族擔任。而九品官人法也逐漸為世家豪族所壟斷，西晉時已是"上品無寒門，下品無勢族"《晉書·劉毅列傳》和"據上品者，非公侯之子孫，即當涂之昆弟也"《晉書·段灼列傳》的局面。

魏時開始，世家豪族政治經濟勢力的強大，抓住並壟斷了九品官人法，獨佔政府官位。反轉過來，世家豪族在政治方面的特權又回過來發展和保障了他們的社會經濟特權。

世家豪族繼承的是東漢世家豪族的傳統。他們的學術思想淵源是儒家。曹魏後期，儒學思想又顯著地發展起來了。抓住這個發展環節的是司馬氏，這是司馬氏奪取政權的基礎。

十三、吳國社會和政治

1 開發江南

東漢時期，江南經濟有顯著的發展。牛耕、水利灌溉等北方先進的生產工具和生產技術，逐步推廣到江南。著名的水利專家王景做廬江太守，把牛耕推廣到廬江地區，結果是"墾闢倍多，境內豐給。"（《後漢書・王景列傳》）從此牛耕逐步向南推廣。長江流域的揚州、荊州和益州的人口，東漢時比西漢有成倍的增加，交廣地區，經濟也大有開發。

東吳在江南建國，為了穩定內部社會安定，擴大兵源和農業勞動力；為了抵拒外來的壓迫，都需要大力開發江南地區。

孫權是個有雄略的人。孫策臨死前對孫權說："舉江東之眾，決機於兩陳（通陣）之間，與天下爭衡，卿不如我；舉賢任能，各盡其心，以保江東，我不如卿。"（《三國誌・吳誌・孫破虜討逆傳・孫策傳》）這是孫策對自己和對孫權的評價，都是很正確的。舉賢任能，各盡其心，說來容易，可不簡單，孫權一生的成功，主要就在這兩句話上。當然這兩句話對一切有成就的政治家都是適用的，沒有知人善用的本領，就成不了事業。

建安五年（200 年），孫策死，孫家在江南的統治地位並不穩固。《三國誌・吳誌・吳主傳》說："是時惟有會稽（今浙江紹興）、吳郡（今江蘇蘇州市）、丹楊（今江蘇南京市）、豫章（今江西南昌市）、廬陵（今江西南部），然深險之地猶未盡從，而天下英豪佈在州郡，賓旅寄寓之士以安危去就為意，未有君臣之固。張昭、周瑜等謂權可與共成大業，故委心而服事焉。"

張昭、周瑜的委心服事，是很重要的，對穩定孫權的地位，起了很重要的作用。《三國誌·吳誌·張昭傳》載："策臨亡，以弟權託昭，昭率群僚立而輔之。上表漢室，下移屬城，中外將校，各令奉職。……然後眾心知有所歸。"同上書註引《吳書》載："是時天下分裂，擅命者眾。孫策蒞事日淺，恩澤未洽，一旦傾隕，士民狼狽，頗有同異。及昭輔權，綏撫百姓，諸侯賓旅寄寓之士，得用自安。"《三國誌·吳誌·周瑜傳》載："五年，策薨，權統事。瑜將兵赴喪，遂留吳，以中護軍與長史張昭共掌眾事。"同書《董襲傳》載："策薨，權年少，太妃憂之，引見張昭及襲等，問江東可保安否。襲對曰：'江東地勢，有山川之固，而討逆明府，恩德在民，討虜承基，大小用命，張昭秉眾事，襲等為爪牙，此地利人和之時也，萬無所憂。'"

吳也很重視屯田，把屯田看作是發展農業和解決軍隊食糧問題的重要措施。

吳的屯田，似以毗陵的屯田人數最多，屯田區域最大。《三國誌·吳誌·諸葛瑾傳》註引《吳書》載："赤烏中，諸郡出部伍，新都都尉陳表、吳郡都尉顧承各率所領人會佃毗陵，男女各數萬口。"如以魏為例，毗陵屯田似為民屯，新都和吳兩郡都尉所領人自然是兩郡的民戶。

率領屯田的官，亦稱典農都尉。《三國誌·吳誌·華覈傳》載："始為上虞尉、典農都尉。"又《陸遜傳》載："出為海昌屯田都尉，並領縣事。"又《宋書·州郡誌》載："江乘……本屬丹陽，吳省為典農都尉。"時又"分吳郡無錫以西為毗陵典農校尉"。

從這幾條材料知道，吳於各郡縣多有屯田，上虞有屯田，海昌有屯田，江乘縣有屯田，毗陵的屯田是在吳郡無錫以西。

孫休永安六年（263年），丞相濮陽興建取"屯田萬人"以為兵。這裏的屯田萬人，大約是各郡縣屯田的屯田客。既說取以為兵，則在未取前就不是兵。這是民屯。

吳也有軍屯。吳的兵士，大約都兼作屯田。《三國誌·吳誌·吳主傳》

載：赤烏八年八月，"遣校尉陳勳將屯田及作士三萬人鑿句容中道"。"屯田及作士"，《建康實錄》作"屯田兵"。

又孫休永安二年（259 年）詔曰："夫一夫不耕，有受其飢；一婦不織，有受其寒。飢寒並至而民不為非者，未之有也。自頃年以來，州郡吏民及諸營兵，多違此業。皆浮船長江，賈作上下。良田漸廢，見穀日少，欲求大定，豈可得哉！"（《三國誌‧吳誌‧孫休傳》）

又駱統上孫權疏："又聞民間，非居處小能自供，生產兒子，多不起養，屯田貧兵，亦多棄子。"（《三國誌‧吳誌‧駱統傳》）

又黃武五年（226 年），"令曰：'軍興日久，民離農畔，父子夫婦，不聽相恤，孤甚愍之。今北虜縮竄，方外無事，其下州郡，有以寬息。'是時陸遜以所在少穀，表令諸將增廣農畝，權報曰：'甚善。今孤父子親自受田，車中八牛為四耦，雖未及古人，亦欲與眾均等其勞也。'"（《三國誌‧吳誌‧吳主傳》）

又陸凱上孫皓疏："先帝戰士，不給他役，使春惟知農，秋惟收稻，江渚有事，責其死效。今之戰士，供給眾役，廩賜不贍。"（《三國誌‧吳誌‧陸凱傳》）

上述這些材料，有的顯示士兵參加屯田，有的則顯示吳的士兵普遍都參加農田勞動。

孫權時期，常有大量江北人口以各種原因移徙或被移徙到江南來。東吳也和北方一樣，到處掠奪，襲劫人口。有了勞力，就可墾闢土地，增強實力。下面幾段材料，顯示東吳掠奪人口之盛。

《江表傳》載："初，策表用李術為盧江太守，策亡之後，術不肯事權，而多納其亡叛。……權大怒……是歲（建安五年）舉兵攻術於皖城。……遂屠其城，梟術首，徙其部曲三萬餘人。"（《三國誌‧吳誌‧吳主傳》）

前面已經說過，建安十八年，曹操恐濱江郡縣為孫權所略，徵令內移，結果民轉相驚，自盧江、九江、蘄春、廣陵戶十餘萬皆東渡江，江西遂虛，合肥以南惟有皖城。

建安十九年，孫權征皖城，克之，獲廬江太守朱光及參軍董和，男女數萬口。

孫權攻江夏黃祖，亦虜其人口。建安十二年，“西征黃祖，虜其人民而還”。建安十三年春，“權復征黃祖……遂屠其城。祖挺身亡走，騎士馮則追梟其首，虜其男女數萬口。”（同上）

當時的江東，雖不如中原地區遭受嚴重破壞，但也是地曠人稀的。為了增加生產，自然會把這些人口用到農田墾殖上。江東的屯田，可能就是用這些勞動人手來開闢的。

孫吳對江南最大的開發，是強迫廣大山越人民接受漢化，使山越民族地區郡縣化。以山越人民的強健者作兵，弱者為郡縣民，把山越族人融合到漢族社會和文化中來。

山越是民族名，即秦漢以來的百越族。長江以南，越族很多。散在各地，故稱百越。長江下遊的越族，受漢人擠壓，一部分南移，一部分退住山區，故有山越之名。山越者，居住在山區之越族也。

山越之於孫吳，是內部隱患，不平定山越，內部不能鞏固，就難以對付北方曹魏的威脅。陸遜向孫權建議征服山越時，他提的理由之一，就是“山寇舊惡，依阻深地。夫腹心未平，難以圖遠。”（《三國誌‧吳誌‧陸遜傳》）陳壽把山越在內部對孫權的威脅看成是孫權向曹操稱臣的原因，他說：“山越好為叛亂，難安易動，是以孫權不遑外禦，卑詞魏氏。”（《三國誌‧吳誌‧賀全呂周鍾離傳》評曰）孫權向曹操稱臣是為了和劉備爭荊州，但陳壽的話，也證明山越問題的嚴重。

孫權征山越，是為了消除內部隱患，但更直接更現實的原因，則是把山越人拉出來當兵、出租稅、做郡縣民戶。

孫權時期，連續多年對山越作戰，就以見諸記載的來看，料出的精兵已不下十三四萬人。

《三國誌・吳誌・賀齊傳》載："建安元年，孫策臨郡（會稽），察齊孝廉。……以齊為永寧長。……又代（韓）晏領都尉事。……侯官（今福建福州市）既平，而建安、漢興、南平（今福建建甌、南平一帶）復亂，齊進兵建安，立都尉府，是歲（建安）八年也。郡發屬縣五千兵，各使本縣長將之，皆受齊節度。賊洪明、洪進、苑御、吳免、華當等五人，率各萬戶，連屯漢興，吳五（人名）六千戶別屯大潭，鄒臨六千戶別屯蓋竹……遂分兵留備，進討明等，連大破之。臨陣斬明，其免、當、進、御皆降。轉擊蓋竹，軍向大潭，二將又降。凡討治斬首六千級，名帥盡擒，復立縣邑，料出兵萬人。拜為平東校尉。十年，轉討上饒（今江西上饒市），分以為建平縣（今福建建陽）。"

"十三年，遷威武中郎將，討丹陽、黟、歙（今安徽黟縣、歙縣，浙江淳安一帶）。時武強、葉鄉、東陽、豐浦四鄉先降，齊表言以葉鄉為始新縣（今歙縣、淳安間）。而歙賊帥金奇萬戶屯安勒山，毛甘萬戶屯烏聊山，黟帥陳僕、祖山等二萬戶屯林歷山。……（齊）大破僕等，其餘皆降，凡斬首七千。齊復表分歙為新定、黎陽、休陽。並黟、歙凡六縣，權遂割為新都郡，齊為太守，立府於始新，加偏將軍。"

"十六年，吳郡餘杭（今浙江杭州西）民郎稚合宗起賊，複數千人，齊出討之，即復破稚，表言分餘杭為臨水縣（今浙江臨安北）。"

"十八年，豫章（今江西南昌）東部民彭材、李玉、王海等起為賊亂，眾萬餘人。齊討平之，誅其首惡，餘皆降服。揀其精健為兵，次為縣戶。"

"二十一年，鄱陽民尤突受曹公印綬，化民為賊，陵陽、始安、涇縣皆與突相應。齊與陸遜討破突，斬首數千，餘黨震服。丹楊三縣皆降，料得精兵八千人。"

賀齊征伐的山越地區，起自福建北部，包括浙江、安徽，到江西北部，在這一帶增置了郡縣，都是以山越族人為縣戶，另處料出精健者為兵有兩萬多人。

《三國誌‧吳誌‧全琮傳》載："權以為奮威校尉，授兵數千人，使討山越。因開募召，得精兵萬餘人，出屯牛渚，稍遷偏將軍。"

"黃武七年……是時丹楊、吳、會（今江蘇南部、浙江北部）山民復為寇賊，攻沒屬縣，權分三郡險地為東安郡，琮領太守。至，明賞罰，招誘降附，數年中，得萬餘人。"

《鍾離牧傳》載："會建安、鄱陽、新都三郡山民作亂（按：事在赤烏五年或後），出牧為監軍使者，討平之。賊帥黃亂、常俱等出其部伍，以充兵役。"

《張昭傳》載："（子）承……權為驃騎將軍，辟西曹掾，出為長沙西部都尉。討平山寇，得精兵萬五千人。"

《顧雍傳》載："（孫）承……後為吳郡西部都尉，與諸葛恪等共平山越，別得精兵八千人。"

《陸遜傳》載："遜建議曰：'方今英雄棊跱，豺狼窺望，克敵寧亂，非眾不濟。而山寇舊惡，依阻深地。夫腹心未平，難以圖遠。可大部伍，取其精銳。'權納其策，以為帳下右部督，會丹楊賊帥費棧受曹公印綬，扇動山越，為做內應，權遣遜討棧。棧支黨多而往兵少，遜乃益施牙幢，分佈鼓角，夜潛山谷間，鼓噪而前，應時破散。遂部伍東三郡，強者為兵，羸者補戶，得精卒數萬人，宿惡蕩除，所過肅清，還屯蕪湖。"

"（嘉禾）六年，中郎將周祗乞於鄱陽召募，事下問遜。遜以為此郡民易動難安，不可與召，恐致賊寇。而祗固陳取之，郡民吳遽等果作賊殺祗，攻沒諸縣。豫章、廬陵宿惡民，並應遽為寇。遜自聞，輒討即破，遽等相率降，遜料得精兵八千餘人，三郡平。"

又《三國誌‧吳誌‧諸葛恪傳》載："恪以丹楊山險，民多果勁，雖前發兵，徒得外縣平民而已，其餘深遠，莫能禽盡，屢自求乞為官出之，三年可得甲士四萬。眾議咸以丹楊地勢險阻，與吳郡、會稽、新都、鄱陽四郡鄰接，周旋數千里，山谷萬重，其幽邃民人，未嘗入城邑，對長吏，皆仗兵野逸，白首於林莽。逋亡宿惡，咸共逃竄。山出銅鐵，自鑄甲兵。俗好武習戰，高尚氣力，其升山赴險，抵突叢棘，若魚之走淵，猿狖之騰木也。時觀間隙，出為寇盜，每致兵征伐，尋其窟藏。其戰則蜂至，敗則鳥竄，自前世以來，不能羈也。皆以為難。……恪盛陳其必捷。權拜恪撫越將軍，領丹楊太守。……恪到府，乃移書四郡屬城長吏，令各保其疆界，明立部伍，其從化平民，悉令屯居。乃分內諸將，羅兵幽阻，但繕藩籬，不與交鋒，候其穀稼將熟，輒縱兵芟刈，使無遺種。舊穀既盡，新田不收，平民屯居，略無所入，於是山民飢窮，漸出降首。恪乃復下教曰：「山民去惡從化，皆當撫慰，徙出外縣，不當嫌疑，有所執拘。」……民……知官惟欲出之而已，於是老幼相攜而出，歲期，人數皆如本規。恪自領萬人，餘分給諸將。」

從上引幾個傳的記載來看，已可知山越問題對吳政權帶來的麻煩。但孫吳對山越的征伐從另一方面看，卻是對江南的開發。山越族的經濟生活、文化水平都是低於漢族的，漢族對山越族的征伐，強制其出山，當然是不好的，但也加速了山越族的歷史發展。人類歷史的發展，往往是這樣的，文明從痛苦中產生。

孫吳從山越人中，得到很多兵，就從上引各傳中得兵的數字，已很可觀了。諸葛恪是得兵四萬人，陸遜是得「精卒數萬」，數萬不知是幾萬，暫以三、四萬計，因為兩萬人是不能說數萬的。賀齊「揀其精健為兵」，鍾離牧「以充兵役」，也不知各得兵多少，暫以各得兵五千人計，加上其他幾個已知數字，得兵總數已是十四萬多。

孫吳亡國時的兵數是二十三萬。山越兵已是吳兵總數的一半以上了。赤壁之戰前夕，黃蓋給曹操的詐降書說：「用江東六郡山越之人，以當中國百萬之眾，眾寡不敵，海內所共見也。」（《三國誌‧吳誌‧周瑜傳》註引《江表傳》）

黃蓋就竟以山越兵代表吳的兵力了。但也只有吳兵多是山越人，黃蓋才能這樣說，不合實情的話是不能取信於曹操的。

黃蓋所說的江東六郡是：丹楊、吳郡、會稽、豫章、廬陵、鄱陽。但孫權所能及的地區，不過是郡治、縣治所在地及其周圍的地區，而深遠的山區、廣大的內陸則仍是山越人的居住地區。山越人居住的地區，有的只供租稅不負擔役調，有的連租稅也不負擔。太史慈對孫策說："鄱陽民帥別立宗部，阻兵守界，……海昏（今江西修水）有上繚壁，有五六千家相結聚作宗伍，惟輸租布於郡耳，發召一人遂不可得。"（《三國誌・吳誌・太史慈傳》註引《江表傳》）

這裏所說"宗部"、"宗伍"，大約都是山越族。山越族的歷史發展階段因為文獻不足，不好論斷。大約在父系家長制末期，宗族組織仍是山越人的社會基本組織，民帥大約都是些氏族部落大小酋長。

吳國除對今江蘇、浙江、江西、福建作了大量開發工作外，對今湖南、廣東等地區也有開發。

吳對嶺南地區的開發，前後有三個人起了重要作用。第一個是士燮一家。

士燮，蒼梧廣信人。這一家族，原是魯國汶陽人，避王莽之亂，來到交州。父士賜，桓帝時為日南太守。士燮，少時曾遊學京師，師事潁川劉子奇，治《左氏春秋》。父親死後，任交阯太守。董卓之亂時，交阯刺史朱符被殺，州郡擾亂，士燮以他弟弟士壹領合浦太守，弟䵋領九真太守，弟武領南海太守，一家四太守。當時中國擾亂，"中國士人往依避難者以百數。"（《三國誌・吳誌・士燮傳》）

士燮在交阯四十餘年，嶺南保持和平安定、經濟發展的局面。陳國袁徽向漢朝尚書令荀彧上書稱讚士燮說："交阯士府君既學問優博，又達於從政，處大亂之中，保全一郡，二十餘年疆場無事，民不失業，羈旅之徒，皆蒙其慶。"（《三國誌・吳誌・士燮傳》）

士燮經常不斷地把當地的物產，遣使獻給孫權，「雜香細葛，輒以千數，明珠、大貝、流離、翡翠、玳瑁、犀、象之珍，奇物異果，蕉、邪、龍眼之屬，無歲不至。壹時貢馬凡數百匹。」(同上)

黃武五年，士燮年九十卒，上推四十餘年，士燮任交阯太守當在靈帝光和元年（178 年）到中平元年（184 年）之間，袁徽給荀彧的信當在建安十年（205 年）左右。

建安十五年（210 年），孫權派步騭為交州刺史，士燮兄弟相率供命。嶺南歸附吳自此始，步騭在嶺南十年。

延康元年（220 年），孫權遣呂岱代步騭為交州刺史。到州，高涼賊帥錢博乞降，呂岱以博為高涼西部都尉。鬱林夷人攻圍郡縣，岱討平之。桂陽湞陽人王金合眾於南海界上，首亂為害。岱討之，生縛金，斬首獲生幾萬餘人。士燮死後，孫權以燮子徽為安遠將軍，領九真太守，徽不承命，舉兵戍海口。呂岱討徽，徽率兄弟六人肉袒迎岱，岱皆斬殺之。孫權稱讚呂岱的功勞說：「元惡既除，大小震懾，其餘細類，掃地族矣。自今已去，國家永無南顧之虞，三郡宴然，無怵惕之驚，又得惡民以供賦役，重用歡息。」(《三國誌‧吳誌‧呂岱傳》)

呂岱之後，在嶺南的有陸胤。《三國誌‧吳誌‧陸凱傳附陸胤傳》載：「赤烏十一年，交阯九真夷賊攻沒城邑，交部騷動。以胤為交州刺史、安南校尉。胤入南界，喻以恩信，務崇招納，高涼渠帥黃吳等支黨三千餘家皆出降。引軍而南，重宣至誠，遺以財幣。賊帥百餘人，民五萬餘家，深幽不羈，莫不稽顙，交域清泰。就加安南將軍。復討蒼梧建陵（今廣西荔浦西南）賊，破之，前後出兵八千餘人，以充軍用。」

吳國在交州的三人中，步騭時交州始歸順吳。呂岱殺士徽兄弟六人，最不得人心，呂岱曾先約士徽兄弟降後只免官，可得不死，隨後棄信妄殺。

陸胤是陸凱之弟，陸遜之族子，江南名門，有文化。吳中書丞華覈上表稱讚陸胤在交州，「流民歸附，海隅肅清。……商旅平行，民無疾疫，田稼豐稔。州治臨海，海流秋鹹，胤又畜水，民得甘食。……自諸將合眾，皆脅之以威，未有如胤結以恩信者也。銜命在州，十有餘年，賓帶殊俗，寶玩所生，而內無粉黛附珠之妾，家無文甲犀象之珍，方之今臣，實難多得。"（《三國誌・吳誌・陸凱傳附陸胤傳》）

陸胤有才有德，有知識，有文化，他對交州的開發是特有貢獻的。

但直到孫吳時期，嶺南交州地區仍是很落後的。薛綜，沛郡人，少依族人避地交州，曾在交州多年，對交州社會情況了解比較多，他對孫權的一個上疏，可以認為是對交州民人社會生活的比較深入的認識，節錄如下："秦置桂林、南海、象郡，然則四國之內屬也，有自來矣。趙佗起番禺，懷服百越之君，珠官之南是也。漢武帝誅呂嘉，開九郡，設交阯刺史以鎮監之。山川長遠，習俗不齊，言語同異，重譯乃通，民如禽獸，長幼無別，椎結徒跣，貫頭左衽，長吏之設，雖有若無。"（《三國誌・吳誌・薛綜傳》）這是漢武帝以前交阯的情況。

"自斯以來，頗徙中國罪人雜居其間，稍使學書，粗知言語，使驛往來，觀見禮化。及后錫光為交阯，任延為九真太守，乃教其耕犁，使之冠履；為設媒官，始知聘娶；建立學校，導之經義。由此已降，四百餘年，頗有類似。"（同上）這是漢代四百年時期的情況，風俗文化、經濟生產，都有進步。

"自臣昔客始至之時，珠崖除州縣嫁娶，皆須八月引戶，人民集會之時，男女自相可適，乃為夫妻，父母不能止。交阯麊泠、九真都龐二縣，皆兄死弟妻其嫂，世以此為俗，長吏恣聽，不能禁制。日南郡男女裸體，不以為羞。"（同上）這是薛綜親眼看到的情況。

對如何統治交南，薛綜提他自己的意見，一不要多收田戶之租賦，二要有好官，清廉官吏。他說："然而土廣人眾，阻險毒害，易以為亂，難使從治。縣官羈縻，示令威服，田戶之租賦，裁取供辦，貴致遠珍名珠、香藥、象牙、犀角、玳瑁、珊瑚、琉璃、鸚鵡、翡翠、孔雀、奇物，充備寶玩，不必仰其賦入，以益中國也。"他説："然在九甸之外，長吏之選，類不精核。"他枚數了一些粗暴貪婪的太守，引起南人的暴亂，歸結説："故國之安危，在於所任，不可不察也。"（同上）

2　世代領兵

孫吳有授兵或稱給兵制度，對領兵將領授給他一部分兵，由他率領。例如：

《三國誌・吳誌・太史慈傳》載："策……即署（慈）門下督，還吳授兵，拜折衝中郎將。"（以下只舉傳名）

《妃嬪傳・孫破虜吳夫人傳》載："建安八年，（吳）景卒官，子奮授兵為將，封新亭侯。"

《周瑜傳》載："自居巢還吳。是歲，建安三年也。策親自迎瑜，授建武中郎將，即與兵二千人，騎五十匹。"

《韓當傳》載："及孫策東渡，從討三郡，遷先登校尉，授兵二千，騎五十匹。"

《蔣欽傳》載："及策東渡，拜別部司馬，授兵。"

《周泰傳》載："策入會稽，署別部司馬，授兵。"

《徐盛傳》載："孫權統事，以為別部司馬，授兵五百人……黃武中卒。子楷，襲爵領兵。"

《甘寧傳》載："權……禽（黃）祖，盡獲其士眾。遂授寧兵，屯當口。……寧益貴重。增兵二千人。"

《陸績傳》載："孫權統事……出為鬱林太守，加偏將軍，給兵二千人。"

《全琮傳》載："權以為奮威校尉，授兵數千人，使討山越。"

《妃嬪傳・吳主權潘夫人傳》載："孫亮即位，以夫人姊婿譚紹為騎都尉，授兵。"

《孫休傳》載："詔以左將軍張布討奸臣，加布為中軍督，封布弟惇為都亭侯，給兵三百人。"

《孫皓傳》載：鳳凰二年"秋九月，改封淮陽為魯，東平為齊，又封陳留、章陵等九王，凡十一王，王給三千兵。""天紀二年秋七月，立成紀、宣威等十一王，王給三千兵。"

對於手下將領，給予一部分兵讓他率領，這是古今的通例，都是如此，孫吳授兵、給兵並不足奇。但奇在孫吳授兵，是父子繼承的。兵，有點像各將領的私兵，可以代代傳下去，父兄死後子弟接替領兵。例如：

《宗室傳・孫奐傳》載："孫奐字季明。兄皎既卒，代統其眾，以揚武中郎將領江夏太守。……嘉禾三年卒。子承嗣，以昭武中郎將代統兵，領郡。赤烏六年卒。無子，封承庶弟壹奉奐後，襲業為將。"按《孫皎傳》載："孫皎字叔朗，始拜護軍校尉，領眾二千餘人。……黃蓋及兄瑜卒，又併其軍。……建安二十四年卒。權追錄其功，封子胤為丹楊侯。胤卒，無子。弟晞嗣，領兵。有罪自殺。國除。"孫奐代領兄皎兵，大約是在孫晞有罪自殺之後。孫皎的兵，是孫權授給他的。孫權給孫皎的信說："授卿以精兵。"（《孫皎傳》）

《宗室傳・孫韶傳》載："孫韶……伯父河……韶年十七，收河餘眾……以禦敵。權……即拜（韶）承烈校尉，統河部曲。"

《魯肅傳》載："肅遺腹子淑……鳳凰三年卒。子睦襲爵，領兵馬。"

《諸葛瑾傳》載："（瑾）卒……恪已自封侯，故弟融襲爵，攝兵業。駐公安，部曲吏士親附之。"

《周泰傳》載："黃武中卒。子邵以騎都尉領兵。……黃龍二年卒。弟承領兵襲侯。"

《蔣欽傳》載："（欽）卒。……子壹封宣城侯，領兵……與魏交戰，臨陣卒。壹無子，弟休領兵，後有罪失業。"

《韓當傳》載："黃武二年，封石城侯。……討丹楊賊，破之。會病卒，子綜襲侯領兵。"

《凌統傳》載："統年十五，左右多稱述者，權亦以（統父）操死國事，拜統別部司馬，行破賊都尉，使攝父兵。"

《陸抗傳》載："遜卒時，（抗）年二十，拜建武校尉，領遜眾五千人……卒，子晏嗣。晏及弟景、玄、機、雲，分領抗兵。"

《全琮傳》載："（赤烏）十二年卒，子懌嗣。後襲業領兵。"

《潘濬傳》註引《吳書》載："（芮）玄兄良，隨孫策平定江東，策以為會稽東部都尉。卒，玄領良兵。"

《潘濬傳》載："赤烏二年，濬卒，子翥嗣。"註引《吳書》曰："翥字文龍，拜騎都尉，後代領兵。"

《鍾離牧傳》載："封都鄉侯，徙濡鬚督。……卒官。家無餘財，士民思之。子禕嗣，代領兵。"

《朱桓傳》載："（桓）赤烏元年卒。……（子）異……以父任除郎，後拜騎都尉，代桓領兵。"

在制度上，世襲領兵和世襲爵位一樣，一般由長子、長孫繼承。長子不在，孫又年幼，則由長子之弟繼承領兵。孫皎子胤為丹陽侯，卒，無子，由弟晞嗣侯領兵，傳中雖然只說胤為丹楊（陽）侯，沒有說他領兵，但從"弟晞嗣侯領兵"來看，胤當是領兵的。孫胤的兵，是從父親孫皎那裏繼承來的。孫晞的兵，是從兄胤那裏繼承來的。又如周泰卒，子邵領兵，邵卒，弟承領兵。

也有父死之後，兵由諸子分領的。如陸抗死後，由其子五人晏、景、玄、機、雲分領抗兵，但這樣的事例不多。

遇到子弟年幼，或無子弟，或子弟有罪不能領兵的情況，就由別人代領。周瑜死，其子胤以罪徙廬陵，周瑜的兵就由魯肅代領。《魯肅傳》載："拜肅奮武校尉，代瑜領兵。瑜士眾四千餘人、奉邑四縣，皆屬焉。"凌統死，"二子烈、封，年各數歲"《凌統傳》，遂由駱統代領其兵《駱統傳》。甘寧死，其"子瓛，以罪徙會稽，無幾死"《甘寧傳》，遂由潘璋並其軍《潘璋傳》。潘璋死，子平，以無行徙會稽(同上)，呂岱領潘璋士眾《呂岱傳》。芮玄死後，"(潘) 濬並領玄兵，屯夏口"《潘濬傳》註引《吳書》)。

父子繼承的世襲領兵制，是政治上、社會上都承認的固定制度，由於子弟年幼或犯罪而失掉世襲領兵權的情況，被認為是不正常的現象。如果因為子弟年幼，一時兵交別人代領，一俟子弟長大成人，就要把兵交還他們。凌統死時，二子烈、封年幼，孫權把凌統的兵交駱統代領，但等到烈、封年歲稍長，孫權就"追錄統功，封烈亭侯，還其故兵。後烈有罪免，封復襲爵領兵。"（《凌統傳》）就是子弟年少，別人也多不願代領他們父兄的兵。如《呂蒙傳》載："時蒙與成當、宋定、徐顧屯次比近，三將死，子弟幼弱，權悉以兵併蒙。蒙固辭，陳啟顧等皆勤勞國事，子弟雖小，不可廢也。書三上，權乃聽。"

即使子弟有罪，廢不得領兵，同僚也多一再代為申請，要求使他們領兵。如周瑜死，子周胤，初拜興業都尉，授兵千人，後以罪廢。諸葛瑾、步騭就一再上疏請對周胤還兵復爵。《周瑜傳》載："赤烏二年，諸葛瑾、步騭連名上疏曰：'故軍將周瑜子胤，昔蒙粉飾，受封為將，不能養之以福，思立功效，至縱情慾，招速罪辟。臣竊以瑜昔見寵任，入作心膂，出為爪牙。……瑜身沒未久，而其子胤降為匹夫，益可悼傷。……乞匄餘罪，還兵復爵……'瑾、騭表比上，朱然及全琮亦俱陳乞，權乃許之。會胤病死。"

孫權的兵，自然是分層的由大小將校率領。但肯定不會是全部都授給他們作他們的世襲兵。如果兵全都分給將校世領，孫權就不會再有兵授人。但可以世襲的兵，究竟有多少，佔孫吳總兵數的多少，則無統計，也難估計。

孫吳世襲領兵制的出現，肯定和東漢以來部曲的私兵化是有關係的。部曲私兵化的過程，在東漢末年統一政權瓦解，地方豪強勢力發展的時代，更加快了步伐。孫堅的兵，是集合"鄉里少年"，招募"商旅及淮泗精兵"組成的。他死後，他的部曲歸了袁術。孫策一再向袁術索取他父親的部曲，稱之為故兵，袁術也不得不以一部分部曲一千餘人歸還孫策。《孫破虜討逆傳·孫策傳》稱："興平元年，從袁術。術甚奇之，以堅部曲還策。"《太史慈傳》註引《江表傳》說："策謂慈曰：'……先君手下兵數千人，盡在公路許。孤志在立事，不得不屈意於公路，求索故兵，再往才得千餘人耳。……'"從這裏不難看出，部曲已向私兵轉化，父親的兵，兒子有權要求歸還，別人如袁術也不得不勉強歸還，儘管不願意歸還。

孫堅的兵，孫策稱之為故兵，有權向袁術討還。這對孫吳的世代領兵制可能產生影響。孫策向別人索取他父親的故兵部曲，他就不得不承認帶領私兵隨他起事或帶領私兵家客投奔他的人對他們的部曲、兵的世襲領有權。

但孫吳將領的兵，不都是其父祖的私兵，大多是由孫家給予的。給予之後，也就建立起父死子代領的世代領兵制。這是孫吳特有的制度。

3 豪族強宗

孫權死後，鄧艾對司馬師說："孫權已沒，大臣未附，吳名宗大族，皆有部曲，阻兵仗勢，足以建命。"（《三國誌·魏誌·鄧艾傳》）

《抱樸子·吳失篇》在說到吳的豪族強宗時，說："勢力傾於邦君，儲積富乎公室。出飭翠黃之衛從，入遊玉根之藻梲。僮僕成軍，閉門為市。牛馬掩原隰，田池佈千里。"

　　這兩條記載，很足以説明孫吳豪族強宗的權勢和財富了。他們的財富是"牛馬掩原隰，田池佈千里"，他們的威勢是"傾於邦君"，"阻兵仗勢，足以建命"。

　　世代領兵制，會更擴大吳豪族強宗的勢力。他們世代所領的部曲、兵，雖然不是他們的私兵，但實際上也和他們的私兵差不多，可以為他們所用，惟他們的令從。吳大將韓當死後，子綜襲侯領兵。綜行為不軌，內懷憂懼，遂"載父喪，將母家屬部曲男女數千人奔魏。"（《三國誌・吳誌・韓當傳》）這個部曲男女數千人，當然包括原來授給他父親韓當的，由他"襲侯領兵"的兵。部曲是惟主人之命是從的。也就因此，鄧艾才説："吳名宗大族，皆有部曲，阻兵仗勢，足以建命。"

　　吳的豪族強宗，首推顧、陸、朱、張四家。孫皓時，陸凱上疏説："先帝外仗顧、陸、朱、張，內近胡綜、薛綜，是以庶織雍熙，邦內清肅。"（《三國誌・吳誌・陸凱傳》）

　　先帝指孫權。這裏陸凱所舉出的外仗四家，都是吳人。顧是顧雍，吳郡吳人也；陸是陸遜，吳郡吳人也；朱是朱據，吳郡吳人也；張是張溫，吳郡吳人也。（皆見《三國誌・吳誌》本傳）我們平常總以為孫策、孫權開國，依靠的是周瑜、魯肅、呂蒙和張昭。張昭雖然在赤壁戰前勸孫權迎曹操，以後就不再受重視。但孫策死、孫權立之際，確實靠他維持住局面，否則孫權的地位是很危險的。周瑜、魯肅、呂蒙之重要，更不必多説。但陸凱這裏竟根本不提周瑜、魯肅、呂蒙和張昭，而所提外仗四家都是吳人。除陸遜外，都不算太重要的人物。而陸遜比起周、魯、呂等來也是後起。

　　這裏有個內在的關鍵問題，是顧、陸、朱、張四家都是吳的名門大宗，或者説是豪族強宗。如陸遜就是"世江東大族"（《三國誌・吳誌・陸遜傳》）。孫權晚年猜忌大臣，也猜忌到陸遜，這和陸家是江東名門大宗不無關係。孫皓對吳大臣都果於殺戮，但對陸家卻多有顧慮。如陸凱（陸遜族子）常對孫皓犯顏直諫，皓恨之切齒，但"既以重臣，難繩以法。又陸抗時為大將在疆場，故以計容忍"，只是在陸抗卒後，才"徙凱家於建安"（《三國誌‧吳誌‧陸凱傳》）。

張溫，"父允，以輕財重士，名顯州郡。"（《三國誌‧吳誌‧張溫傳》）能輕財重士，當然是豪富宗族。張溫"少修節操，容貌奇偉。"孫權問公卿："溫當今與誰為比？"大（司）農劉基曰："可與全琮為輩。"太常顧雍曰："基未詳其為人也。溫當今無輩。"孫權召見時，溫"文辭占對，觀者傾竦，權改容加禮。"罷出，張昭執其手曰："老夫託意，君宜明之。"（同上）

張昭的"老夫託意"，張溫當然是明白的。他是以門戶為託。觀者傾竦，孫權改容，都是襯託張溫的才氣。但孫權對張溫是"嫌其聲名大盛，眾庶炫惑"；又"恐終不為己用"；又恨張溫出使蜀漢時，"稱美蜀政"（引句皆見《張溫傳》）。把他斥還本郡，終身不用。

諸葛亮對孫權廢張溫不用，初亦不得其解，後才省悟，說："吾已得之矣，其人於清濁太明，善惡太分。"（《三國誌‧吳誌‧張溫傳》註引《會稽典錄》）諸葛亮也許看得對了，但我想張溫所以被廢，怕是因為他是名門大宗，勢力太盛了。孫權晚年，為兒孫計，猜忌大臣名門大宗。孫權靠豪族強宗起家，晚年卻為孫家政權計，而猜疑打擊豪族強宗了。

周瑜、魯肅，原是江北豪族。周瑜，廬江舒（今安徽舒城）人，從祖父景，景子忠，皆為漢太尉，瑜從父尚為丹楊太守，父異洛陽令，孫堅起兵討董卓，徙家於舒，周瑜與孫策友好，"推道南大宅以舍策"（《三國誌‧吳誌‧周瑜傳》）。周瑜家族，是廬江名家大族。魯肅，臨淮東城（今安徽定遠東南）人，"家富於財，性好施與。……大散財貨，標賣田地，以賑窮弊結士為務。"（同上）與周瑜為友，"乃攜老弱將輕俠少年百餘人，南到居巢就瑜。"（同上）魯肅也是一家豪強。

周、魯兩家在江東似乎都未扎住根。周瑜兩子，一子早卒，次子胤無行，亦未得用而死。周瑜兄子峻，曾以瑜功為偏將軍，領吏士千人。峻死，子護亦以"性行危險"未被用。周家在吳便湮滅無聞。

魯肅有遺腹子淑，曾為昭武將軍、都亭侯、武昌督，遷夏口督，死後子睦襲爵，領兵馬。但亦無下文。

呂蒙死後，子霸襲爵，與守塚三百家，復田五十頃，霸卒，兄琮襲侯。琮卒，弟睦嗣。霸以下只襲侯，未説領兵，後亦無聞。

吳的豪族強宗，多半是江東土著。

4 政治悲劇

早期的孫權，是英明的，內征山越，外滅黃祖，決計抗曹，使東吳一片興旺氣象。能識人，能用人，與臣下相待以誠。夷陵之戰前，有人説諸葛瑾遺親人與劉備通消息，孫權説："孤與子瑜（諸葛瑾字）有生死不易之誓，子瑜之不負孤，猶孤之不負子瑜也。"（《三國誌·吳誌·諸葛瑾傳》）不僅對諸葛瑾，而且對別人都能如此。

滅關羽，取荊州稱吳王後，孫權驕傲起來。他於武昌臨釣台飲酒，大醉，使人以水灑群臣説："今日酣飲，惟醉墮台中，乃當止耳。"（《三國誌·吳誌·張昭傳》）又一次與群臣飲，自起行酒，虞翻伏地佯醉，不持。孫權去，翻起坐，孫權大怒，手劍欲擊之。（《三國誌·吳誌·虞翻傳》）

同時，吞併荊州以後，領域擴大，人事增多，君臣之間，猜疑之情漸生。嘉禾（232—237 年）末年，孫權信用中書呂壹，"典校諸官府及州郡文書。壹等因此漸作威福，遂造作權酷障管之利，舉罪糾奸，纖介必聞，重以深案醜誣，譖短大臣，排陷無辜。"（《三國誌·吳誌·顧雍傳》）吳太子登數諫，孫權不聽，群臣莫敢言。

呂壹誣白故江夏太守刁嘉誹謗國政，孫權大怒，收嘉，繫獄審問。與此案相關聯的人，畏懼呂壹，都説聽到過他非議國政。只有侍中是儀説沒有聽到過。於是迫着問他。詔旨迫得很嚴厲，群臣都屏息，不敢大聲呼吸。是儀説：“今刀鋸已在臣頸，臣何敢為嘉隱諱，自取夷滅，為不忠之鬼！顧以聞知當有本末。”（《三國誌・吳誌・是儀傳》）仍是據實回答，不説假話。

上大將軍陸遜、太常潘濬憤呂壹構讒亂國，一再向孫權獻言，孫權不聽。潘濬自武昌到建業，欲因會手刃呂壹。呂壹知道了，不去赴會。

西陵督步騭上疏説：“丞相顧雍、上大將軍陸遜、太常潘濬，憂深責重，志在竭誠。……念欲安國利民，建久長之計，可謂心膂股肱，社稷之臣矣。宜各委任，不使他官監其所司，責其成效，課其負殿。”（《三國誌・吳誌・步騭傳》）意指呂壹對他們的讒構。

大臣尚且受害，由此而下的更多遭誣害。如朱據，《三國誌・吳誌・朱據傳》載：“據部曲應受三萬緡，工王遂詐而受之，典校呂壹疑據實取，考問主者，死於杖下，據哀其無辜，厚棺斂之。壹又表據吏為據隱，故厚其殯。權數責問據，據無以自明，藉草待罪。數月，典軍吏劉助覺，言王遂所取，權大感寤，曰：‘朱據見枉，況吏民乎？’乃窮治壹罪。”

這是嘉禾年間的事，跟着，赤烏年間（238—250年）出現兩宮之爭。兩宮指孫權兩個兒子——太子休和魯王霸。

孫權長子是孫登。孫權稱吳王後，立登為王太子，以南郡太守諸葛瑾之子恪、綏遠將軍張昭之子休、大理吳郡顧雍之子譚、偏將軍廬江陳武之子表為中庶子，入講詩書，出從騎射，謂之四友。這四個人，都是名家之子，以才見稱的，東宮（太子宮）號為多士。

孫登自幼讀《詩》、《書》，孫權又讓他讀《漢書》。他接受的是儒家思想，從有些行事上看，他是有教養的。他出去行獵，常避開良田，不踐踏苗稼。嘗乘馬出外，有彈丸飛過，左右求索射丸之人，適好有一人操彈佩丸，被執，此人不服，太子左右欲捶之。太子不聽，使對證彈丸，與此人所攜者不同，此人得釋。又失盛水金馬盂，乃左右所盜，不忍致罰，遣歸家，令左右勿言。凡此種種，都證明他有仁人之心，相當有教養。

不幸的是，孫登立為太子二十一年，病死，死年三十三歲。孫權又立子和為太子，孫和少岐嶷有智意，孫權很喜愛他，常在左右，諸子莫得比。孫權又愛和母弟霸，又立霸為魯王。魯王和太子同等待遇，嫡庶不分，這會亂國亂家。尚書僕射領魯王傅是儀，上疏諫説：“魯王天挺懿德，兼資文武，當今之宜，宜鎮四方，為國藩輔。……愚以二宮宜有降殺，正上下之序，明教化之本。”（《三國誌・吳誌・是儀傳》）疏三四上，孫權不聽。

臣下看到這種情況，一些圖富貴、爭權力的人便競奔魯王之門。孫權長女嫁左護軍全琮，小女嫁驃騎將軍朱據。長公主與太子母王夫人有隙，孫權欲立王夫人為后，長公主加以阻止。長公主怕太子怨己，將來得立後於己不利，常常在孫權面前譖譭太子。孫權生病，遣太子去孫策廟祈禱。祈禱後，太子就近去太子妃叔父張休家小坐。長公主偵察到這一情況，就對孫權説，太子不在廟中，專就妃家計議。又説王夫人見孫權有病，有喜色。孫權大怒，王夫人憂死。太子和寵愛稍衰。

魯王霸謀做太子，黨羽日日在孫權面前譖謗太子和。大臣有維護太子和的，有支持魯王霸的。丞相陸遜、大將軍諸葛恪、太常顧譚、驃騎將軍朱據、會稽太守滕胤、大都督施績、尚書丁密、太子太傅吾粲等，奉理而行，維護太子。全寄、吳安、孫奇、楊竺等依附魯王，圖危太子。陸遜、吾粲、顧譚屢諫，孫權怒，吾粲下獄誅，顧譚徙交州。陸遜世家名族，很有勢力，且領兵在外，孫權有顧慮，但仍疑忌，多所責問。陸遜憂憤而死。

孫權是有深謀遠慮的人，加之幾十年的政治經驗，親自看到劉表、袁紹家庭爭位之慘，對太子和之廢，猶豫不決者數年。後來還是下狠心把和幽閉起來，不許交賓客。驃騎將軍朱據、尚書僕射屈晃，率諸將泥頭自縛，連日詣闕請和。孫權在宮中登高望見，甚不高興。

無難督陳正、五營督陳象上書，稱引春秋時晉獻公廢太子申生立奚齊、晉國擾亂的故事，向孫權進諫。孫權大怒。無難督、五營督，都是孫權親兵的首領，竟來參與太子之立廢，尤使孫權憂慮，遂族誅陳正、陳象，把朱據、屈晃拉入殿內，重打一百，徙太子和於故鄣。群臣坐諫而被誅殺流放者十數家。太子和終被廢。

魯王霸，並沒有得立為太子，也落了個被賜死的悲慘下場。黨羽們也未得好下場。楊竺被誅，流屍於江，他的兄長楊穆，不同意楊竺的做法，數次勸誡他，雖得免死，猶徙南州。霸死以後，全寄、吳安、孫奇都以黨霸勾和被殺。

孫和、孫霸，都是孫權喜愛的兒子。爭的結果是一廢一死。大臣分成了兩派，誅死者十數家。這是孫權晚年政治上的悲劇，也是他家庭的悲劇。

周瑜、魯肅、呂蒙等人以後，孫吳有才氣幹略的人，要推陸遜和諸葛恪了。陸遜滅關羽，敗劉備，取荊州，是為吳立下大功的。前已述過。

諸葛恪是諸葛瑾的兒子，聰明有智慧，《三國誌・吳誌・諸葛恪傳》說："恪父瑾面長似驢，孫權大會群臣，使人牽一驢入，長檢其面，題曰諸葛子瑜。恪跪曰：'乞請筆，益兩字。'因聽與筆。恪續其下曰：'之驢。'舉座歡笑，乃以驢賜恪。他日復見，權問恪曰：'卿父與叔父（諸葛亮）孰賢？'對曰：'臣父為優。'權問其故，對曰：'臣父知所事，叔父不知，以是為優。'權又大噱。"

還有幾個故事，都是這一類的。這些故事說明，諸葛恪才思聰敏。但亦顯示他自幼就有才華而不夠深沉。

諸葛恪為將，伐山越立了不少的功勞，但性格中矜己凌人的缺點，也暴露出來。丞相陸遜曾與友人書，對諸葛恪的缺點有所指述。大約暗示或說明請傳達於諸葛恪。恪遂致書陸遜說："楊敬叔傳達清論，以為方今人物凋盡，守德業者不能復幾，宜相左右，更為輔車，上熙國事，下相珍惜。……聞此喟然，誠獨擊節。……時務縱橫，而善人單少，國家職司，常苦不充。苟令性不邪惡，志在陳力，便可獎就，騁其所任。苦於小小宜適，私行不足，皆宜闊略，不足縷責。且士誠不可纖論苛克，苛克則彼賢聖猶將不全，況其出入者邪？……夫不捨小過，纖微相責，久乃至於家戶為怨，

一國無復全行之士也。"（《三國誌・吳誌・諸葛恪傳》）

諸葛恪知道陸遜在談自己的缺點，於是他給陸遜信，用"廣其理而贊其旨"的方法，表示他懂得的比陸遜說的還深刻。可惜，人都是知道自己的缺點容易，改正缺點卻是大難，而諸葛恪連自己的缺點都不認識。諸葛恪終是吃了自己缺點的虧。

吳太元元年（251年）冬，孫權病，徵大將軍諸葛恪為太子太傅、會稽太守滕胤為太常，並受詔輔太子，這是《三國誌・吳誌・三嗣主傳・孫亮傳》的記載，同書《諸葛恪傳》則說："權不豫，而太子少，乃徵恪以大將軍領太子太傅，中書令孫弘領少傅。權疾困。召恪、弘及太常滕胤、將軍呂據、侍中孫峻，屬以後事。"

太元二年四月十六日，孫權死，少帝孫亮即位。

孫弘素與諸葛恪不和，懼為恪所治，秘不報喪，欲矯詔殺恪。孫峻秘以孫弘陰謀告恪。恪請弘議事，於座中誅之。

自孫權以來，魏吳所爭者在淮南，孫權黃龍二年（230年）曾於東興築堤（今安徽無為北，濡鬚塢北），後征淮南失敗，遂廢不復修。諸葛恪主政，又於孫亮建興元年（252年）於東興更作大堤，左右結山夾築兩城，各留千人據守。魏命大將胡遵、諸葛誕率眾七萬攻兩城，作浮橋渡，陳（通陣）於堤上。諸葛恪率兵四萬往救。由於魏軍的驕傲輕敵，吳軍的勇敢猛攻，魏兵大敗。魏兵爭走浮橋逃生，橋塌，落水死者數萬。吳俘獲車乘、牛、馬、驢、騾各數千，資財器物山積。吳軍大勝，振旅而還。

但這次大勝利，也滋長了諸葛恪驕傲輕敵之心。

東興大戰，是在建興二年（253年）冬十二月（可能已入254年）。諸葛恪被勝利衝昏了頭腦，次年春又想出兵攻魏，諸大臣以為數數出兵，戰士疲勞，同來勸阻。諸葛恪不聽。

同受孫權顧命的大臣滕胤，也不同意出兵攻魏，他對諸葛恪說："君以喪代之際，受伊、霍之託，入安本朝，出摧強敵，名聲振於海內，天下莫不震動。百姓之心，冀待蒙君而息。今猥以勞役之後，興師出征，民疲力屈，遠主有備，若攻城不克，野略無獲，是喪前勞而招後責也。不如案甲息師，觀隙而動。且兵者大事，事以眾濟，眾苟不悅，君獨安之？"（《三國誌·吳誌·滕胤傳》）

諸葛恪回答說："諸云不可者，皆不見計算，懷居苟安者也，而子復以為然，吾何望焉？夫以曹芳暗劣，而政在私門，彼之臣民，固有離心。今吾因國家之資，借戰勝之威，則何往而不克哉！"（同上）

諸葛恪也有他的道理、他的想法。他寫了一篇文章，申述他的想法。他說："夫天無二日，士無二王，王者不務兼併天下而欲垂祚後世，古今未之有也。"（《三國誌·吳誌·諸葛恪傳》）這是主張國家統一，長久分治是不可能的。他又說："凡敵國欲相吞，即仇讎欲相除也。有讎而長之，禍不在己，則在後人，不可不為遠慮也。"（同上）這是說不可養癰遺患。又說："今以魏比占之秦，土地數倍，以吳與蜀比古六國，不能半之。然今所以能敵之，但以操時兵眾，於今適盡，而後生者未悉長大。正是賊衰少未盛之時。……當今伐之，是其厄會。聖人急於趨時，誠謂今日。"（同上）這是說伐魏，今日機不可失。又說："今者賊民歲月繁滋，但以尚小，未可得用耳。若復十數年後，其眾必倍於今，而國家勁兵之地，皆已空盡，唯有此見眾可以定事。若不早用之，端坐使老，復十數年，略當損半，而見子弟數不足言。若賊眾一倍，而我兵損半，雖復使伊、管圖之，未可如何。"（同上）這是說，失去今天的機會，以後根本無伐魏拓境的可能。又說："今聞眾人或以百姓尚貧，欲務閒息，此不知慮其大危，而愛其小勤者也。昔漢祖幸已自有三秦之地，何不閉關守險，以自娛樂，空出攻楚，身被創痍，介冑生蟣蝨，將士厭困苦，豈甘鋒刃而忘安寧哉？慮於長久不得兩存者耳！"（同上）這是要害的地方。眾人反對出兵的理由是百姓尚貧，欲務閒息。諸葛恪反駁的理由是不知慮其大厄而愛其小勤。

諸葛恪的話，許多地方是強詞奪理，這且不去管它。眾人反對出兵，主要是多年役重，人民困苦，現在是應該休養生息的時候，不應貿然出兵。孫權後期以來，賦役繁重，人民生活艱難。群臣常常向孫權提出。《三國誌・吳誌・駱統傳》載："是時，徵役繁數，重以疫癘，民戶損耗，統上疏曰：'……今強敵未殄，海內未乂，三軍有無已之役，江境有不釋之備，徵賦調數，由來積紀，加以殃疫死喪之災，郡縣荒虛，田疇蕪曠，聽聞屬城，民戶浸寡，又多殘老，少有丁夫。……前後出為兵者，生則困苦，無有溫飽，死則委棄，骸骨不反。是以尤用戀本畏遠，同之於死。每有徵發，羸謹居家重累者先見輸送。小有財貨，傾居行賄，不顧窮盡；輕剽者則進入險阻，黨就群惡。百姓虛竭，嗷然愁擾。……又聞民間，非居處小能自供，生產兒子，多不起養；屯田貧兵，亦多棄子。"

《三國誌・吳誌・陸遜傳》載："遜雖身在外，臣心於國，上疏陳時事曰：'臣以為科法嚴峻，下犯者多。頃年以來，將吏罹罪，雖不慎可責，然天下未一，當圖進取，小宜恩貸，以安下情。……夫峻法嚴刑，非帝王之隆業，有罰無恕，非懷遠之弘規也。'權欲遣偏師取夷州及朱崖，皆以諮遜，遜上疏曰：'臣愚以為四海未定，當須民力，以濟時務。……治亂討逆，須兵為威，農桑衣食，民之本業，而干戈未戢，民有飢寒。臣愚以為宜育養士民，寬其租賦……'"

大臣所談的這些情況，都是事實，孫權也是清楚的，他的詔書也常提到。如：

黃武五年春，令曰："軍興日久，民離農畔，父子夫婦，不聽相恤，孤甚愍之。今北虜縮竄，方外無事，其下州郡，有以寬息。"（《三國誌・吳誌・吳主傳》）

嘉禾三年春正月，詔曰："兵久不輟，民困於役，歲或不登。其寬諸逋，勿復督課。"（同上）

話雖這樣說，但孫權的徵調，仍是不停稍止的。他有他的道理。黃武五年，就在他下令"其下州郡，有以寬息"之後，陸遜上書提到"寬賦息調"時，孫權在回報中就又說："至於發調者，徒以天下未定，事以眾濟。若徒守江東，修崇寬政，兵自足用，複用多為？顧坐自守可陋耳。若不豫調，恐臨時未可便用也。"（同上）

所以，從孫權後期以來，就存在着兩種思想的對立：一種傾向以保境安民、休養生息為重；一種傾向是不能只顧眼前民苦，而要有遠見，不能坐守江東，而要爭強，爭強就要徵調，人民苦難，也只好如此。

諸葛恪的思想，在這方面和孫權是一條戰線的，長處是都看得遠，看到鼎峙、對抗不是長久之局，坐守一隅最後只有滅亡。諸葛亮的一再北伐，思想背景也是如此。問題在於具體到當前，審時度勢應當如何。諸葛恪的錯誤，不在有遠識，而在看不清當前。他沒有考慮到：孫權已死，他的威望還遠遠未能使人盡服；人民困苦，加強了上下厭戰的思想情緒。這種思想情緒，在孫權時不敢多表示，還未形成一股反戰勢力；到他主政，這種思想情緒不但敢公開表現，而且成為反戰的強大力量。不估計這種力量是不行的。東興大勝之後，諸葛恪產生輕敵思想，認為時不可失，應即進取，而諸將所想，適得其反。他們認為大勝之後，民亦疲累。而且攻守不同，東興之戰，魏是攻，吳是守；魏攻而敗，吳守而勝。出兵攻魏，攻守易位。魏是守，吳是攻，難保勝利。對形勢的認識，不是使保守反戰者同意出兵，而是使他們更反對出兵。

在違反眾人意願的情況下，諸葛恪剛愎自用，獨斷獨行，決定出兵。他大發州郡兵二十萬眾。這是傾國而出的孤注一擲的做法。

諸葛恪意欲耀威淮南，驅略人民，諸將對他說："今引軍深入，疆場之民，必相率遠遁，恐兵勞而功少，不如止圍新城（今安徽合肥市西）。新城困，救必至，至而圖之，乃可大獲。"（《三國誌・吳誌・諸葛恪傳》）

諸葛恪聽從他們的意見，回軍還圍新城。

諸葛恪傾全國兵力二十萬眾，乃欲耀威淮南，驅略民人，已不可解；

聽了眾將的話又回師圍新城，更使人困惑。他這次出兵，好似既無戰略思想，又無戰術思想，更談不上政略。傾二十萬大軍出征，只是揚威略人已是目標太小，眾將一說就回師圍新城，可見出軍無預謀。這已是敗機。

攻城數月，城堅不能破，士卒疲勞。天熱，飲水不潔，士卒多病，瀉肚不止，死傷塗地。諸營吏上報士兵病者多，恪以為詐，欲斬之，於是莫敢言。攻城不下，內心失措，諸葛恪怒形於色。將軍朱異有所是非，恪怒，立奪其兵。都尉蔡林數陳軍計，恪不能用，策馬投魏。魏知吳軍情，乃進兵，恪不支，引兵而退。士卒傷病，流曳道路，或死坑塹，或被俘略，大敗而回。吳國士庶失望，而怨憤興起。

孫峻因人民的怨憤，將士的不滿，看到了殺恪奪權的機會；他使幼主孫亮於宮中置酒請恪，伏兵帳中。恪到，伏兵起，殺恪。

孫峻，孫堅弟孫靜之曾孫，既殺諸葛恪，遂進位為丞相大將軍，督中外諸軍事。

孫峻素無名望，驕矜陰險，多所刑殺，百姓囂然。五鳳元年（254 年）吳侯孫英謀殺峻，事洩，英被殺。孫英，孫策之子。次年，將軍孫儀等欲因會殺峻，謀洩，儀等自殺，死者數十人。

諸葛恪死後，吳國出現君臣上下互不信任的局面。政治不安定，政變、廢立迭起。掌權者越孤立，越不敢信任人，就越會上下猜忌，越會出現政變，禍起肘腋。

五鳳三年（256 年），孫峻使驃騎將軍呂據、車騎將軍劉纂、鎮南將軍朱異等，隨魏之降將文欽自江都（今江蘇揚州市南）入淮、泗以圖青、徐。孫峻與滕胤到石頭城（建業西）為他們餞行。到呂據營，見呂據御軍齊整，惡之，稱心痛去。夜夢為諸葛恪所擊，恐懼，發病死。夢可能是真的，夢為諸葛恪所擊也可能是真的，恐懼是真的，心痛也可能是真的，但死於諸葛恪一擊，大約不可靠。孫峻大約死於因殺人恐懼而引起的心臟病。

孫峻死，把大權交給他同祖弟孫綝。

孫綝始為偏將軍，及峻死，為侍中武衛將軍，領中外諸軍事。代峻執朝政。呂據聞之，大怒，領兵還，使人報滕胤，欲共廢孫綝。綝殺滕胤，使兵拒據，據自殺。

孫慮，孫峻之從弟，曾與峻合謀殺諸葛恪。孫峻厚待孫慮，使為右將軍、無難督。孫綝待慮薄於峻時，慮怒，與將軍王惇謀，欲殺孫綝。綝殺惇，孫慮自殺。

孫亮始親政事，對綝多所責問，孫綝害了怕，身在建業，卻稱病不朝，孫亮與臣下密議誅綝。孫亮妃，是綝從姊的女兒，以孫亮密謀告綝，綝殺與亮同謀大臣，領兵圍宮，廢亮為會稽王，另立孫權子琅邪王孫休為帝。

孫綝一門五侯，皆典禁兵，權傾人主。

但這樣震主之威，他和孫休之間自然難免互相猜忌又互相畏懼。孫休一方面對孫綝恩禮有加，數數賞賜；一方面與近臣張布、丁奉密謀殺綝。永安元年（258 年）十二月，臘會，綝稱疾不入。孫休使者十餘輩，請綝入宮。孫綝不得已強起，遂入。張布、丁奉使左右武士縛之。孫綝叩頭求徙交州，孫休說：“卿何以不徙滕胤、呂據？”孫綝求沒為官奴。休說：“何不以胤、據為奴乎？”遂殺之，夷三族。孫休又下詔：“諸葛恪、滕胤、呂據蓋以無罪為峻、綝兄弟所見殘害，可為痛心，促皆改葬，各為祭奠。其罹恪等事見遠徙者，一切召還。”（《三國誌‧吳誌‧孫綝傳》）

會稽郡謠言：會稽王亮當還為天子，亮宮人告亮使巫禱祠，有惡言。孫休遂黜亮為侯官侯，遣之國。亮於道自殺，衛送者皆因亮死伏誅。或云孫休鴆殺亮，很可能。

自孫權赤烏十三年（250 年）廢太子和，賜魯王霸死，到孫休永安二年（259 年）孫休鴆死孫亮，十年之間，廢殺事件多次出現，這是孫吳政治上的悲劇，也是孫氏家族的悲劇。但到此，孫吳政治悲劇並未演完，更大的悲劇還在後面，在亡國之君孫皓一朝。

孫權墓（劉煒攝）

孫權病逝後，被安葬於蔣陵，位於今天的江蘇省南京市。

十四、諸葛亮治蜀和南征北戰

1 諸葛亮治蜀

諸葛亮在劉備集團裏的地位和作用，以劉備之死和託孤為契機，可以分為前後兩個階段。劉備在世之時，諸葛亮是政治方面的主要參謀；軍事方面，則全由劉備決策，諸葛亮很少參加意見，更很少在決策方面起主要作用。劉備死後，蜀漢的政治、軍事才由諸葛亮一人做主，全面負責。

聯吳抗曹、赤壁大戰，諸葛亮起了重要作用。在孫權手下"迎"和"抗"兩派中，他協助抗派魯肅、周瑜爭取孫權決心抗擊曹操。其實，孫權抗曹是必然的。魯肅、周瑜不說話，孫權也會抗曹，不會投降。當然，如果魯肅、周瑜一班人都主張迎曹，會給孫權帶來困難，但那是不可能的。孫權決策抗曹，周瑜、魯肅等也不可能反對。決定孫權抗曹的是他的東南領袖地位，是大形勢。孫權之不能迎曹雖不如劉備之不能迎曹，迎曹是死路一條，但迎的結果也絕沒有好下場。形勢、地位，決定孫權非抗曹不可，諸葛亮、周瑜、魯肅適逢其會，立了功，成了名。

在赤壁之戰中，指揮吳軍作戰的是周瑜，指揮劉軍的，史籍中沒有明確記載，推論仍然是劉備。因為諸葛亮隨吳軍西上，劉備迎到周瑜時都沒有看見諸葛亮。諸葛亮何時回到劉備身邊不清楚。後來，孫權遣魯肅向關羽討還荊州時，關羽對魯肅說："烏林之役，左將軍（指劉備）身在行間，寢不脫介，戮力破魏，豈得徒勞，無一塊壤，而足下來欲收地邪？"《三國誌·吳誌·魯肅傳》註引《吳書》）仍是劉備直接指揮軍隊參加赤壁戰役。

赤壁戰後，劉備駐屯油江口。"先主遂收江南，以亮為軍師中郎將，使

督零陵、桂陽、長沙三郡,調其賦税,以充軍實。"《三國誌・蜀誌・諸葛亮傳》)
當時,調荊州江南三郡賦税,是很重要的。但諸葛亮不留在劉備身邊,而
去調三郡税賦,恰説明劉備決定軍國大事時,諸葛亮還不是不離左右的人
物。

劉備入益州,帶了龐統、黃忠,諸葛亮、關羽、張飛、趙雲都留在荊
州,這可説荊州重要,離不開諸葛亮;也可以説,劉備在軍事決策方面不
需要諸葛亮。後來的兩次大戰,爭漢中和爭荊州,劉備都是自己負責,沒
有帶諸葛亮做參謀,更足以説明諸葛亮的地位。爭漢中,是劉備和曹操之
間的一次大戰,劉備沒有帶諸葛亮,去的是法正。關羽死後,劉備傾全力
去和孫權爭荊州,這是劉備生死存亡的大關,也是劉備獨往,沒有帶諸葛
亮。夷陵之戰慘敗後,諸葛亮感歎地説:"法孝直若在,則能制主上,令
不東行;就復東行,必不傾危矣。"《三國誌・蜀誌・法正傳》)那麼可問,法孝
直不在,諸葛亮何以不能制劉備令東行?既東行了,諸葛亮何以不跟隨前
往,使劉備傾危?這都説明,諸葛亮還沒有不使劉備東行的力量和地位,
也還沒有隨之東行使不傾危的能力和作用。

總之,在劉備生前,諸葛亮只是受命而行的行政能臣,並不是協助劉
備決策的人;特別在軍事方面,還不是贊助劉備決策的人。

劉備一死,諸葛亮的地位有很大變化。章武三年(223 年)春,劉備於
永安病篤,召諸葛亮於成都囑以後事,謂亮曰:"君才十倍曹丕,必能安
國,終定大事。若嗣子可輔,輔之;如其不才,君可自取。"亮涕泣曰:
"臣敢竭股肱之力,效忠貞之節,繼之以死!"劉備又為詔敕後主説:"汝
與丞相從事,事之如父。"《三國誌・蜀誌・諸葛亮傳》)

建興元年(223 年),蜀後主封亮武鄉侯,開府治事。頃之,又領益州
牧。"政事無巨細,咸決於亮。"(同上)從此時起,諸葛亮成為蜀漢政治軍
事的決策人。事無大小,皆由諸葛亮決定。這種情勢維持了十一年,直到
諸葛亮病死五丈原(234 年)。

諸葛亮治蜀，刑罰是嚴峻的。《蜀記》所載金城郭衝讚美諸葛亮"權智英略，有逾管、晏。"他條論諸葛亮五事，其一就説："亮刑法峻急，刻剝百姓，自君子小人咸懷怨歎。法正諫曰：'昔高祖入關，約法三章，秦民知德。今君假借威力，跨據一州，初有其國，未垂惠撫，且客主之義，宜相降下。願緩刑弛禁，以慰其望。'亮答曰：'君知其一，未知其二。秦以無道，政苛民怨，匹夫大呼，天下土崩，高祖因之，可以弘濟。劉璋暗弱，自焉已來有累世之恩，文法羈縻，互相承奉，德政不舉，威刑不肅，蜀土人士，專權自恣，君臣之道，漸以陵替。寵之以位，位極則賤；順之以恩，恩竭則慢。所以致弊，實由於此。吾今威之以法，法行則知恩；限之以爵，爵加則知榮。恩榮並濟，上下有節。為治之要，於斯而著。"（《三國誌·蜀誌·諸葛亮傳》註引）

裴松之懷疑郭衝的意見。他提出兩點來駁郭衝：（1）"法正在劉備前死，今稱法正諫，則劉主在也。諸葛職為股肱，事歸元首，劉主之世，亮又未領益州，慶賞刑政，不出於己。尋衝所述亮答，專自有其能，有違人臣自處之宜。以亮謙順之體，殆必不然。"（2）"云亮刑法峻急，刻剝百姓，未聞善政以刻剝為稱。"（同上）

裴松之所論，也無多大道理。（1）有劉備在，軍國大事雖不由諸葛亮決策，但治國之政卻會是由諸葛亮主持的。法正自然會向諸葛亮提出。這裏説不到諸葛亮不謙順。（2）刑法峻急，是對士大夫豪家；刻剝百姓，對百姓也包括士大夫豪家。劉璋父子在蜀，德政不舉，威刑不肅，租賦負擔偏在不公。諸葛亮治蜀，租賦不會減輕，但會公平；公平，也會有人怨歎。

諸葛亮治蜀，最為後人稱道的是，他對人對事都能"開誠心，佈公道"，依法辦事，賞罰分明。

因此，受他懲罰的人，都能對他沒有怨恨。如廖立，以罪廢，徙汶山郡。"立躬率妻子耕殖自守，聞諸葛亮卒，垂泣歎曰：'吾終為左衽矣！'後監軍姜維率偏軍經汶山，詣立，稱立意氣不衰，言論自若。立遂終徙

所，妻子還蜀。"（《三國誌・蜀誌・廖立傳》）

又如李嚴，諸葛亮出兵祁山，李嚴運糧不繼，又巧言飾非，諸葛亮表嚴之罪，"乃廢平（嚴後改名平）為民，徙梓潼郡。（建興）十二年，平聞亮卒，發病死。平常冀亮當自補復，策後人不能，故以激憤也。"（《三國誌・蜀誌・李嚴傳》）

廖立、李嚴，雖以罪廢，但都抱希望於諸葛亮能再用他們。聽到諸葛亮死，一個垂泣歎曰："吾終為左衽矣！"一個激憤發病死。不管他們心中有些甚麼想法，但一個想法是共有的，認為諸葛亮對人對事公平。

諸葛亮用人，能選賢任能。蔣琬、費禕、姜維，都是有才略可以任事的。選任地方郡守，也都能委任得人。《三國誌・蜀誌・楊洪傳》說："洪少不好學問，而忠清款亮，憂公如家，事繼母至孝。（建興）六年卒官。始洪為李嚴功曹，嚴未至犍為而洪已為蜀郡。洪迎門下書佐何祗，有才策功幹，舉郡吏，數年為廣漢太守，時洪亦尚在蜀郡。是以西土咸服諸葛亮能盡時人之器用也。"

但諸葛亮用人，很有局限性。他能用有才幹的人，但最好是忠勤謹慎的。對於有權略而又有偏激、自負、好勝等毛病的，他不能用。他用人的氣度，不能比劉備，也不能比曹操。魏延隨劉備取漢中時，才是個牙門將軍，劉備為漢中王，遷治成都，當選重將以鎮漢川，眾論以為必在張飛，飛亦以心自許，乃拔延為督漢中鎮遠將軍，領漢中太守，一軍盡驚。諸葛亮對這位劉備賞識的將軍如何呢？"延每隨亮出，輒欲請兵萬人，與亮異道會於潼關。如韓信故事，亮制而不許。延常謂亮為怯，歎恨己才用之不盡。"（《三國誌・蜀誌・魏延傳》）諸葛亮為甚麼不能用魏延使盡其才呢？因為魏延不僅"善養士卒，勇猛過人，又性矜高。"（同上）性矜高，害了魏延。又如彭羕，有才氣，但"恣性驕傲，多所輕忽。"龐統、法正、劉備都很器重他。"羕欲納說先主，乃往見龐統。統與羕非故人，又適有賓客，羕徑上統牀臥，謂統曰：'須客罷當與卿善談。'統客既罷，往就羕坐，羕又先責統食，然後共語，因留信宿，至於經日。統大善之。而法正宿自知羕，遂並致之先主。先主亦以為奇，數令羕宣傳軍事，指授諸將，奉使稱意，識遇日加。成都既定，先主領益州牧，拔羕為治中從事。羕起徒步，一朝處州人之上，形色囂然，自矜得遇滋甚。諸葛亮雖外接待羕，而內不能善，屢密言先主，羕心大志廣，難可保安。先主既敬信亮，加察羕行事，意以稍疏，左遷羕為江陽太守。"（《三國誌‧蜀誌‧彭羕傳》）羕因失意而不滿。"往詣馬超。超問羕曰：'卿才具秀拔，主公相待至重，謂卿當與孔明、孝直諸人齊足並驅，寧當外授小郡，失人本望乎？'"（同上）一句話問到彭羕的痛心處，遂大發一陣不應發的牢騷，說劉備是"老革"（老兵）。又謂馬超說："卿為其外，我為其內，天下不足定也。"（同上）馬超害怕，把彭羕的話告訴了劉備，遂下羕獄。彭羕雖與諸葛亮信，有所解釋，終仍被誅死。又如廖立，年未三十，即被劉備擢為長沙太守，"立本意，自謂才名宜為諸葛亮之貳。而更遊散在李嚴等下，常懷怏怏。"（《三國誌‧蜀誌‧廖立傳》）因不滿，而評核朝廷，說劉備與吳人爭三郡，"徒勞役吏士，無益而還"；說關羽"怙恃勇名，作軍無法，直以意突耳"；說"向朗、文恭，凡俗之人耳。"（同上）諸葛亮於是廢立為民。

魏延、彭羕、廖立，都是有才能的人，也都因他們自負才能而不能為諸葛亮所用。

諸葛亮不能用有才而自負有才的人的主要原因，是由於後主無能，怕這些有才的人由自負、好勝、偏激，而發展為爭權、爭位、作亂。諸葛亮勸劉備及早處死劉封，就是很好的說明。劉封，是劉備的養子。劉備入川時，"封年二十餘，有武藝，氣力過人。"（《三國誌‧蜀誌‧劉封傳》）關羽圍樊城、襄陽，時劉封在上庸，羽呼封發兵為助，封未承羽命。關羽敗死，劉備對劉封不滿。劉封到成都，"先主責封之侵陵（孟）達，又不救（關）羽。諸葛亮慮封剛猛，易世之後終難制御，勸先主因此除之。於是賜封死，使自裁。"（同上）

　　諸葛亮如此用人，好處是蜀漢朝廷上下都是循規蹈矩的人，諸葛亮之後幾十年除出了一個宦官黃皓小小弄權外，沒有出一個欺上壓下的權臣。大體上滿朝文武都是好人；壞處是除姜維外未出一個權略出眾的人。諸葛亮的開誠心，佈公道，賞罰分明，主要是對官僚階層。他以這種態度，保持官僚階層的平衡和穩定。當然，官僚守法，不敢胡作亂為，欺壓百姓，對人民也是有好處的；蜀漢人民對諸葛亮是會有好感的。陳壽所說："吏不容奸，人懷自厲，道不拾遺，強不侵弱，風化肅然。"又說："黎庶追思，以為口實。至今梁、益之民，咨述亮者，言猶在耳，雖《甘棠》之詠召公，鄭人之歌子產，無以遠譬也。孟軻有云：'以逸道使民，雖勞不怨；以生道殺人，雖死不忿。'信矣！"（陳壽編定《諸葛氏集》於泰始十年二月一日上晉武帝表，見《三國誌・蜀誌・諸葛亮傳》）

成都武侯祠庭院（劉煒攝）

諸葛亮一生鞠躬盡瘁，死而後已，為世人所敬仰。武侯祠最初是用來祭祀諸葛亮的祠堂，後世幾經修葺，至清初乃達今日之規模，並將劉備與諸葛亮君臣合祀於此。

陳壽是巴西安漢人，師事譙周，蜀後主時任觀閣令史，他所說"至今梁、益之民，諮述亮者，言猶在耳"，當是實錄。這裏所謂梁、益之民的"民"，雖然有上層人，但主要是老百姓。諸葛亮治蜀，對老百姓是有好處的，他受到人民的歌頌和追思。

諸葛亮也注意發展農業生產，他給杜微的信說："今因（曹）丕多務，且以閉境勤農，育養民物，並治甲兵，以待其挫，然後伐之。"（《三國誌·蜀誌·杜微傳》）袁子論諸葛亮說："亮之治蜀，田疇闢，倉廩實，器械利，蓄積饒，朝會不華，路無醉人。"（《三國誌·蜀誌·諸葛亮傳》註引《袁子曰》）但以蜀漢小國，連年征戰，雖然是"以逸道使民，雖勞不怨"、"黎庶追思"，而社會經濟總會受到破壞，人民會因而生活困苦。吳大鴻臚張儼作《默記》，其《述佐篇》論諸葛亮是有見識的。他說："諸葛丞相誠有匡佐之才，然處孤絕之地，戰士不滿五萬，自可閉關守險，君臣無事。空勞師旅，無歲不征，未能進咫尺之地，開帝王之基，而使國內受其荒殘，西土苦其役調。"（《三國誌·蜀誌·諸葛亮傳》註引）

國內受其災荒，西土苦其役調，也是實情。歷史，對事對人都不能只看一面。

2　征南中

東漢末年的南中，即今天的雲南和貴州的一部分。這是一個多民族聚居的地區。

秦始皇統一，南服越族，置桂林、南海、象郡，地域大約都在今廣東、廣西境內。秦的勢力沒有到達古南中，今西南地區。

西南地區和中央朝廷之有政治聯繫，始自漢武帝通西南夷。司馬遷作《史記·西南夷列傳》，對西南約略有了點了解。知道："西南夷君長以什數，夜郎最大；其西靡莫之屬以什數，滇最大；自滇以北君長以什數，邛都最大。此皆魋結，耕田，有邑聚。其外西自同師以東，北至楪榆，名為雟、昆明，皆編髮，隨畜遷徙，毋常處，毋君長，地方可數千里。"漢武帝以後，這一帶逐漸設立郡縣。但關係也只是羈縻而已，漢人政治進不去，文化影響也很小。

劉備入蜀，以安遠將軍鄧方為朱提太守、庲降都督，治朱提縣（今雲南昭通）。鄧方死，以治中從事李恢為都督，治平夷縣（今貴州畢節），總領南中。

劉備死後，南中大姓乘機作亂，越雟郡叟帥高定元（依《華陽國誌·南中誌》，《三國誌·蜀誌·李恢傳》作高定）殺郡將軍焦璜，帶郡稱王以叛。益州大姓雍闓也殺太守正昂。後主更以蜀郡張裔為太守，雍闓又執張裔送吳，吳王孫權遙用闓為永昌（郡治不韋縣，今雲南保山縣東北）太守。牂柯郡丞朱褒領太守，以郡叛，丞相諸葛亮以劉備死，新遭大喪，國家以安定為上，未出兵討。

建興三年（225年）春三月，諸葛亮帥師南征。馬謖向諸葛亮建議說："南中恃其險遠，不服久矣，雖今日破之，明日復反耳。今公方傾國北伐以事強賊，彼知官勢內虛，其叛亦速。若殄盡遺類以除後患，既非仁者之情，且又不可倉卒也。夫用兵之道，攻心為上，攻城為下，心戰為上，兵戰為下，願公服其心而已。"（《三國誌·蜀誌·馬良傳附馬謖傳》註引《襄陽記》）諸葛亮採納了馬謖的意見，以後在南中的戰爭中七擒七縱孟獲，就是以攻心為上的。

諸葛亮征南中，兵分三路：東路由門下督馬忠率領從牂柯入，即以馬忠為牂柯太守。中路由庲降都督李恢率領，趨建寧。李恢時駐軍平夷。裴松之說："臣松之訊之蜀人，云：庲降地名，去蜀二千餘里，時未有寧州，號為南中，立此職以總攝之。"（《三國誌·蜀誌·李恢傳》註）《資治通鑒》胡註引此段話"去蜀二千餘里"稱"去蜀三千餘里"（見《資治通鑒》卷七〇，文帝黃初六年註）。諸葛亮自率西路軍，由越雟（郡治在今四川西昌）入南中。《三國誌·蜀誌·

李恢傳》載："丞相亮南征，先由越雟。"

李恢一路，軍功最多，《李恢傳》說："恢案道向建寧。諸縣大相糾合，圍恢軍於昆明。時恢眾少敵倍，又未得亮聲息，紿謂南人曰：'官軍糧盡，欲規退還，吾中間久斥鄉里（李恢建寧俞元人，今雲南澄江），乃今得旋，不能復北，欲還與汝等同計謀，故以誠相告。'南人信之，故圍守怠緩。於是恢出擊，大破之，追奔逐北，南至槃江，東接牂柯，與亮聲勢相連。南土平定，恢軍功居多。"昆明，不知今何地，當在平夷到槃江的路上（《史記‧西南夷列傳》註《正義》曰："昆明，雟州縣，蓋南接昆明之地，因名也"）。"東接牂柯"，大約指的是馬忠所率領的東路軍。這是由"與亮聲勢相連"所得的啟發，西邊是與"亮聲勢相連"，指的是諸葛亮率領的西路軍。東邊"東接牂柯"，也以指馬忠軍為宜。槃江，所指亦不明確。今自畢節（即古平夷）到曲靖（古味縣，建寧郡治，庲降都督駐地），路經北盤江和南盤江兩水，李恢所到的槃江，大約即盤江。今南盤江在曲靖城東，北盤江在貴州水城縣南，北盤、南盤都是由畢節到曲靖的必經之水，如果把李恢"南至槃江"，解釋為南盤江，則李恢已將到味縣——建寧郡治和庲降都督的駐地。至此，三路蜀軍大約要在建寧郡治、庲降都督駐地——味縣匯合，再南攻滇池——征南中的目的地。

馬忠東路軍由牂柯入南中，目的地在味縣（今雲南曲靖），如上所述，他要在這裏和李恢、諸葛亮匯合。

建興三年三月，諸葛亮兵發成都，五月渡瀘，秋七月南中悉平定，十二月回到成都，用了將近一年的時間。（見《三國誌‧蜀誌》之《后主傳》和《諸葛亮傳》）

諸葛亮西路軍進軍南中，第一步是先到越雟郡（郡治邛都，今四川西昌）。《華陽國誌‧南中誌》記諸葛亮南征的戰事說："建興三年春，亮南征，自安上（今四川宜賓市西屏江縣）由水路入越雟。別遣馬忠伐牂柯，李恢向益州，以犍為太守王士為益州太守。高定元自旄牛（今四川漢源縣）、定筰（今四川鹽源彝族自治縣）、卑水（今四川昭覺縣）多為壘守。亮欲俟定元軍眾集合並討之，軍卑水。定元部曲殺雍闓及士庶等。孟獲代闓為主。亮既斬定元，而馬忠破牂柯，李恢敗於南中。夏五月，亮渡瀘，進征益州，生虜孟獲，置軍中，問曰：'我軍如何？'獲對曰：'恨不相知，公易勝耳！'亮以方務在北而南中好叛亂，宜窮其詐，乃赦獲，使還合軍更戰。凡七虜七赦，獲等心服，夷漢亦思反善，亮復問獲，獲對曰：'明公天威也，邊民長不為惡矣。'秋，遂平四郡。"

從這段話看，諸葛亮征南中的路線，大約是先從成都到安上，由安上乘船逆瀘江水（金沙江）西上，轉卑水到卑水駐軍。高定元的叛亂地區大約北自旄牛，西到定筰，東到卑水，越嶲郡北部大部分地區成為他的叛亂區域。高定元殺了雍闓，他又為諸葛亮所平定殺死。"李恢敗於南中"，大約指的前引《三國誌·蜀誌·李恢傳》所說"諸縣大相糾合，圍恢軍於昆明。"諸葛亮夏五月渡瀘，進征益州郡孟獲，諸葛亮渡瀘的地方大約在會無（今雲南會理）以南瀘水沿岸甚麼地方，渡過瀘水，在進抵滇池途中，曾對孟獲七擒七縱，最後才得到孟獲心服口服、"邊民長不為惡矣"的保證。

諸葛亮平定南中後，對南中郡的建置作了些調整。改益州郡為建寧郡，以李恢為太守、庲降都督，加安漢將軍，移治味縣。分建寧、越嶲、永昌置雲南郡，以呂凱為太守。又分建寧、牂柯置興古郡。呂凱，永昌不韋（永昌郡治不韋，在今雲南保山東北）人。吳孫權以雍闓為永昌太守，呂凱時為永昌郡五官掾功曹，與郡府丞王伉帥勵永昌吏民，閉境拒闓使不得入。諸葛亮平南中後，上表後主說："永昌郡吏呂凱、府丞王伉等，執忠絕域，十有餘年。雍闓、高定元逼其東北，而凱等守義又不與交通。臣不意永昌風俗敦直乃爾。"遂以凱為雲南太守。

《漢晉春秋》讚揚諸葛亮對南中的政策說："南中平，皆即其渠率而用之。或以諫亮，亮曰：'若留外人，則當留兵，留兵則無所食，一不易也；加夷新傷破，父兄死喪，留外人而無兵者，必成禍患，二不易也；又夷累有廢殺之罪，自嫌釁重，若留外人，終不相信，三不易也。今吾欲使不留

兵，不運糧，而綱紀粗定，夷、漢粗安故耳。"（《三國誌‧蜀誌‧諸葛亮傳》註引）

諸葛亮的設想，不留人、不留兵，只求粗定、粗安，用心是良苦的。但從以後的情況看，有些做到了，有些是做不到的。諸葛亮遠征南中，是為了有一個安定的後方，北伐時無後顧之憂。但他既已得到南中的土地、人民、財富，就不會不徵發、徵收以助北伐，有徵發徵收，就難免反抗，粗定、粗安就做不到。諸葛亮南征後，南中的暴亂是時常發生的，平定暴亂的戰爭自然也就時常發生。不留人、不留兵也就做不到了。下面幾段材料，有助於了解諸葛亮征南中後，蜀漢和南中各族的關係。

《華陽國誌‧南中誌》："移南中勁卒青羌萬餘家於蜀，為五部，所當無前，號為飛軍。分其羸弱，配大姓焦、雍、婁、爨、孟、量、毛、李為部曲。置五部都尉，號五子。故南人言四姓五子也。以夷多剛很（狠），不賓大姓富家，乃勸令出金帛聘策惡夷為家部曲，得多者奕世襲官。於是夷人貪貨物，以漸服屬於漢，成夷漢部曲。亮收其俊傑，建寧爨習、朱題、孟琰及獲為官屬。習官至領軍，琰輔漢將軍，獲御史中丞。出其金銀、丹漆、耕牛、戰馬，給軍國之用。"

蜀小國，要抗擊魏，需要的是戰士，諸葛亮平南中後，即從南中調出青羌勁卒萬餘家。和孫權以山越人為兵一樣，蜀也以南中人為兵。所不同的，可能在：孫權殘酷地抄出山越人為兵，蜀漢諸葛亮用的是柔道；諸葛亮移出的青羌只有萬餘家，遠比孫權抄出的山越為少。

諸葛亮對南中的大姓富家，用官職和貴族身份爭取他們支持蜀漢政權。在南中地方上，用南中大族做地方官，如前引《漢晉春秋》所說："皆即其渠率而用之。"又把一些大族用為朝廷大官，爨習、孟琰、孟獲就是三例。

諸葛亮到南中的時候，南中各族的氏族部落組織大約早已解體。社會是以家為單位，史料裏沒有提到他們的氏族、部落的，但大姓、豪帥、邑君等，仍是以姓氏為基礎的。諸葛亮爭取的就是這些大姓、豪帥、邑君，爭取到他們，就爭取到了地方的支持。

這些大姓、豪帥，都已有依附民，漢族的記載裏稱為"部曲"。如《華陽國誌·南中誌》："（高）定元部曲殺雍闓及士庶等。"諸葛亮以勁卒青羌為兵移於蜀，又以羸弱配給大姓為部曲。家部曲多者奕世為官。這就把南中各族的社會和貴族納入到漢族社會中來，有利於兩者的友好和同化，促進了南中各族的封建化。

這裏"出其金銀、丹漆、耕牛、戰馬，給軍國之用"，《三國誌·蜀誌·李恢傳》作"賦出叟、濮，耕牛、戰馬、金銀、犀革，充繼軍資，於時費用不乏。"叟、濮，大約是叟、濮的族人，賦出叟、濮，即調出叟、濮人作兵。另一不同是：《南中誌》的丹漆，《李恢傳》裏變成了犀革。再一不同是：《李恢傳》多出了"於時費用不乏"。如果這是實錄，蜀漢從南中得到的東西還不少，已不是"綱紀粗定，夷漢粗安"了。

《三國誌·蜀誌·李恢傳》載："南土平定，恢軍功居多。……後軍還，南夷復叛，殺害守將。恢身往撲討，鋤盡惡類。"

《馬忠傳》載："（建興）三年，亮入南，拜忠牂柯太守。郡丞朱褒反。叛亂之後，忠撫育恤理，甚有威惠。……十一年，南夷豪帥劉冑反，擾亂諸郡。徵庲降都督張翼還，以忠代翼。忠遂斬冑，平南土。……初，建寧郡殺太守正昂，縛太守張裔於吳，故都督常駐平夷縣。至忠，乃移治味縣，處民夷之間。又越巂郡亦久失土地，忠率將太守張嶷開復舊郡。"

《張嶷傳》載："初，越巂郡自丞相亮討高定之後，叟夷數反，殺太守龔祿、焦璜，是後太守不敢之郡，只住安上縣，去郡八百餘里，其郡徒有名而已。時論欲復舊郡，除嶷為越巂太守。嶷將所領往之郡，誘以恩信，蠻夷皆服，頗來降附。北徼捉馬最驍勁，不承節度，嶷乃往討，生縛其帥魏狼，又解縱告喻，使招懷餘類。表拜狼為邑侯，種落三千餘戶皆安土供職。諸種聞之，多漸降服……蘇祁邑君冬逢、逢弟隗渠等，已降復反。嶷誅逢。逢妻，旄牛王女，嶷以計原之。而渠逃入西徼。渠剛猛捷悍，為諸種深所畏憚，遣所親二人詐降嶷，實取消息。嶷覺之，許以重賞，使為反間，二人遂合謀殺渠。渠死，諸種皆安。又斯都耆帥李求承，昔手殺龔祿，嶷求募捕得，數其宿惡而誅之。……定筰、台登（今四川西昌冕寧間）、卑水三縣去郡三百餘里，舊出鹽鐵及漆，而夷徼久自固食（不外運，自己吃）。嶷率所領奪取，署長吏焉。嶷之到定筰，定筰率豪狼岑，槃木王舅，甚為蠻夷所信任，忿嶷自侵，不自來詣。嶷使壯士數十直往收致，撻而殺之，持屍還種，厚加賞賜，喻以狼岑之惡。且曰：'無得妄動，動即殄矣！'種類咸面縛謝過。嶷殺牛饗宴，重申恩信。遂獲鹽鐵，器用周贍。漢嘉郡界旄牛夷種類四千餘戶，其率狼路，欲為姑婿冬逢報怨，遣叔父離將逢眾相度形勢。嶷逆遣親近齎牛酒勞賜，又令離姊逆逢妻宣暢意旨。離既受賜，並見其姊，姊弟歡悅，悉率所領將詣嶷，嶷厚加賞待，遣還。旄牛由是輒不為患。郡（指越巂郡）有舊道，經旄牛中至成都，既平且近；自旄牛絕道，已百餘年，更由安上，既險且遠。嶷遣左右齎貨幣賜路，重令路姑喻意，路乃率兄弟妻子悉詣嶷，嶷與盟誓，開通舊道，千里肅清，復古亭驛。奏封路為旄牛呴犂王，遣使將路朝貢。"

這些材料說明，自諸葛亮征南回去後，南中的叛亂就沒有停止過。馬忠、李恢、張嶷幾位郡太守，都是漢人，沒有"不留人"；他們所率領的兵，即使有本地人也必然是以外來的為主，也就沒有"不留兵"。蜀漢奪其鹽鐵，使其"安土供職"。重要的是：斷絕百餘年的經過旄牛、漢嘉到成都的既平且近的道路，又復開通。這一定有利於蜀地和南中的物資交流，有利於兩地區的經濟發展。

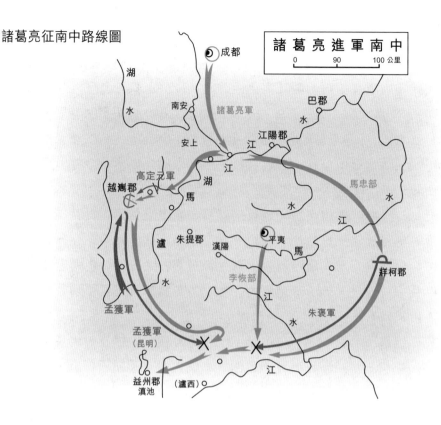

諸葛亮征南中路線圖

諸葛亮進軍南中

0　90　100公里

湖

水

南安

諸葛亮軍

成都

巴郡

水

江陽郡

安上

江

高定元軍

越嶲郡

湖

馬

水

馬忠部

江

朱提郡

瀘

漢陽

平夷

馬

牂柯郡

李恢部

江

水

朱褒軍

孟獲軍

水

孟獲軍
（昆明）

益州郡
滇池

（瀘西）

江

3　北伐

征南中後，回去休息了一年，建興五年（227 年）春，諸葛亮率軍北駐漢中。臨行，上疏後主說："先帝創業未半而中道崩殂，今天下三分，益州疲弊，此誠危急存亡之秋也。然侍衛之臣不懈於內，忠志之士忘身於外者，蓋追先帝之殊遇，欲報之於陛下也。……臣本布衣，躬耕於南陽，苟全性命於亂世，不求聞達於諸侯。先帝不以臣卑鄙，猥自枉屈，三顧臣於草廬之中，諮臣以當世之事，由是感激，遂許先帝以驅馳。後值傾覆，受任於敗軍之際，奉命於危難之間，爾來二十有一年矣。先帝知臣謹慎，故臨崩寄臣以大事也。受命以來，夙夜憂歎，恐託付不效，以傷先帝之明，故五月渡瀘，深入不毛。今南方已定，甲兵已足，當獎率三軍，北定中原，庶竭駑鈍，攘除奸凶，興復漢室，還於舊都。此臣所以報先帝，而忠陛下

之職分也。"（《三國誌·蜀誌·諸葛亮傳》）

　　這時曹魏鎮守長安的是夏侯楙。楙，魏征西將軍夏侯淵之子，尚曹操女清河公主。魏文帝曹丕幼與之親善。曹丕即位後，即以楙為安西將軍，都督關中，鎮長安。

　　諸葛亮與屬下議作戰方略，丞相司馬魏延建議說："聞夏侯楙少，主婿也，怯而無謀。今假延精兵五千，負糧五千，直從褒中出，循秦嶺而東，當子午而北，不過十日可到長安。楙聞延奄至，必乘船逃走。長安中惟有御史、京兆太守耳。橫門邸閣與散民之穀足周食也。比東方相合聚，尚二十許日，而公從斜谷來，必足以達。如此，則一舉而咸陽以西可定矣。"（《三國誌·蜀誌·魏延傳》註引《魏略》）

褒斜古道—斜水之斜谷北口（劉煒攝）

關中與漢中之間，橫貫着一條秦嶺山脈。從長安越過秦嶺到漢中去，有幾條山谷水邊路可走，從東到西是子午谷、駱谷、斜谷、散關。魏延的建議是：他領兵五千，北出褒中，然後循秦嶺而東，從子午谷道，北向直襲長安。

諸葛亮認為魏延所要走的路是險途，沒有採納。諸葛亮認為不如先取隴右，有十全的把握可以取勝。

諸葛亮揚言要從斜谷道北出取郿，使鎮軍將軍趙雲、揚武將軍鄧芝據箕谷為疑，而自率大軍西攻祁山（今甘肅西和北）。他的意圖，很明顯是先取隴右各郡，再東下爭長安。

劉備死後，蜀漢忙於休養生息，調整內部，征服南中，數年間蜀魏邊界相對安定。魏放鬆了守備，諸葛亮突然出兵，天水、南安、安定三郡皆叛魏投蜀，一時軍威大震，魏朝野頗現驚慌，急遣右將軍張郃率步騎五萬西拒亮。

諸葛亮出祁山，不用老將魏延、吳懿等為先鋒，而以年輕人馬謖督諸軍在前。馬謖與張郃戰於街亭（《續漢誌·郡國誌五》載：漢陽郡略陽有街泉亭。《元和郡縣圖誌》卷三九《隴右道上·秦州》條載："隴城縣，本漢略陽道，屬天水郡。……又有街泉亭，蜀將馬謖為魏將張郃所敗。"其地大約在今甘肅天水市西南）。馬謖違背諸葛亮的節度，"依阻南山，不下據城。郃絕其汲道，擊，大破之。南安、天水、安定反應亮，郃皆破平之。"（《三國誌·魏誌·張郃傳》）

諸葛亮出兵時，諸將皆以為宜令老將魏延、吳懿等為先鋒，亮違眾拔謖，統大軍在前，結果大敗。士卒離散，諸葛亮退還漢中。諸葛亮不得已，流涕依法斬了馬謖。馬謖死時年三十九。

馬謖臨死，對諸葛亮說："明公視謖猶子，謖視明公猶父，願深惟殛鯀興禹之義，使平生之交不虧於此，謖雖死無恨於黃壤也。"（《三國誌·蜀誌·馬謖傳》註引《襄陽記》）於時十萬之眾為之垂涕。諸葛亮親自臨祭，待其遺孤若平生。

　　馬謖，襄陽宜城人，以荊州從事隨劉備入蜀，任綿竹、成都令，越巂太守。才器過人，好論軍事，諸葛亮深加器重。劉備對馬謖另有看法，臨死時對諸葛亮説：“馬謖言過其實，不可大用，君其察之。”（《三國誌・蜀誌・馬謖傳》）諸葛亮沒有聽劉備的話。諸葛亮愛馬謖的才器，每引見談論，自晝達夜。（同上）

　　諸葛亮喜愛馬謖而又不得不流涕殺了馬謖，法不可廢也。諸葛亮靠法，靠以身作則取得屬下的尊敬和心服。愛馬謖而廢法，諸葛亮不為。後來，丞相參軍蔣琬來到漢中，對諸葛亮説：“昔楚殺得臣，然後文公喜可知也。天下未定而戮智計之士，豈不惜乎！”亮流涕説：“孫武所以能制勝於天下者，用法明也。是以楊幹亂法，魏絳戮其僕。四海分裂，兵交方始，若復廢法，何用討賊邪！”（《三國誌・蜀誌・馬謖傳》註引《襄陽記》）

　　後人之評諸葛亮不當殺馬謖者很好，如習鑿齒説：“諸葛亮之不能兼上國也，豈不宜哉！夫晉人規林父之後濟，故廢法而收功；楚成暗得臣之益己，故殺之以重敗。今蜀僻陋一方，才少上國，而殺其俊傑，退收駑下之用，明法勝才，不師三敗之道，將以成業，不亦難乎？且先主誡謖之不可大用，豈不謂其非才也？亮受誡而不獲奉承，明謖之難廢也。為天下宰匠，欲大收物之力，而不量才節任，隨器付業；知之大過，則違明主之誡，裁之失中，即殺有益之人，難乎其可與言智者也。”（《三國誌・蜀書・馬謖傳》註引）

　　對於諸葛亮應不應該殺馬謖可以討論，對諸葛亮不用魏延的建議出奇兵取長安，亦可以研究。劉備爭荊州大敗，兵員喪失略盡。劉備死後，蜀漢寂寂無活動。魏放鬆了警惕，是很自然的。夏侯楙，公子哥，無能無勇，魏延出奇兵，取長安，不是沒有可能。諸葛亮一生惟謹慎，不敢冒這個險。魏延“常謂亮為怯，歎恨己才用之不盡”（《三國誌・蜀誌・魏延傳》），是可以同情的。

　　諸葛亮上疏，把失敗的責任完全由自己擔起，説“咎皆在臣授任無方。

《春秋》責帥，臣職是當。”並“請自貶三等，以督厥咎”。於是“以亮為右將軍，行丞相事，所總統如前。”《三國誌・蜀誌・諸葛亮傳》）

公開承認過錯，公開承擔責任並懲罰自己，這都是一個負責任的大政治家應有的品德，但大多數人是做不到的，因此這是難能可貴的了。

這年（228年）夏，吳以鄱陽太守周魴偽降於魏以誘魏師，魏明帝以征東大將軍、揚州牧曹休出兵向尋陽，司馬懿出漢水向江陵，賈逵向東關（即濡鬚江），三道俱進伐吳。曹休一路是主力，步騎十萬。

孫權以陸遜為大都督，以朱桓、全琮為左右督，各督三萬人以迎擊曹休。孫權自率兵駐皖口（今安徽安慶市）。陸遜與曹休戰於石亭（今安徽潛山東北）。陸遜為中路，朱桓、全琮為左右翼，三路並進，大破魏兵，追至夾石（今安徽舒城南），斬獲萬餘，牛馬騾驢車乘萬輛，休軍資器械略盡。

諸葛亮聞知曹休大敗，魏兵東下，關中虛弱，遂於這年冬十二月（大約

諸葛亮第一、二次北伐圖

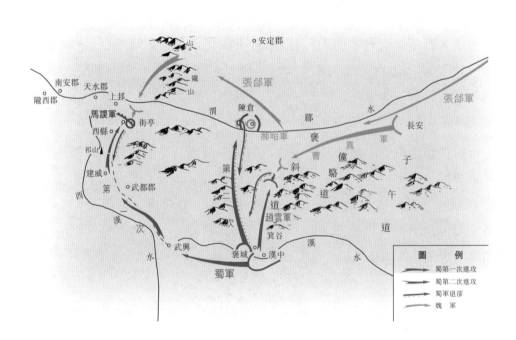

已進入 229 年）復率兵出征。這次出兵的路線是：出散關（今陝西寶雞市西南），圍陳倉（今陝西寶雞市東）。陳倉守將郝昭堅守不降。諸葛亮起雲梯、衝車以臨城，郝昭以火箭燒雲梯，以繩連石磨壓衝車；雲梯燃，衝車折。諸葛亮以土填城塹，欲直攀城；昭遂於城內築重牆。諸葛亮又為地突，欲從地道出於城裏；郝昭於城內掘溝橫截之，晝夜相攻守二十餘日。魏救兵到，諸葛亮糧盡，遂退兵。魏將王雙追擊蜀軍，為蜀軍斬殺。

次年（229 年）春，諸葛亮遣將軍陳式攻武都（郡治下辨，今甘肅成縣北）、陰平（郡治陰平，今甘肅文縣）二郡。魏雍州刺史郭淮率兵來救。諸葛亮自出至建威（今甘肅西和），截擊郭淮後路，郭淮退，諸葛亮取得武都、陰平兩郡。這年冬十二月（可能已進入 230 年），諸葛亮築漢城於沔陽（今陝西勉縣），築樂城於成固（今陝西城固）。漢城在南鄭（漢中郡治，今漢中）西，樂城在南鄭東，築此兩城以為漢中的左右翼，需要時可以分兵駐守，以成犄角之勢。

艱險的蜀道（劉煒攝）

這是位於今四川廣元的一段艱險蜀道，可見不但入川難，出川也一樣不易。
諸葛亮每次用兵，都靡費頗大，故要慎之又慎。

建興八年（230 年），魏大司馬曹真以“蜀連出侵邊境，宜遂伐之，數道並入，可大克也。”（《三國誌・魏誌・曹真傳》）魏明帝從其計，詔大將軍司馬懿溯漢水西上，與曹真會南鄭。八月，曹真自長安出發，從子午道南入。會天大霖雨，三十餘日不止，棧道或斷絕。曹真兵士邊治道邊前進，山坡峻滑，一個多月，還未走完子午谷之半。九月，魏帝詔曹真班師。

諸葛亮聞魏兵進攻，遂駐軍成固赤坂（今陝西洋縣東）以待之。並召都督江州（今重慶）李嚴將兩萬人赴漢中，加強漢中防禦。

建興九年（231 年），諸葛亮率兵出圍祁山。鎮守關中的魏將大司馬曹真有病，遂以司馬懿西屯長安，督將軍張郃、費曜、郭淮等防擊諸葛亮。司馬懿使費曜等率五千兵守上邽（今甘肅天水市），其餘全部人馬西救祁山。張郃建議分兵駐守雍縣（今陝西鳳翔）、郿（今陝西眉縣東）。司馬懿說：“料前軍能獨當之者，將軍言是也；若不能當而分為前後，此楚之三軍所以為黥布禽也。”（《三國誌・蜀誌・諸葛亮傳》註引《漢晉春秋》）司馬懿沒有接受張郃的建議。諸葛亮分兵留攻祁山，自率大軍迎戰司馬懿於上邽。魏軍郭淮等與諸葛亮兩軍相遇，諸葛亮一戰而勝。田野麥熟，遂放兵收割以為軍糧。諸葛亮前進，又與司馬懿相遇於上邽以東。司馬懿引兵守險，不與交戰。諸葛亮軍缺糧，不得已而退兵。司馬懿則尾隨其後，蜀軍進，他退；蜀軍退，他跟，又不進戰，這樣尾隨到了鹵城，張郃對司馬懿說：“祁山知大軍以在近，人情自固，可止屯於此，分為奇兵，示出其後，不宜進前而不敢逼，坐失民望也。今亮縣（通懸）軍食少，亦行去矣。”（同上）懿不從。諸將請戰說：“公畏蜀如虎，奈天下笑何！”（同上）夏五月，司馬懿不得已乃使張郃攻蜀軍圍祁山之南屯者，自據中道攻亮。諸葛亮使魏延等迎戰，魏兵大敗。

六月，諸葛亮以糧盡退兵，司馬懿命張郃追擊。張郃說：“軍法，圍城必開出路，歸軍勿追。”（《三國誌・魏誌・張郃傳》註引《魏略》）司馬懿不聽。張郃不得已而進，追至木門（在祁山東，今甘肅天水市南）。蜀軍於高地佈置伏軍，張郃到，亂箭齊發，張郃中箭身亡。張郃名著關中，司馬懿不從其計而又不敢戰，為諸將所笑，大約懷恨在心，欲置張郃於死地，不當追而使之追，一追而死。此雖推測之辭，不見記載，但測量司馬懿猜狠奸毒之心，很有可能也。

諸葛亮回漢中後，息民養士，勸農講武。三年之後，建興十二年（234年）春二月，率兵十萬出斜谷北伐，並遣使約吳同時大舉。這次，蜀吳配合得是比較好的。孫權親率大軍十萬入居巢湖口（今安徽巢縣境），向合肥新城（今安徽合肥市西）進攻，又遣陸遜、諸葛瑾率領萬餘人入江夏、沔口向襄陽（今湖北襄陽），將軍孫韶等入淮，向廣陵、淮陰（魏淮陰，廣陵郡治，今江蘇清江市）。四月，諸葛亮率大軍到郿，駐軍渭水之南，司馬懿渡水渭南與蜀軍對壘。司馬懿對諸將說："亮若勇者，當出武功，依山而東。若西上五丈原（武功水出斜谷入渭，五丈原在武功水西，今陝西眉縣西），則諸將無事矣。"《晉書·宣帝紀》諸葛亮沒有出武功依山而東，而是西上五丈原了。

諸葛亮第四、五次北伐圖

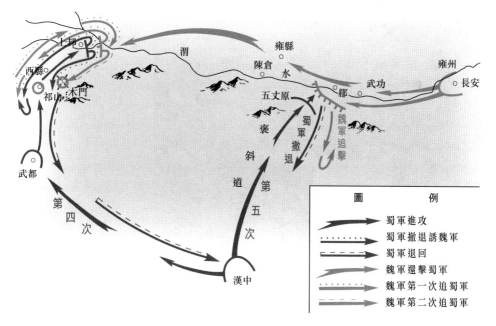

雍州刺史郭淮，策亮必爭北原，宜先據之，説："若亮跨渭登原，連兵北山，隔絕隴道，搖盪民、夷，此非國之利也。"（《三國誌‧魏誌‧郭淮傳》）司馬懿遂命郭淮屯北原，塹壘未成，諸葛亮來爭北原，為郭淮擊退。

諸葛亮以前此數次北伐，多因運糧不繼，不得已而退兵。這次遂為久駐之計，乃分兵屯田為久駐之基，"耕者雜於渭濱居民之間，而百姓安堵，軍無私焉。"（《三國誌‧蜀誌‧諸葛亮傳》）

諸葛亮和司馬懿在五丈原相持一百多天，司馬懿堅守不動，任諸葛亮

諸葛亮冢（劉煒攝）

武侯祠牌坊（劉煒攝）

諸葛亮冢和武侯祠牌坊都位於今天的陝西勉縣定軍山下，也就是所謂的"漢中"，是蜀漢政權的戰略要地。

怎樣嘲笑辱罵，就是不出擊。諸葛亮大兵在外，軍糧是第一大事，雖然可以屯田，但也難於全部解決問題。諸葛亮食少事繁，欲戰不得，退又不願，心情壞，身體漸不支。這年八月卒於五丈原前線，年五十四。

蜀軍退後，司馬懿案行諸葛亮的營壘處所，讚譽說："天下奇才也。"（同上）

諸葛亮是一個奇才，是中國歷史上一個傑出的政治家。難得的是，他品德高，有智慧，又有才能。《三國誌》撰者陳壽對他非常尊敬、崇拜，對他的評價幾乎是對他的謳歌。陳壽說："諸葛亮之為相國也，撫百姓，示儀軌，約官職，從權制，開誠心，佈公道；盡忠益時者雖讎必賞，犯法怠慢者雖親必罰，服罪輸情者雖重必釋，遊辭巧飾者雖輕必戮；善無微而不賞，惡無纖而不貶；庶事精練，物理其本，循名責實，虛偽不齒；終於邦域之內，咸畏而愛之，刑政雖峻而無怨者，以其用心平而勸誡明也。可謂識治之良才，管、蕭之亞匹矣。然連年動眾，未能成功，蓋應變將略，非其所長歟！"（《三國誌·蜀誌·諸葛亮傳》評曰）又說："立法施度，整理戎旅，工械技巧，物究其極，科教嚴明，賞罰必信，無惡不懲，無善不顯，至於吏不容奸，人懷自厲，道不拾遺，強不侵弱，風化肅然也。"（《上〈諸葛氏集〉表》）又說："然亮才於治戎為長，奇謀為短；理民之幹，優於將略。"（同上）又說："黎庶追思，以為口實。至今梁、益之民，諮述亮者，言猶在耳，雖《甘棠》之詠召公，鄭人之歌子產，無以遠譬也。"（同上）

從文字裏，可以看到陳壽對諸葛亮謳歌崇拜的程度。這是一位良史的心聲。陳壽雖生於蜀漢，但作史已在異代（西晉）。時代使他貶抑易，謳歌難。而言猶如此，是發自內心也。

或謂陳壽父為馬謖參軍，謖為諸葛亮所誅，壽父亦坐被髡，故陳壽為諸葛亮立傳，貶抑諸葛亮，說"亮將略非長，無應敵之才。"（見《晉書·陳壽列傳》）這是對陳壽的誣衊。諸葛亮實不長於將略，"治戎為長，奇謀為短；理民之幹，優於將略"，對諸葛亮實最合實際、最公允之論。司馬懿稱讚諸葛亮"天下奇才也",也批評他"志大而不見機,多謀而少決,好兵而無權。"《晉書・宣帝紀》司馬懿和諸葛亮是多年的敵手,而且是軍事對手。司馬懿對諸葛亮在軍事方面的長和短,應當是知之很深刻的。他批評諸葛亮"不見機"、"少決"、"無權",這在軍事上都是嚴重的。陳壽說諸葛亮"奇謀為短"、"應變將略,非其所長",是公允的、平實的,毫無貶抑諸葛亮之意。

4 蜀漢儒學

益州地區文化的淵源,是古老的,有歷史的。到戰國兩漢時期,經濟文化發展水平和中原地區已差不多拉平。東漢時期,儒學已普遍到全國各地,正如《後漢書・儒林列傳》後范曄"論曰"所說:"自光武中年以後,干戈稍戢,專事經學,自是其風世篤焉。其服儒衣,稱先王,遊庠序,聚橫塾者,蓋佈之於邦域矣。"蜀地的學術文化核心,也和中原地區一樣是儒學。《後漢書・儒林列傳》有傳的有四十二人,益州地區有任安、任末、景鸞、杜撫、楊仁、董鈞六人,佔七分之一。和全國州郡比,已是在平均線以上。

劉備早年曾師事大儒盧植。諸葛亮尊重司馬德操,劉備曾訪世事於司馬德操,德操說:"儒生俗士,豈識時務?識時務者在乎俊傑。此間自有伏龍、鳳雛。"《三國誌・蜀誌・諸葛亮傳》註引《襄陽記》司馬德操的話,好像儒生俗士和識時務者是對立的,識時務者不是儒生。這話不能這樣理解。識時務者的俊傑,仍然是儒家,但不是泥古不化、白頭窮經的儒生俗士,而是有韜略智慧的儒生俊傑。司馬德操本人就是儒學之士。《三國誌・蜀誌・尹默傳》說:"(默)乃遠遊荊州,從司馬德操、宋仲子等受古學。皆通諸經史。"司馬德操能以經史授人,自然是儒家,只是他是識時務的俊傑而不是俗士。

儒家,至少可以大別之分為兩類:一類是讀書、教書的,如博士、教授等人；一類是通過讀書明理成為識時務的政治家。三家村的冬烘先生，思想迂腐，知識淺陋，實在算不得儒了。

孟光和郤正的一段對話，很有意思，《三國誌·蜀誌·孟光傳》說："後進文士秘書郎郤正數從光諮訪，光問正太子所習讀並其情性好尚，正答曰：'奉親虔恭，夙夜匪懈，有古世子之風；接待群僚，舉動出於仁恕。'光曰：'如君所道，皆家戶所有耳；吾今所問，欲知其權略智調何如也。'正曰：'世子之道，在於承志竭歡，既不得妄有所施為，且智調藏於胸懷，權略應時而發，此之有無，焉可豫設也。'光解正慎宜，不為放談，乃曰：'吾好直言，無所迴避，每彈射利病，為世人所譏嫌；省君意亦不甚好吾言，然語有次。今天下未定，智意為先，智意雖有自然，然亦可力強致也。此儲君讀書，寧當效吾等竭力博識以待訪問，如博士探策講試以求爵位邪！當務其急者。'"

孟光所說的兩種人，都是讀儒家書的。儒家所要培養的人，一類是博士，一類是政治家。

劉備、諸葛亮的政權，稱作漢，是繼承的東漢帝統。在學術上也是繼承的東漢的儒家道統，他們按儒家道統要求辦事。

後主時，諸葛亮奏請冊封甘夫人為先主皇后，就是按儒家禮制來做的。

《三國誌·蜀誌·二主妃子傳·先主甘皇后傳》載："丞相亮上言：'……《禮記》曰：'立愛自親始，教民孝也；立敬自長始，教民順也。'不忘其親，所由生也。《春秋》之義，母以子貴。……今皇思夫人宜有尊號，以慰寒泉之思，輒與（太常臣賴）恭等案謚法，宜曰'昭烈皇后'。《詩》曰：'穀則異室，死則同穴。'故昭烈皇后宜與大行皇帝合葬。"《禮記》、《春秋》、《詩》都是儒家經典，諸葛亮引三書作根據，請立甘夫人為皇后，並與大行皇帝（劉備）合葬，可知他是服膺儒家思想的。

劉備、諸葛亮對蜀地的儒學、儒生都是尊重的。杜微，梓潼涪人，少受學於廣漢任安。建興二年（224 年），丞相亮領益州牧，選迎皆妙簡舊德，以秦宓為別駕，五梁為功曹，微為主簿。亮以微不聞人語，於坐上疏曰：
"服聞德行，飢渴歷時……猥以空虛，統領貴州，德薄任重，慘慘憂慮。
……欲與君因天順民，輔此明主。"（《三國誌・蜀誌・杜微傳》）諸葛亮對杜微是
如此的敬重，拜為諫議大夫以從其志。五梁，也是儒家。他是"犍為南安
人，以儒學節操稱。從議郎遷諫議大夫、五官中郎將。"（同上）

周群，巴西閬中人，少學術於廣漢楊厚，名亞董扶、任安，劉備定
蜀，署儒林校尉。（《三國誌・蜀誌・周群傳》）

杜瓊，蜀郡成都人，少受學於任安。劉備定益州，領益州牧，以瓊為
議曹從事。（《三國誌・蜀誌・杜瓊傳》）

許慈，南陽人，師事劉熙，善鄭氏學，治《易》、《尚書》、《三禮》、《毛
詩》、《論語》。建安中，與許靖等俱自交州入蜀。劉備定蜀，承喪亂歷紀，
學業衰廢，乃鳩合典籍，沙汰眾學，慈為博士。後主時，慈至大長秋。子
勳傳其業，復為博士。（《三國誌・蜀誌・許慈傳》）

孟光，河南洛陽人，好《公羊春秋》而譏呵《左氏》。後主時，曾任大司
農。（《三國誌・蜀誌・孟光傳》）

來敏，義陽新野人，來歙之後，父豔為漢司空。敏隨姊入蜀，為劉璋
賓客。涉獵書籍，善《左氏春秋》。劉備定益州，署敏典學校尉。及立太
子，以為家令。後主踐阼，以為虎賁中郎將。丞相亮住漢中，請為軍祭
酒、輔軍將軍。後為大長秋、光祿大夫。孟光、來敏俱以耆宿學士見禮於
世。敏子忠，亦博覽經學。（《三國誌・蜀誌・來敏傳》）

尹默，梓潼涪人。益部多貴今文而不崇章句，默知其不博，乃遠遊荊
州，從司馬德操、宋仲子等受古學，皆通諸經史。又專精於《左氏春秋》，
自劉歆條例，鄭眾、賈逵父子、陳元方、服虔註說，咸略誦述，不復按
本。劉備定益州，領牧，以為勸學從事。及立太子，以默為僕，以《左氏
傳》授後主。後主踐阼，拜諫議大夫。丞相亮住漢中，請為軍祭酒。還成
都，拜太中大夫。子宗傳其業，為博士。（《三國誌・蜀誌・尹默傳》）

　　李譔，梓潼涪人。父仁，與同縣尹默俱遊荊州，從司馬徽、宋忠等學。譔具傳父業，又從默講論義理，五經、諸子，無不該覽。著古文《易》、《尚書》、《毛詩》、《三禮》、《左氏傳》、《太玄指歸》皆依準賈、馬，異於鄭玄。後主立太子，以李譔為庶子。後主時，位歷中散大夫、右中郎將。(《三國誌‧蜀誌‧李譔傳》)

　　譙周，巴西西充國人，父岪，治《尚書》，兼通諸經。周耽古篤學，研精《六經》。丞相亮領益州牧，命周為勸學從事。亮卒，大將軍蔣琬領刺史，徙為典學從事，總州之學者。後主立太子，以周為僕，轉家令。後遷光祿大夫，位亞九卿。周雖不與政事，以儒行見禮。(《三國誌‧蜀誌‧譙周傳》)

　　郤正，河南偃師人，祖父儉，靈帝末為益州刺史。正少以父死母嫁，單煢隻立，而安貧好學，博覽墳籍。正依則先儒，假文為意，號曰《釋譏》。(《三國誌‧蜀誌‧郤正傳》)

　　以上所舉，都是劉備入蜀前後益州的儒家。劉備對他們都很尊重。他們有的被請出來做官，有的被任命為儒林校尉、典學校尉、勸學從事、典學從事，有的被任命為太子家令、太子僕、太子庶子。蜀漢的政治指導思想和東漢一樣，都是儒。

　　劉備死前，曾有遺詔於後主，教他“可讀《漢書》、《禮記》，閒暇歷觀諸子及《六韜》、《商君書》，益人意智。”(《三國誌‧蜀誌‧先主傳》註引《諸葛亮集》)諸葛亮也曾為後主“寫《申》、《韓》、《管子》、《六韜》一通。”(同上)這完全不能理解為劉備、諸葛亮是法家，不能理解為他們要後主讀《申》、《韓》、《商君書》是為了培養他做法家皇帝。他們這樣做，只是像劉備說的，是為了“益人意智”，叫他做個有權略的人。也正像孟光所說的“天下未定，智意為先”。不能把有權略就理解為是法家。儒法之分在於：法家依靠刑法，不要德政；儒家也要刑法，但以德政為最終理想。這是孔子寬、猛相濟思想的發展和延伸。儒法之區別，在於要不要德政，而不在於要不要刑法。

十五、建安文學

1　時代和傳統

建安時代，是中國文學史上的盛世，出了很多文學家，寫了很多描繪現實、反映現實的優秀作品。建安文學成就中最主要的是詩，建安時代是五言詩的成熟時期。

建安時代以前，先有黃巾暴動，後有董卓之亂，社會遭受極大的破壞，人口減少，土地荒蕪。千里無人，萬里無煙，名都空而不居的情況已如第一章的描述。人民生活在這個亂世，歷盡艱辛困苦，對人生、對社會都有深刻的感性認識，這是文學創作的源泉。

文學，一般說是客觀現實的反映，但是是通過人的思想、人的感情的反映。文學作品，反映現實越真實，藝術手法越高，創作的價值就越高。建安文學，反映了東漢末年以來社會生活的各個方面，特別是，它寫人生艱難困苦、悲歡離合給人留下深刻的印象。

現實生活是文學創作的源泉。沒有生活，文學創作便沒有靈魂。文學的發展繁榮，又要有積累，有傳統。優秀而又豐富的文化傳統、文學傳統，是文學繁榮提高的重要條件。

建安之前，文學作品的積累已有近千年的歷史。中國最早的一部文學作品總集是《詩經》。裏面所收，都是西周到東周早期的作品。相傳詩原有三千篇，經孔子審訂刪除，保留下來三百篇。這傳說是不可靠的。但古代的詩，不會只有這三百篇。收入這詩集的三百篇保存下來了，沒有收入這總集裏的，便逐漸亡失了。

　　詩之外，先秦的文學作品保存下來的還有楚辭，多是戰國時代的作品，主要是屈原的作品。屈原是戰國末年的楚人，是中國歷史上著名的文學家。楚文化是古老的文化；楚辭，是楚文化傳統哺育下的產物。

　　北方的"詩"，多是寫實的。南方的"辭"，增加了浪漫色彩。

　　兩漢文學繼承了先秦的這兩個傳統。戰國的楚辭，發展而為兩漢的辭賦。詩的傳統，發展而為西漢樂府詩歌。

　　漢武帝立樂府，採集民間歌謠。《漢書‧藝文誌》說："自孝武立樂府而採歌謠，於是有代趙之謳，秦楚之風，皆感於哀樂，緣事而發，亦可以觀風俗，知厚薄云。"所以，在性質上，漢代樂府詩是詩經的延續。

　　武帝以後，樂府組織在兩漢一直是存在的。民間歌謠，一直有存錄。

　　《詩經》多是四言一句。漢代出現了五言詩，即五字一句的詩。

　　五言詩是從民歌和童謠演變出來的。不十分規則的五言歌，在西漢初年已有。劉邦的愛姬戚夫人在劉邦死後為呂后所囚，被罰去舂米。她思念兒子趙王如意，一面舂米一面歌訴："子為王，母為虜，終日舂薄暮，常與死為伍！相離三千里，誰當使告汝？"（《漢書‧外戚傳》）前兩句是三言，後面都是五言。成帝時的歌謠："邪徑敗良田，讒口亂善人。桂樹華不實，黃爵巢其顛。故為人所羨，今為人所憐。"（《漢書‧五行誌》中之上）這首歌謠是五言的。

　　漢代樂府之外，也還有詩。《文選》選了十九首，稱為《古詩十九首》。古詩十九首，都是五言的，已是比較成熟的五言詩。

　　建安時代是五言詩的成熟期。建安時代的詩，從形式到內容都受漢樂府和古詩的深刻影響。有了漢末的時代和社會，又有文學傳統，才產生了建安文學。

2 《為焦仲卿妻作》和蔡文姬《悲憤詩》

　　中國文學史上兩首著名的長詩，無名氏的《為焦仲卿妻作》和蔡文姬的《悲憤詩》都是建安時代的作品。

　　《為焦仲卿妻作》，見於《玉台新詠》，原題為《古詩為焦仲卿妻作》。作者沒有留下名字。詩的寫作年代，後人也有爭論。詩前有序，云："漢末建安中，廬江府小吏焦仲卿妻劉氏，為仲卿母所遣，自誓不嫁。其家逼之，乃投水而死。仲卿聞之，亦自縊於庭樹。時人傷之，為詩云爾。"從"建安中"、"時人傷之"和詩的內容看，我們可以暫時把它定為建安年間的作品。

　　《為焦仲卿妻作》通常又稱作《孔雀東南飛》，因為詩的開頭一句就是"孔雀東南飛"。全詩一千七百多字，既是敍事又是抒情。它是"古今第一首長詩"。它寫一個家庭悲劇，淒楚、感傷，極為動人。全文如下：

> 孔雀東南飛，五里一徘徊。十三能織素，十四學裁衣。十五彈箜篌，十六誦詩書。十七為君婦，心中常悲苦。君既為府吏，守節情不移。雞鳴入機織，夜夜不得息。三日斷五匹，大人故嫌遲。非為織作遲，君家婦難為。妾不堪驅使，徒留無所施。便可白公姥，及時相遣歸。
>
> 府吏得聞之，堂上啟阿母：兒已薄祿相，幸復得此婦。結髮同枕蓆，黃泉共為友。共事二三年，始爾未為久。女行無偏斜，何意致不厚？阿母謂府吏，何乃太區區！此婦無禮節，舉動自專由。吾意久懷忿，汝豈得自由！東家有賢女，自名秦羅敷。可憐體無比，阿母為汝求。便可速遣之，遣去慎莫留。府吏長跪告，伏惟啟阿母：今若遣此婦，終老不復取！阿母得聞之，槌床便大怒。小子無所畏，何敢助婦語！我已失恩義，會不相從許。
>
> 府吏默無聲，再拜還入戶。舉言謂新婦，哽咽不能語。我自不驅卿，逼迫有阿母。卿但暫還家，我今且報府。不久當歸還，還必相迎取。以此下心意，慎勿違吾語。新婦謂府吏：勿復重紛紜！往昔初陽

歲，謝家來貴門。奉事循公姥，進止敢自專？晝夜勤作息，伶俜縈苦辛。謂言無罪過，供養卒大恩。仍更被驅遣，何言復來還？妾有繡腰襦，葳蕤自生光。紅羅復斗帳，四角垂香囊。箱簾六七十，綠碧青絲繩。物物各自異，種種在其中。人賤物亦鄙，不足迎後人。留待作遺施，於今無會因。時時為安慰，久久莫相忘。

雞鳴外欲曙，新婦起嚴妝。着我繡夾裙，事事四五通。足下躡絲履，頭上玳瑁光。腰若流紈素，耳着明月璫。指如削蔥根，口如含朱丹。纖纖作細步，精妙世無雙。上堂謝阿母，母聽去不止。昔作女兒時，生小出野裏。本自無教訓，兼愧貴家子。受母錢帛多，不堪母驅使。今日還家去，念母勞家裏。卻與小姑別，淚落連珠子。新婦初來時，小姑始扶床。今日被驅遣，小姑如我長。勤心養公姥，好自相扶將。初七及下九，嬉戲莫相忘。出門登車去，涕落百餘行。

府史馬在前，新婦車在後。隱隱何甸甸，俱會大道口。下馬入車中，低頭共耳語：誓不相隔卿，且暫還家去，吾今且赴府，不久當還歸，誓天不相負。新婦謂府史：感君區區懷。君既若見錄，不久望君來。君當作磐石，妾當作蒲葦。蒲葦紉若絲，磐石無轉移。我有親父兄，性行暴如雷。恐不任我意，逆以煎我懷。舉手長勞勞，二情同依依。

入門上家堂，進退無顏儀。阿母大拊掌：不圖子自歸！十三教汝織，十四能裁衣，十五彈箜篌，十六知禮儀，十七遣汝嫁，謂言無誓違。汝今無罪過，不迎而自歸？蘭芝慚阿母，兒實無罪過。阿母大悲摧。還家十餘日，縣令遣媒來。云有第三郎，窈窕世無雙。年始十八九，便言多令才。阿母謂阿女：汝可去應之。阿女銜淚答：蘭芝初還時，府史見丁寧，結誓不別離。今日違情義，恐此事非奇。自可斷來信，徐徐更謂之。阿母白媒人，貧賤有此女，始適還家門。不堪吏人婦，豈合令郎君？幸可廣問訊，不得便相許。

媒人去數日，尋遣丞請還。說有蘭家女，承籍有宦官。云有第五郎，嬌逸未有婚。遣丞為媒人，主簿通語言。直說太守家，有此令郎君。既欲結大義，故遣來貴門。阿母謝媒人，女子先有誓，姥姥豈敢言？阿兄得聞之，悵然心中煩。舉言謂阿妹，作計何不量！先嫁得府吏，後嫁得郎君。否泰如天地，足以榮汝身。不嫁義郎體，其往欲何云？蘭芝仰頭答：理實如兄言。謝家事夫婿，中道還兄門。處分適兄意，那得自任專？雖與府吏要，渠會永無緣！登即相許和，便可作婚姻。

媒人下牀去，諾諾復爾爾。還部白府君：下官奉使命，言談大有緣。府君得聞之，心中大歡喜。視歷復開書，便利此月內。六合正相應，良吉三十日。今已二十七，卿可去成婚。交語速裝束，絡繹如浮雲。青雀白鵠舫，四角龍子幡。婀娜隨風轉，金車玉作輪。躑躅青驄馬，流蘇金鏤鞍。齎錢三百萬，皆用青絲穿。雜彩三百匹，交廣市鮭珍。從人四五百，鬱鬱登郡門。阿母謂阿女：適得使君書，明日來迎汝。何不作衣裳？莫令事不舉。阿女默無聲，手巾掩口啼，淚落便如瀉。移我琉璃榻，出置前窗下。左手持刀尺，右手執綾羅。朝成繡夾裙，晚成單羅衫。晻晻日欲暝，愁思出門啼。

府吏聞此變，因求假暫歸。未至二三里，摧藏馬悲哀。新婦識馬聲，躡履相逢迎。悵然遙相望，知是故人來。舉手拍馬鞍，嗟歎使心傷：自君別我後，人事不可量。果不如先願，又非君所詳。我有親父母，逼迫兼弟兄。以我應他人，君還何所望。府吏謂新婦：賀卿得高遷！磐石方且厚，可以卒千年。蒲葦一時紉，便作旦夕間。卿當日勝貴，吾獨向黃泉。新婦謂府吏：何意出此言，同是被逼迫，君爾妾亦然。黃泉下相見，勿違今日言。執手分道去，各各還家門。生人作死別，恨恨那可論。念與世間辭，千萬不復全。

府吏還家去，上堂拜阿母：今日大風寒。寒風摧樹木，嚴霜結庭蘭。兒今日冥冥，令母在後單。故作不良計，勿復怨鬼神。今如南山石，四體康且直。阿母得聞之，零淚應聲落。汝是大家子，仕宦於台閣。慎勿為婦死，貴賤情何薄？東家有賢女，窈窕豔城郭。阿母為汝求，便復在旦夕。府吏再拜還，長歎空室中。作計乃爾立，轉頭向戶裏，漸見愁煎迫。

其日牛馬嘶，新婦入青廬。庵庵黃昏後，寂寂人定初。我命絕今日，魂去屍長留。攬裙脫絲履，舉身赴清池。府吏聞此事，心知長別離。徘徊庭樹下，自掛東南枝。

兩家求合葬，合葬華山傍。東西植松柏，左右種梧桐。枝枝相覆蓋，葉葉相交通。中有雙飛鳥，自名為鴛鴦。仰頭相向鳴，夜夜達五更。行人駐足聽，寡婦起彷徨。多謝後世人，戒之慎莫忘。

詩寫得淒淒纏綿，好不悲慘。

蔡琰，字文姬，她的長詩《悲憤詩》，也是中國文學史上的名作。蔡文姬是東漢末年大學問家蔡邕的女兒。興平中（194—195年），天下喪亂，文姬為胡騎所獲，沒於南匈奴左賢王。在胡中十二年，生二子。曹操素與蔡邕善，痛其無嗣，乃遣使者以金璧贖之。她回到中原的時間，大約在建安十年（205年）左右。她感傷離亂，追懷悲憤，做詩二章，一五言體，一離騷體，俱載《後漢書‧列女傳‧董祀妻傳》即蔡文姬傳。現錄其五言《悲憤詩》於下：

漢季失權柄，董卓亂天常。志欲圖篡弒，先害諸賢良。逼迫遷舊邦，擁主以自強。海內興義師，欲共討不祥。卓眾來東下，金甲耀日光。平土人脆弱，來兵皆胡羌。獵野圍城邑，所向悉破亡。斬截無孑遺，屍骸相撐拒。馬邊縣（通懸）男頭，馬後載婦女。長驅西入關，迴路險且阻。還顧邈冥冥，肝脾為爛腐。所略有萬計，不得令屯聚。或有骨肉俱，欲言不敢語。失意機微間，輒言斃降虜。要當以亭刃，我曹不活汝。豈復惜性命，不堪其詈罵。或便加棰杖，毒痛參並下。

旦則號泣行，夜則悲吟坐。欲死不能得，欲生無一可。彼蒼者何辜，乃遭此厄禍。

邊荒與華異，人俗少義理。處所多霜雪，胡風春夏起。翩翩吹我衣，肅肅入我耳。感時念父母，哀歎無窮已。有客從外來，聞之常歡喜。迎問其消息，輒復非鄉里。

邂逅徼時願，骨肉來迎己。己得自解免，當復棄兒子。天屬綴人心，念別無會期。存亡永乖隔，不忍與之辭。兒前抱我頸，問母欲何之。"人言母當去，豈復有還時。阿母常仁惻，今何更不慈？我尚未成人，奈何不顧思！"見此崩五內，恍惚生狂癡。號泣手撫摩，當發復回疑。兼有同時輩，相送告離別。慕我獨得歸，哀叫聲摧裂。馬為立踟躕，車為不轉轍。觀者皆歔欷，行路亦嗚咽。去去割情戀，遄征日遐邁。悠悠三千里，何時復交會？念我出腹子，匈臆為摧敗。

既至家人盡，又復無中外。城郭為山林，庭宇生荊艾。白骨不知誰，從橫莫覆蓋。出門無人聲，豺狼號且吠。煢煢對孤景，怛吒糜肝肺。登高遠眺望，魂神忽飛逝。奄若壽命盡，旁人相寬大。為復強視息，雖生何聊賴！託命於新人，竭心自勗厲。流離成鄙賤，常恐復捐廢。人生幾何時，懷憂終年歲！

這是又一首建安年間的長詩，和《古詩為焦仲卿妻作》同樣有名，膾炙人口，流傳千古。它寫漢末戰爭給人造成的痛苦，家人離散，白骨遍野，城郭為山林，庭宇生荊艾。這正是三國初期建安前夕的寫照。

詩中"雖生何聊賴"似應在"奄若壽命盡"之後，作："奄若壽命盡，雖生何聊賴。"

也有人說這詩不是蔡文姬寫的，是後人假託的。也讓研究文學史的人去研究吧，我們仍信它是蔡文姬的作品。

3 曹氏父子

建安文學中，成就最高的應推曹氏父子，曹操和他兒子曹丕、曹植。他們在中國文學史上都享有盛名。

曹操是文學家，更是政治家、軍事家，在中國他是一位家喻戶曉的人物，不用再介紹。他的詩脫胎於樂府民歌，猶保存民間粗獷風格，又反映亂世憤怨情懷。曹操的詩，質樸而豪邁有力。劉勰評論建安文學說："觀其時文，雅好慷慨，良由世積亂離，風衰俗怨。"（《文心雕龍·時序篇》）李白詩說："蓬萊文章建安骨。"（《宣州謝朓樓餞別校書叔云》）這慷慨，這建安風骨，在曹操詩裏表現得最有代表性。現錄曹操幾首詩（選自《曹操集》，1959年中華書局版）如下：

苦寒行

北上太行山，艱哉何巍巍。羊腸坂詰屈，車輪為之摧。樹木何蕭瑟，北風聲正悲！熊羆對我蹲，虎豹夾路啼。溪谷少人民，雪落何菲菲！延頸長歎息，遠行多所懷。我心何怫鬱？思欲一東歸。水深橋樑絕，中路正徘徊。迷惑失故路，薄暮無宿棲。行行日已遠，人馬同時飢。擔囊行取薪，斧冰持作糜。悲彼《東山》詩，悠悠令我哀。

短歌行

對酒當歌，人生幾何？譬如朝露，去日苦多。慨當以慷，憂思難忘。何以解憂？唯有杜康。青青子衿，悠悠我心。但為君故，沉吟至今。呦呦鹿鳴，食野之蘋。我有嘉賓，鼓瑟吹笙。明明如月，何時可輟。憂從中來，不可斷絕。越陌度阡，枉用相存。契闊談宴，心念舊恩。月明星稀，烏鵲南飛。繞樹三匝，何枝可依？山不厭高，海不厭深。周公吐哺，天下歸心。

龜雖壽

神龜雖壽，猶有竟時。騰蛇乘霧，終為土灰。老驥伏櫪，志在千

里；烈士暮年，壯心不已。盈縮之期，不但在天；養頤之福，可得永
年。幸甚至哉！歌以詠志。

曹丕是曹操的兒子，但不是長子。曹操的長子曹昂，在曹操征張繡時
兵敗被害。曹丕，小有才，心胸狹隘。曹操愛曹植的才華，本有意立曹植
為嗣。曹丕設計離間曹操對曹植的寵愛，又偽裝恭良孝順，取得曹操的歡
心，立為王嗣，後繼曹操為魏王，受漢獻帝“禪讓”而代漢為帝。他嫉恨曹
植，幾置之於死地。

但這個心地狹窄而小有才的人，文學天才卻也極高。他的風格，和他
父親卻大不相同。曹操的詩是粗獷、雄健、豪邁，曹丕的詩卻是細膩婉
約。現錄一首於下：

雜詩

漫漫秋夜長，烈烈北風涼。展轉不能寐，披衣起彷徨。彷徨忽已
久，白露沾我裳。俯視清水波，仰看明月光。天漢迴西流，三五正縱
橫。草蟲鳴何悲，孤雁獨南翔。鬱鬱多悲思，綿綿思故鄉。願飛安得
翼，欲濟河無樑。向風長歎息，斷絕我中腸。

曹植，字子建，曹丕的同母弟。年十歲餘，誦讀詩論及辭賦數十萬
言，善屬文。性簡易，不治威儀。輿馬服飾，不尚華麗。曹操每有所問，
應聲而對，特受曹操的寵愛。曹操封魏王，應立世子。以長應立曹丕，以
才曹操愛曹植。曹操狐疑不決。各有黨羽，曹植的黨羽，如楊脩、丁儀、
丁廙，多以才顯名當世；曹丕的黨羽，如吳質、賈詡，長於術策。曹植雖
然“幾為太子者數矣”，而終因“任性而行，不自雕勵，飲酒不節。文帝（曹
丕）御之以術，矯情自飾，宮人左右，並為之說，故遂定為嗣。”（《三國誌・
魏誌・陳思王曹植傳》）

曹操死，曹丕做了魏王，立即殺了曹植的助手丁儀、丁廙，對曹植懷
恨在心，又要迫死曹植。賴他母親代為求饒，才得赦免。雖有封國，形同
囹圄。一個天才縱橫、極有抱負、降位受辱、懷才不申的王子，其悲憤痛

苦是可以想見的。他幾次上書求試和寫他的境遇，都是極好的散文。現節錄他一個上書如下：

> 臣初受封，策書曰：「植受茲青社，封於東土，以屏翰皇家，為魏藩輔。」而所得兵百五十人，皆年在耳順，或不逾矩，虎賁官騎及親事凡二百餘人。正復不老，皆使年壯，備有不虞，檢校乘城，顧不足以自救，況皆復尪羸罷曳乎？而名為魏東藩，使屏翰王室，臣竊自羞矣！就之諸國，國有士子，合不過五百人，伏以為三軍益損，不復賴此。方外不定，必當須辦者，臣願將部曲倍道奔赴，夫妻負襁，子弟懷糧，蹈鋒履刃，以徇國難，何但習業小兒哉？……又臣士息前後三送，兼人已竭，惟尚有小兒，七八歲已上，十六七已還，三十餘人。今部曲皆年者，臥在牀蓆，非藥不食，眼不能視，氣息裁屬者，凡三十七人，疲癃風靡、疣盲聾聵者，二十三人。……伏以為陛下既爵臣百寮之右，居藩國之任，為置卿士，屋名為宮，塚名為陵，不使其危居獨立，無異於凡庶。若伯成欣於野耕，子仲樂於灌園。蓬戶茅牖，原憲之宅也；陋簞瓢，顏子之居也。臣才不見效用，常慨然執斯志焉。若陛下聽臣悉還部曲，罷官屬，省監官，使解璽釋紱，追伯成、子仲之業，營顏淵、原憲之事，居子臧之廬，宅延陵之室。如此，雖進無成功，退有可守，身死之日，猶松、喬也。然伏度國朝終未肯聽臣之若是，固當羈絆於世繩，維繫於祿位，懷屑屑之小憂，執無已之百念，安得蕩然肆志，逍遙於宇宙之外哉？（《三國誌·魏誌·陳思王曹植傳》註引《魏略》）

他有兩首《送應氏詩》，大約是送應瑒的。寫洛陽的殘破，淒淒感人。其一首是：

> 步登北芒阪，遙望洛陽山。洛陽何寂寞，宮室盡燒焚。垣牆皆頓擗，荊棘上參天。不見舊耆老，但睹新少年。側足無行徑，荒疇不復田。遊子久不歸，不識陌與阡。中野何蕭條，千里無人煙。念我平常

居，氣結不能言。

曹植的詩，也以晚年的為好，鬱鬱不得志，悲憤慷慨，都反映在他的詩裏。如他的《野田黃雀行》，就表現了一個囚人渴望自由的感情：

> 高樹多悲風，海水揚其波。利劍不在掌，結友何須多。不見籬間雀，見鷂自投羅。羅家見雀喜，少年見雀悲。拔劍捎羅網，黃雀得飛飛。飛飛摩蒼天，來下謝少年。

又如《薤露篇》，寫懷才不遇，不得展功業，只有學孔子刪《詩》、《書》，致力文章：

> 天地無窮極，陰陽轉相因。人居一世間，忽若風吹塵。願得展功勤，輸力於明君。懷此王佐才，慷慨獨不群。鱗介尊神龍，走獸宗麒麟。蟲獸猶知德，何況於士人。孔氏刪詩書，王業粲已分。騁我徑寸翰，流藻垂華芬。

(兩詩選自黃節《曹子建詩註》，人民文學出版社 1957 年版)

用蟲獸來比擬他對君王的忠心，這可以見出曹植的犖犖胸懷，而曹丕對他卻是那樣疑忌、防範、折磨，亦可悲矣！

4　建安七子

建安七子是指：孔融、陳琳、王粲、徐幹、阮瑀、應瑒和劉楨。七子之名始見於曹丕《典論·論文》，說："今之文人，魯國孔融文舉，廣陵陳琳孔璋，山陽王粲仲宣，北海徐幹偉長，陳留阮瑀元瑜，汝南應瑒德璉，東平劉楨公幹。斯七子者，於學無所遺，於辭無所假，咸以自騁驥騄於千里，仰齊足而並馳。以此相服，亦良難矣。"（見《文選》卷五二）

建安時代，人才濟濟，文人輩出，於上述七人外，又有應璩、楊脩、吳質、繁欽、路粹、丁儀、丁廙等，也極有才名。楊脩、丁儀、丁廙是黨於曹植的；吳質黨於曹丕，給曹丕出了些壞主意陷害曹植。

曹丕評論建安七子的才華和各有長短說："王粲長於辭賦，徐幹時有齊氣，然粲之匹也。如粲之初徵、登樓、槐賦、徵思，幹之玄猿、漏卮、圓扇、橘賦，雖張蔡不過也。然於他文，未能稱是。琳、瑀之章表書記，今之雋也。應瑒和而不壯，劉楨壯而不密，孔融體氣高妙有過人者，然不能持論，理不勝詞，以至乎雜以嘲戲。及其所善，楊、班儔也。常人貴遠賤近，向聲背實，又患暗於自見，謂己為賢。夫文本同而末異，蓋奏議宜雅，書論宜理，銘誄尚實，詩賦欲麗。此四科不同，故能之者偏也，唯通才能備其體。"（同上）

曹丕的評論，大體上說是恰當的。其論"常人貴遠賤近，向聲背實，又患暗於自見，謂己為賢"，更是人之通疾，不可不深刻自警。

建安七子中，王粲的辭賦和詩寫得最好。他的《七哀詩》寫漢末董卓之亂對人民所造成的浩劫，是極好的現實主義作品：

> 西京亂無象，豺虎方遘患。復棄中國去，委身適荊蠻。親戚對我悲，朋友相追攀。出門無所見，白骨蔽平原。路有飢婦人，抱子棄草間。顧聞號泣聲，揮涕獨不還。未知身死處，何能兩相完。驅馬棄之去，不忍聽此言。南登霸陵岸，回首望長安。悟彼下泉人，喟然傷心肝。

（《文選》卷二三）

王粲，山陽高平（今山東鄒縣西南）人。曾祖父龔、祖父暢，皆為漢三公。王粲年十七，司徒辟、詔除黃門侍郎，以西京長安擾亂皆不就，乃南至荊州依劉表。劉表也是山陽高平人，與王粲是同鄉。王粲死於建安二十二年（217年）。王粲十七歲是在獻帝初平四年（193年）。《七哀詩》所寫，大約是他一路上所看到的悲慘景象。這年正是獻帝逃回洛陽的前一年，正是李傕、郭汜亂長安的時候。

　　王粲居亂世而是贊成統一的。他在荊州所寫的《登樓賦》中，一則説荊州"雖信美而非吾土兮，曾何足以少留。"再則説"冀王道之一平兮，假高衢而騁力。"（《文選》卷一一）

　　陳琳長於寫章表書記。官渡戰前他為袁紹寫的一篇討曹操的檄文，把曹操罵得好苦。他説曹操是"贅閹遺醜"，閹指曹操祖父曹騰，桓帝時宦官；贅指操父曹嵩，是曹騰養子。袁紹敗後，陳琳歸降曹操，曹操説他"卿昔為本初（袁紹字）移書，但可罪狀孤而已，惡惡止其身，何乃上及父祖邪？"（《三國誌·魏誌·王粲傳附陳琳傳》）陳琳謝罪説："矢在弦上，不得不發。"（《太平御覽》卷五九七引《魏書》）曹操"愛其才而不咎"（《三國誌·魏誌·王粲傳附陳琳傳》）。唯大英雄能本色。曹操這胸懷、這氣概，真是大英雄本色！

十六、司馬懿奪權

1 起家、託孤

司馬懿，字仲達，河內溫縣孝敬里人。東漢以來，家世二千石。東漢世家大族多是儒家，司馬氏亦儒門。司馬懿就是"博學洽聞，伏膺儒教。"《晉書‧宣帝紀》前面已經提到過，東漢以來的儒生，有的以德行顯，皓首窮經，搞訓詁章句，教授門徒；有的練達世務，學而優則仕。司馬懿"少有奇節，聰明多大略"，"漢末大亂，常慨然有憂天下心。"（同上）他屬於儒門的後一類。當然，兩漢時期，特別是東漢時期各家學術皆統一於儒學，儒學也就成了雜學。大別之有上述兩類，實則有多少類，都自名為儒。

司馬氏和曹氏不同，曹氏出自宦官家族。東漢以來，宦官和世家豪族即外戚所自出的階層，是對立的兩大政治派系。從這個淵源上說，司馬懿和曹氏是不同歷史派系的兩家人。最初，司馬懿是不願在曹氏家族下做官的。《晉書‧宣帝紀》載："建安六年，郡舉上計掾。魏武帝為司空，聞而辟之。帝知漢運方微，不欲屈節曹氏，辭以風痹，不能起居。魏武使人夜往密刺之，帝堅臥不動。及魏武為丞相，又辟為文學掾，敕行者曰：'若復盤桓，便收之。'帝懼而就職。"

建安六年時，司馬懿才二十四歲，曹操就對他那麼疑忌。不是司馬名聲出眾，就是《晉書》記載有誇大。但他雖然不願屈節，還是屈節了。曹操第二次辟他，不出就逮捕時，他懼而屈節出來了。司馬懿的出仕是不得已的。

但終曹操之世，司馬懿並未得到重用。有一個故事說："帝（司馬懿）

內忌而外寬，猜忌多權變。魏武察帝有雄豪志，聞有狼顧相，欲驗之。乃召使前行，令反顧，面正向後而身不動。又嘗夢三馬同食一槽，甚惡焉。因謂太子丕曰：‘司馬懿非人臣也，必預汝家事。’太子素與帝善，每相全佑，故免。”（同上）

恐怕這也是後來之筆，非當日實錄。如果曹操真是如此疑忌司馬懿，會把他殺掉，不會留個禍根給子孫。大概曹氏、司馬懿出身階層不同，司馬懿對曹操並無好感，不願去在他手下做官；曹操對司馬懿也不怎麼喜愛，但還不至已起疑忌之心，更不會想到將來會“必預汝家事”。司馬懿之為人深沉狡詐，多權略，他在曹操手下是知道應該如何韜光養晦、善自保護的。司馬懿不得曹操的喜愛，但曹丕對司馬懿卻極為信任。魏國既建，曹丕被立為王太子，司馬懿為太子中庶子，與陳群、吳質、朱鑠號為四友，為太子密謀劃策。

魏文帝曹丕時，司馬懿的官位越來越高，也越來越被信任。

黃初元年（220年），任尚書，轉督軍、御史中丞。二年，遷侍中、尚書右僕射。五年，曹丕統兵征吳，以司馬懿留鎮許昌，轉撫軍將軍，假節，加給事中、錄尚書事。六年，曹丕征吳，命司馬懿據守，內鎮百姓，外供軍資。詔曰：“吾深以後事為念，故以委卿。……使吾無西顧之憂，不亦可乎？”曹丕自廣陵還洛陽，召司馬懿說：“吾東，撫軍當總西事；吾西，撫軍當總東事。”（同上）以司馬懿留鎮許昌。《晉書》所載，也可能有誇大，《三國誌》就無這等記載。七年，曹丕病危，召中軍大將軍曹真、鎮軍大將軍陳群、征東大將軍曹休、撫軍大將軍司馬懿，並受遺詔輔嗣主。

魏明帝時，司馬懿做過兩件大事，一是消滅孟達，一是消滅遼東公孫淵。

孟達原是蜀將，屯駐上庸。孫權襲取荊州時，關羽求助於孟達、劉封，孟達、劉封以上庸、房陵（郡治在今湖北房縣）地區山郡初附，未可動搖，按兵不動。關羽失敗後，孟達與劉封不和，投降魏。魏合併房陵、上庸、西城（郡治在今陝西安康西北）三郡為新城郡（郡治房陵，今房縣），以孟達為新城太守。魏文帝死，明帝立。孟達是扶風（今陝西興平）人，原在劉璋手下任職，曾和法正去荊州迎劉備入川，和魏國朝廷多無淵源。魏文帝很器重他，文帝一死，孟達心自不安。

諸葛亮知道這情形，勸他仍回蜀漢。孟達與諸葛亮數有密信來往。孟達與魏魏興（西城郡改，郡治西城，今陝西安康）太守申儀不和，申儀密告孟達與蜀有聯繫。孟達聽到申儀密告他後，即欲舉兵。時司馬懿為魏都督荊、豫二州諸軍事，駐宛（魏南陽郡治，今河南南陽市）。

司馬懿一面給孟達信，勸他不要聽信謠傳，一面迅速進兵新城。倍道兼行，八天就到達新城城下。孟達大驚。他先曾與諸葛亮信說：“宛去洛八百里，去吾一千二百里，聞吾舉事，當表上天子，比相反復，一月間也，則吾城已固，諸軍足辦。則吾所在深險，司馬公必不自來；諸將來，吾無患矣。”（同上）可是，司馬懿不是一個月後才到，他沒有表上天子，再等天子的詔書，而是自己作出決定。八天就以迅雷不及掩耳之勢兵臨新城城下了。孟達又告訴諸葛亮說：“吾舉事八日，而兵臨城下，何其神速也。”（同上）

孟達叛魏投蜀大約在魏明帝太和元年（227 年）年底（已入 228 年），二年元月司馬懿即兵臨新城城下。攻城，十六天城破，斬孟達。

滅公孫淵是明帝景初二年（238 年）。

公孫淵，遼東襄平（郡治遼東，今遼寧遼陽市）人。自淵祖父公孫度起，至父康，皆割據遼東。公孫度分遼東郡為遼西中遼郡，置太守，又越海收山萊諸縣（今山東半島上），置營州刺史，自立為遼東侯、平州牧。曹操以度為武威將軍，封永寧鄉侯。公孫度說：“我王遼東，何永寧也。”建安九年（204 年），度死，子康嗣位。建安十二年（207 年），曹操征三郡烏桓，屠柳城。袁尚等奔遼東。公孫康斬尚，送首於曹操。封康襄平侯，拜左將軍。康死，子晃、淵皆年幼，眾立康弟恭為遼東太守。魏文帝遣使拜恭為車騎將軍。恭劣弱不能治國。明帝太和二年（228年），淵奪恭位，明帝即拜淵為揚烈將軍、遼東太守。

公孫淵卻首鼠兩端，他一方面接受魏的爵位，一方面又和孫權聯絡。景初元年（237年），魏明帝遣幽州刺史毌丘儉攜璽書徵淵去洛陽。公孫淵知道不好，遂發兵反，迎擊毌丘儉於遼隧(今遼寧台安東南，遼河西岸）。毌丘儉退還。公孫淵遂自立為燕王，署置百官。這才有司馬懿出兵遼東。

景初二年春，司馬懿帶兵四萬人，從洛陽出發。六月，軍至遼東，公孫淵遣將軍卑衍、楊祚率步騎數萬屯遼隧，作圍塹南北六七十里，以迎戰司馬懿。

司馬懿多張旗幟出其南，遼東方面以精銳大軍向南迎戰，而司馬懿卻從北潛渡遼水直趨襄平。於襄平西首山地方一場決戰，大破遼東軍，遂圍襄平城。會天大雨三十餘日不停，遼水暴漲，運船自遼口直接運抵城下。天晴後，起土山，發石連弩射城中，城內糧盡，人相食，死者甚多，將軍楊祚等出降。公孫淵窘急，使相國王建、御史大夫柳甫出城請降，請解圍而縛。司馬懿執而斬之，檄告公孫淵説："二人老耄，必傳言失旨，已相為斬之。若意有未已，可更遣年少有明決者來。"（同上）公孫淵又遣侍中衛演乞克日送任，司馬懿對衛演説："軍事大變有五，能戰當戰，不能戰當守，不能守當走，餘二事惟有降與死耳。汝不肯面縛，此為決就死也，不須送任！"公孫淵從南方突圍逃走。司馬懿縱兵追擊，殺淵父子於梁水之上。

魏軍進城，男子年十五以上七千多人，皆殺之。公孫淵公卿以下皆伏誅，戮其將軍以下二千餘人，收戶四萬，口三十餘萬。

司馬懿性格之狠毒，遼東屠殺初粗表現出來。

司馬懿班師回朝還在路上，明帝病，洛陽宮中正上演着一出你死我活的爭奪權力的戲。但《三國誌・魏誌・明帝紀》對此記載簡單，而《三國誌・魏誌・劉放傳》對這段鬥爭的記載又有所隱諱。正像《資治通鑑考異》所説："陳壽當晉世作《魏誌》，若言放、資本情，則於時非美，故遷就而為之

諱也。"（《資治通鑒》卷七四，明帝景初二年註引）

　　《資治通鑒》記此事，則別依習鑿齒《漢晉春秋》和郭頒《世語》，"似得其實"（《資治通鑒考異》語）。《資治通鑒》是這樣記的：景初二年十二月，明帝"寢疾，深念後事，乃以武帝子燕王宇為大將軍，與領軍將軍夏侯獻、武衛將軍曹爽、屯騎校尉曹肇、驍騎將軍秦朗等對輔政。爽，真之子；肇，休之子也。帝少與燕王宇善，故以後事屬之。劉放、孫資久典機任，獻、肇心內不平，殿中有雞棲樹，二人相謂曰：'此亦久矣，其能復幾！'（胡註：殿中畜雞以司晨，棲於樹上，因謂之棲雞樹。獻、肇取以喻放、資。一言而發司馬氏篡魏之機，言之不可不謹也如是夫！！！以此觀獻、肇之輕脫，又何足以託孤哉！）放、資懼有後害，陰圖間之。燕王性恭良，陳誠固辭，帝引放、資入臥內，問曰：'燕王正爾為？'對曰：'燕王實自知不堪大任故耳。'帝曰：'誰可任者？'時惟曹爽獨在側，放、資因薦爽，且言：'宜召司馬懿與相參。'帝曰：'爽堪其事不？'爽流汗不能對，放躡其足，耳之曰：'臣以死奉社稷。'帝從放、資言，欲用爽、懿，既而中變，敕停前命；放、資復入見說帝，帝又從之。放曰：'宜為手詔。'帝曰：'我困篤，不能。'放即上牀，執帝手強作之，遂齎出，大言曰：'有詔免燕王宇等官，不得停省中。'皆流涕而出。甲申，以曹爽為大將軍。"

　　"是時，司馬懿在汲（今河南汲縣西），帝令給使辟邪齎手詔召之。先是，燕王為帝畫計，以為關中事重，宜遣懿便道自軹關西還長安，事已施行。懿斯須得二詔，前後相違，疑京師有變，乃急馳入朝。"

　　"三年，春正月，懿至，入見，帝執其手曰：'吾以後事屬君，君與曹爽輔少子。……'是日，立齊王為皇太子。帝尋殂。"

　　這是《資治通鑒》綜合各家作出的記載，司馬光自己說："似得其實。"從這段記載看出，經此一段變化，大權落在司馬懿手裏，這個變化的關鍵人物是劉放、孫資。這兩人先在曹操身邊，後又在文帝、明帝身邊，身管機要，權力越來越大。誰要來輔幼主，誰就要和他們兩人有矛盾。當時最有可能掌權的是曹氏宗室——燕王曹宇和夏侯獻、曹肇、曹爽等人。夏侯獻、曹肇因雞棲樹而發的牢騷，說明他們一旦掌權，劉放、孫資輕則失掉權力，重則有殺身之禍。劉放、孫資自然要利用他們在皇帝身邊的便利，改變對他們不利的形勢。當時，他們還沒有自己掌握大權的可能，朝臣中他們還沒有強大的黨羽，他們又無兵權。他們只能在有能力、有地位掌權的人中，尋找對他們有利的人物來依附。他們既然和宗室大臣作了對，只有找宗室以外有權力、有地位的人，司馬懿就是理想的人物。

燕王曹宇比較謙和恭良，但似不是無能之輩，這從他勸明帝以關中事重，宜遣司馬懿便道自軹關西還長安可知。明帝已病，他不願這時司馬懿回洛陽參與朝政。曹肇是有才智的，《三國誌》本傳說他"有當世才度"。他和夏侯獻雞棲樹暗語，雖不免"輕脫"之譏，但可看出兩人是要做事的。

劉放、孫資要排斥宗室，也不能全排擠掉，全排擠掉也不可能，會引起明帝的疑心而壞了他們的大事。他們抓着一個曹爽。曹爽，曹真之子。本傳說他"少以宗室謹重，明帝在東宮，甚親愛之。及即位，……寵待有殊。"抓着曹爽，也就使明帝放心，於是曹爽、司馬懿代替了燕王宇、曹肇、夏侯獻。

在曹爽、司馬懿共同輔政體制中，曹爽的地位更重要些。《三國誌·魏誌·曹爽傳》說："（明帝）寢疾，乃引爽入臥內，拜大將軍，假節鉞，都督中外諸軍事，錄尚書事，與太尉司馬宣王並受遺詔輔少主。明帝崩，齊王即位，加爽侍中。"《三國誌·魏誌·三少帝紀·齊王芳紀》說："大將軍曹爽，太尉司馬宣王輔政。詔曰：'……大將軍，太尉奉受末命，夾輔朕躬。'"

看來，司馬懿和曹爽雖同受遺詔輔少主，由於曹爽是宗室，地位之重又是在司馬懿之上的。

2　政變、奪權

在初，曹爽和司馬懿兩人的關係還是和諧的。兩個各領兵三千人輪班值窺殿內，曹爽以司馬懿年長，素來地位又高，常父事之，每事諮訪，不敢專行。但兩人的和諧局面是難於維持長久的，胡三省註《資治通鑑》已說：“或問：‘使爽能守此而不變，可以免魏室之禍否？’曰：‘貓鼠不可以同穴，使爽能率此而行之，亦終為懿所啖食耳。’”(卷七四註)

這個貓鼠的比喻，倒是很恰當的，曹爽和司馬懿的關係，確實是貓鼠關係。

明帝時，儒家德治禮教思想在政治上已佔上風，這對曹操重才輕德是一個大變局。明帝本人就是很尊儒的，他即位後的第二年，太和二年六月就下詔說：“尊儒貴學，王教之本也。自頃儒官或非其人，將何以宣明聖道？其高選博士，才任侍中、常侍者。申敕郡國，貢士以經學為先。”(《三國誌·魏誌·明帝紀》) 四年 (230 年) 二月，又下詔說：“世之質文，隨教而變。兵亂以來，經學廢絕，後生進趣，不由典謨。豈訓導未洽，將進用者不以德顯乎？其郎吏學通一經，才任牧民，博士課試，擢其高第者，亟用；其浮華不務道本者，皆罷退之。”(同上)

這裏，明帝詔書把“浮華”和“道本”即儒學對立起來。“浮華不務道本者，皆罷退之”，明帝是這樣說的，也是這樣做的。他對浮華之士，深惡痛絕，“務絕浮華譖謗之端”(《三國誌·魏誌·明帝紀》註引《魏書》)。對當時有浮華之名的人，他都加以屏棄。

《三國誌·魏誌·諸葛誕傳》說：“諸葛誕……累遷御史中丞尚書，與夏侯玄、鄧颺等善，收名朝廷，京都翕然。言事者以誕、颺等修浮華，合虛譽，漸不可長。明帝惡之，免誕官。”此傳註引《世語》說：“是時，當世俊士散騎常侍夏侯玄、尚書諸葛誕、鄧颺之徒，共相題表，以玄、疇四人為四聰，誕、備八人為八達。中書監劉放子熙、孫資子密、吏部尚書衛臻子烈三人，咸不及比，以父居勢位，容之為三豫，凡十五人。帝以構長浮華，皆免官廢錮。"

《魏略》說："鄧颺，字玄茂，鄧禹後也。少得士名於京師。明帝時為尚書郎，除洛陽令，坐事免，拜中郎，又入兼中書郎。初，颺與李勝為浮華友，及在中書，浮華事發，被斥出，遂不復用。""李勝，字公昭。父休字子朗，有智略。……勝少遊京師，雅有才智，與曹爽善。明帝禁浮華，而人白勝堂有四窗八達，各有主名。用是被收，以其所連引者多，故得原，禁錮數歲。"（《三國誌·魏誌·曹爽傳》註引）

明帝時被貶抑的所謂浮華之士，曹爽主政以後都上了台。何晏為尚書，典選舉。何晏字平叔，何進孫也，曹操為司空時，納晏母並收養晏，晏無所顧憚，服飾擬於王太子曹丕，曹丕特憎惡之，每不呼其姓字，謂之為"假子"。何晏是被目為浮華者中的領袖人物。《魏氏春秋》說："初，夏侯玄、何晏等名盛於時，司馬景王（司馬師）亦預焉。晏嘗曰：'唯深也，故能通天下之志，夏侯泰初是也；唯幾也，故能成天下之務，司馬子元是也；唯神也，不疾而速，不行而至，吾聞其語，未見其人。'蓋欲以神況諸己也。"（同上）何晏與夏侯玄是同類人物，自然是浮華一夥。鄧颺，明帝時被斥出，曹爽輔政，乃出為潁川太守，轉大將軍長史，遷侍中尚書。與鄧颺為浮華友的李勝，明帝死，曹爽輔政，勝為洛陽令。夏侯玄亦與勝厚，玄為征西將軍，以勝為長史。夏侯玄，少知名，弱冠為散騎黃門侍郎。明帝時，玄進見，與皇后弟毛曾並坐，玄恥之，形之於色，明帝恨之，左遷為羽林監。曹爽輔政，累遷散騎常侍、中護軍、征西將軍，假節都督雍、涼州諸軍事。

浮華，是貶抑他們的詞。上面所引一些浮華之士的傳記裏，常常用"才智"、"智略"來形容他們，他們都不是無能之輩。西晉史書對這些浮華人物的評介諸多誣衊之詞，不是實錄。如《魏略》（《三國誌·魏誌·曹爽傳附何晏傳》註引）說何晏"好色"，"動靜粉白不去手"，"為尚書，主選舉，其宿與之有舊者，多被拔擢"；還說"何晏選舉不得人，頗由（鄧）颺之不公忠"，其實多是誣詞。西晉人傅咸説：「正始中任何晏以選舉，內外之眾職各得其才，粲然之美於斯可觀。」（《晉書‧傅咸列傳》）他的話，洩露些何晏典選舉的真實情況。當時被誣為浮華之士者，並不欣賞浮華奢靡，反而主張質樸，禁除華麗。如夏侯玄，他和司馬懿討論服制時就説：「車輿服章，皆從質樸，禁除末俗華麗之事，使幹朝之家，有位之室，不復有錦綺之飾，無兼采之服。」（《三國誌‧魏誌‧夏侯玄傳》）

明帝時，浮華和反浮華之爭，實質上是精明有才華、闊達放縱的一派和謹守禮法、拘泥名教的一派的鬥爭。明帝尊儒尊經的兩個詔書，反映得很清楚，太和六年（232 年）董昭陳末流之弊的上疏反映得更清楚明白，他説：「凡有天下者，莫不貴尚敦樸忠信之士，深疾虛偽不真之人者，以其毀教亂治，敗俗傷化也。近魏諷則伏誅建安之末，曹偉則斬戮黃初之始。伏惟前後聖詔，深疾浮偽，欲以破散邪黨，常用切齒；而執法之吏皆畏其權勢，莫能糾擿，毀壞風俗，侵欲滋甚。竊見當今少年，不復以學問為本，專更以交遊為業；國士不以孝悌清修為首，乃以趨勢遊利為先。合黨連群，互相褒歎，以譭訾為罰戮，用黨譽為爵賞，附己者則歎之盈言，不附者則為作瑕釁。」（《三國誌‧魏誌‧董昭傳》）

董昭所謂「虛偽不真」、「浮偽」都是「浮華」的同義語。「前後聖詔」即指太和二年、四年明帝尊儒貴學、罷退浮華的詔書。詔書的目的是破散邪黨，可見浮華之士已「合黨連群」，而且這邪黨很有勢力，執法之吏都畏其權勢莫能糾擿。

這派浮華「邪黨」在曹爽輔政後，都團聚在曹爽周圍，和儒學世家的司馬懿一派「正黨」形成對立的兩派，儒學之士對何晏、鄧颺等不滿。《三國誌‧魏誌‧王肅傳》説：「時大將軍曹爽專權，任用何晏、鄧颺等。肅與太尉蔣濟、司農桓範論及時政，肅正色曰：『此輩即弘恭、石顯之屬，復稱説邪！』爽聞之，戒何晏等曰：『當共慎之，公卿已比諸君前世惡人矣。』」王肅是儒家代表人物，談話已惡狠狠的了。派系已經形成，對立就越來越尖銳化、擴大化。

何晏對曹爽説："大權不可以委外人。"丁謐為曹爽畫策，使爽白天子發詔，轉司馬懿為太傅，表面上是以名號尊重司馬懿，實際上是把司馬懿架空，使尚書奏事，先經由曹爽，由曹爽作決定。曹爽從之。於是以司馬懿為太傅。

司馬懿雖然轉為太傅，但並未交出軍權，齊王芳的詔書就説："其以太尉為太傅，持節統兵都督諸軍事如故。"（《三國誌·魏誌·三少帝紀·齊王芳紀》）

曹爽也知道要抓兵權，遂以弟羲為中領軍、訓為武衛將軍，掌握宿衛大權。又以弟彥為散騎常侍、侍講，其餘諸弟皆以列侯侍從，出入禁闥。

曹爽在朝廷上也安排自己的人。如徙吏部尚書盧毓為僕射，不久又出之外廷為廷尉，以何晏代盧毓。又以鄧颺、丁謐為尚書，畢軌為司隸校尉，又出大將軍長史孫禮為揚州刺史。安排了自己的人，自然就排擠了別人，引起別人的憤怒、嫉恨和遠離。黃門侍郎傅嘏對曹羲説："何平叔外靜而內〔躁〕（《資治通鑒》補此"躁"字，甚好，但不知何所據），銛巧好利，不念務本，吾恐必先惑子兄弟。仁人將遠，而朝政廢矣。"（《三國誌·魏誌·傅嘏傳》）這是批評何晏只顧從眼前利害出發施政，而不顧及大局根本之宜。恐怕仁人將要離開了。仁人，自然是指像他那樣的禮法之士了，何晏是否如此呢？陳壽不敢明為何晏辯，在《三國誌·魏誌·三少帝紀·齊王芳紀》裏，卻錄下何晏如下一個奏章，何晏説："善為國者必先治其身，治其身者慎其所習。所習正則其身正，其身正則不令而行；所習不正則其身不正，其身不正則雖令不從。是故為人君者，所與遊必擇正人，所觀覽必察正象，放鄭聲而弗聽，遠佞人而弗近，然後邪心不生而正道可弘也。"陳壽在後面加了一句評語，説晏"咸因闕以進規諫"。

齊王芳正始年間（240—248 年），曹爽等輔政，大約曾對政治各方面有所改革，但沒有留下正面材料可予以説明，我們今天所能看到的多是晉人對曹爽集團的誣衊。何晏典選舉，就多被誣衊為任用私人，如前所述只從傅咸的口裏留下一點真實情況。對曹爽集團的改革則一句評語都沒有留下。《三國誌・魏誌・蔣濟傳》載："是時，曹爽專政，丁謐、鄧颺等輕改法度。……濟上疏曰：'……夫為國法度，惟命世大才，乃能張其綱維以垂於後，豈中下之吏所宜改易哉？終無益於治，適足傷民。望宜使文武之臣各守其職，率以清平，則和氣祥瑞可感而致也。'"陳壽只是説丁謐、鄧颺"輕改法度"，蔣濟也只是説改革須由命世大才，中下之人不易談改革，最好是按部就班各守其職，也沒有攻擊改革有甚麼罪惡，或不可施行。

陳壽以亡國覊旅之臣，身處晉朝為小官，其著《三國誌》講述魏晉禪代之事，偶一不慎就會招來殺身之禍，應是小心謹慎的，但他仍能曲折地反映歷史的真實。夏侯玄與曹爽姑表兄弟，是曹爽一派的重要人物。何晏非常讚許夏侯玄，説"唯深也，故能適天下之志，夏侯泰初是也。"陳壽抓住他與司馬懿討論改革的機會，幾乎全文記錄下來夏侯玄對改革的長篇大論（見《三國誌・魏誌・夏侯玄傳》）。文長不能轉錄，大別之，夏侯玄的意見有以下幾點：

（一）改革審官用人制度。他認為："銓衡專於台閣，上之分也，孝行存乎閭巷，優劣任之鄉人，下之敘也。""清教審選，在明其分敍，不使相涉。""上過其分，則恐所由之不本，而干勢馳騖之路開；下逾其敍，則恐天爵之外通，而機權之門多矣。""天爵下通，是庶人議柄也；機權多門，是紛亂之原也。自州郡中正品度官才之來，有年載矣，緬緬紛紛，未聞整齊，豈非分敍參錯，各失其要之所由哉！"他主張："若令中正但考行倫輩，倫輩當行均，斯可官矣"，"奚必使中正干銓衡之機於下，而執機柄者有所委仗於上，上下交侵，以生紛錯哉！"

（二）使官長參與考核。他認為："眾職之屬，各有官長，旦夕相考，莫究於此。""若使各帥其分，官長則各以其屬能否獻之台閣，台閣則據官長能否之第，參以鄉閭德行之次，擬其倫比，勿使偏頗。""中正則唯考其行跡，別其高下，審定輩類，勿使升降。台閣總之，如其所簡，或有參錯，則其責負自在有司。”“斯則人心定而事理得，庶可以靜風俗而審官才矣。”

（三）省郡守，但任刺史。他説：“今之長吏，皆君吏民，橫重以郡守，累以刺史。若郡所攝，唯在大較，則與州同，無為再重。宜省郡守，但任刺史，刺史職存則監察不廢，郡吏萬數，還親農業，以省煩費，豐財殖穀。”“若省郡守，縣皆徑達，事不擁隔，官無留滯，三代之風，雖未可必，簡一之化，庶幾可致，便民省費，在於此矣。”

（四）改服制。他説：“文質之更用，猶四時之迭興也……時彌質則文之以禮，時泰侈則救之以質。今承百王之末，秦漢餘流，世俗彌文，宜大改之以易民望。”“是故宜大理其本，準度古法，文質之宜，取其中則，以為禮度。車輿服章，皆從質樸，禁除末俗華麗之事，使幹朝之家，有位之室，不復有錦綺之飾，無兼采之服，纖巧之物，自上以下，至於樸素之差，示有等級而已。”

司馬懿回書，説“審官擇人，除重官，改服制，皆大善”，但卻説“恐此三事，當待賢能然後了耳。”

司馬懿和蔣濟一樣，不説改革不好，但説須待“賢能”、“命世大才”，實際上不主張改革。自文帝接受陳群的建議，創置九品官人法後，選舉權逐漸掌握在世家豪族手裏。世家豪族有九品官人法為他們服務，使他們獨佔政治上的高位。他們只求高層的穩定，不想作任何改革。夏侯玄認為“機權多門，是紛亂之原”，正是集權和分權之爭。

很有可能，陳壽所大段採用的夏侯玄的改革議論，就是何晏、鄧颺等所要進行的改革綱領，從何晏抓選舉，蔣濟、司馬懿都不説反對改革，而卻都説改革須待“賢能”、“命世大才”。陳壽是用這種手法來透露歷史的真實。真是良史也。

到了正始八年（247 年），由於曹爽“屢改制度”，司馬懿和曹爽間的矛盾越來越尖銳，這年五月，司馬懿遂稱疾，不與政事。

曹爽只是以他的宗室地位得被顧命，為少帝輔政大臣，但此人並無出眾的英明才略。十來年的大將軍榮華地位，生活慢慢腐化，驕奢無度。政治上又毫無警惕性，兄弟數人，常常一塊兒出遊，司農桓範對他說："總萬機，典禁兵，不宜並出，若有閉城門，誰復內入者？"爽曰："誰敢爾邪？"（《三國誌·魏誌·桓範傳》註引《世語》）這句話，透露了曹爽的平庸！

正始九年（248年）冬，李勝出為荊州刺史。曹爽使李勝去向司馬懿辭行，並伺察司馬懿健康情況。

司馬懿偽裝老病接見，他使兩婢侍，持衣，衣落。指口言渴，婢進粥，司馬懿不持杯而飲，粥皆流出沾胸。李勝愍然，為之流涕。說："眾情謂明公舊風發動，何意尊體乃爾！"司馬懿聲氣微細，說："年老枕疾，死在旦夕。君當屈并州，并州近胡，好為之備。恐不復相見。"李勝說："當還忝本州，非并州。"司馬懿仍錯亂其辭說："君方到并州。"李勝說："當忝荊州。"司馬懿乃若微悟者，說："年老意荒，不解君言。今還為本州，盛德壯烈，好建功勳。"並以子師、昭兄弟為託。

李勝還，對曹爽說："司馬公尸居餘氣，形神已離，不足慮矣。"他日，又對曹爽等垂泣曰："太傅病不可復濟，令人愴然！"曹爽等對司馬懿不復設備。

對壘的兩方：一方是老奸巨猾，裝病騙人；一方是愚蠢天真。不上當受騙，是無天理！

正始十年（249年，四月改元嘉平）正月甲午，魏帝齊王芳謁高平陵。高平陵是明帝陵，在洛陽城南九十里。大將軍曹爽、中領軍羲、武衛將軍訓、散騎常侍彥，全都隨齊王謁陵。伺機而動的司馬懿，抓住這個機會，霍然而起，他假皇太后之命，關閉洛陽城門，勒兵據武庫，授兵出屯洛水浮橋。召司徒高柔假節行大將軍事，據爽營；太僕王觀行中領軍事，據羲營。司馬懿則將兵出屯洛水浮橋，奏曹爽罪惡於魏帝齊王芳說："臣昔從遼東還，先帝詔陛下、秦王及臣升御牀，把臣臂，深以後事為念。臣言：'二祖亦屬臣以後事，此自陛下所見，無所憂苦；萬一有不如意，臣當以死奉明詔。'黃門令董箕等，才人侍疾者，皆所聞知。今大將軍爽背棄顧命，敗亂國典，內則潛擬，外專威權；破壞諸營，盡據禁兵，群臣要職，皆置所親；殿中宿衞，歷世舊人皆復斥出，欲置新人以樹私計；根據槃互，縱恣日甚。外既如此，又以黃門張當為都監，專供交關，看察至尊，候伺神器，離間二宮，傷害骨肉。天下洶洶，人懷危懼，陛下但為寄坐，豈得久安！此非先帝詔陛下及臣升御牀之本意也。臣雖朽邁，敢忘往言？昔趙高極意，秦氏以滅；呂、霍早斷，漢祚永世。此乃陛下之大鑒，臣受命之時也。太尉臣濟、尚書令臣孚等，皆以爽為有無君之心，兄弟不宜典兵宿衞，奏永寧宮。皇太后令敕臣如奏施行。臣輒敕主者及黃門令罷爽、羲、訓吏兵，以候就第，不得逗留以稽車駕；敢有稽留，便以軍法從事。臣輒力疾將兵屯洛水浮橋，伺察非常。"（《三國誌‧魏誌‧曹爽傳》）

曹爽得司馬懿奏事，沒有及時呈奏魏帝，他窘迫不知所為，留魏帝宿伊水南，發洛陽屯田兵數千人以為衞。

大司農桓範，曹爽同鄉人也。聞司馬懿起兵，不應太后詔，矯詔開平昌門，南奔曹爽。司馬懿對蔣濟說："智囊往矣！"蔣濟說："範則智矣，然駑馬戀棧豆，爽必不能用也。"

桓範至，勸曹爽兄弟以天子詣許昌，發四方兵以自輔。曹爽猶豫不決，桓範說："此事昭然，卿用讀書何為邪！於今日卿等門戶，求貧賤復可得乎？且匹夫持質一人，尚欲望活，今卿與天子相隨，令於天下，誰敢不應者。"曹爽等都不說話，桓範又對曹羲說："卿別營近在闕南，洛陽典農治在城外，呼召如意。今詣許昌，不過中宿，許昌別庫，足相被假；所憂當在穀食，而大司農印章在我身。"羲兄弟又默然不語。

司馬懿使侍中許允及尚書陳泰勸說曹爽，宜早日歸罪，又使爽所信殿中校尉尹大目謂爽唯免官而已。指洛水為誓。陳泰是陳群的兒子。蔣濟又書與曹爽，說司馬懿也只是要爽免官而已。曹爽猶豫不決。從天黑到天快亮，曹爽想了一夜，最後投刀於地說：「我亦不失作富家翁！」桓範哭着說：「曹子丹（曹爽父親曹真的字）佳人，生汝兄弟，豚犢耳！何圖今日坐汝等族滅也！」

曹爽把司馬懿的奏章送給魏帝，並請魏帝免了他的官，奉帝還宮。

曹爽兄弟免官回家，司馬懿發洛陽吏民八百人圍守之。四角起高樓，令人在樓上視察爽兄弟舉動，爽挾彈到後園中，樓上便喊「故大將軍東南行」。爽愁悶惶懼。

四天之後，有司奏：黃門張當私以才人與爽，疑有奸。收張當付廷尉考實，當陳說曹爽與尚書何晏、鄧颺、丁謐，司隸校尉畢軌，荊州刺史李勝等陰謀反叛，須三月中發。於是捕爽、羲、訓、晏、颺、謐、軌、勝並桓範等皆下獄，劾以大逆不道，與張當俱夷三族。「同日斬戮，名士減半。」（《三國誌·魏誌·王淩傳》註引《漢晉春秋》）政治鬥爭，真是殘酷。

兗州刺史令狐愚，車騎將軍、假節都督揚州諸軍事王淩，以魏帝齊王芳受制於司馬懿，不堪為主，密議立楚王彪，都許昌，以興曹氏。楚王彪是曹操之子，長而有才。王淩子廣，為尚書，在洛陽，王淩派人與王廣通消息。王廣不同意，說：「廢立大事，勿為禍先。」（《三國誌·魏誌·王淩傳》）會令狐愚病死，事情遂放下。

嘉平三年（251年），吳人塞涂水（即滁河，原出合肥，於六合瓜步入江），王淩擬以防吳為藉口大發兵。司馬懿已察知王淩醉翁之意不在酒，使魏帝詔不許。王淩派將軍楊弘以廢立之事告兗州刺史黃華。華、弘連名密告司馬懿，司馬懿將中軍乘水道討淩，大軍九日而至百尺堰（百尺堰在今河南項城縣北，古沙水入潁處），一面以詔書赦淩罪，一面使王淩子王廣為書喻淩。大軍到來迅速，王淩措手不及，窮迫，計無所出，乃乘船自出迎司馬懿謝罪。司馬懿軍到丘頭（今河南瀋丘東南），王淩迎於水次說：「卿直以折簡召我，我當敢不至邪？而乃引軍來乎！」司馬懿說：「以卿非肯逐折簡者故也。」王淩說：「卿負我！」司馬懿說：「我寧負卿，不負國家。」（《三國誌·魏誌·王淩傳》註引《魏略》）遂使步騎六百送王淩還京師。王淩自知罪重，試索棺釘，以觀司馬懿意，懿給之，王淩自知必死。五月，行到項縣（今河南瀋丘），望見賈逵祠，王淩呼曰："賈梁道（賈逵字）！王淩固忠於魏之社稷者，唯爾有神，知之。"（《三國誌·魏誌·王淩傳》註引干寶《晉紀》）遂飲藥自殺。

司馬懿窮治王淩與有牽連者，諸相連者，悉夷三族。王淩、令狐愚已死，剖棺陳屍於附近市上三日，楚王彪賜死，魏諸王公，徙置鄴，命官監察，禁斷來往。

六月，司馬懿病，夢見賈逵、王淩為祟，甚惡之。八月，司馬懿死，對夢見王淩、賈逵，不需以迷信待之，司馬懿做了虧心事，於心有愧，夢見賈逵、王淩是可能的。

這是司馬氏奪權的第一個回合。百足之蟲，死而不僵。曹氏做了幾十年天子，在朝也有不少忠臣。司馬氏野心逐漸暴露，曹氏的忠臣也逐步清醒，鬥爭一個回合一個回合地展開。

3 司馬氏奪權的社會基礎

曹爽被殺後，與曹爽一黨的夏侯霸自關中奔蜀。夏侯霸是夏侯淵的兒子，他和蜀漢原有殺父之仇，不得已而投蜀。

夏侯霸到蜀以後，姜維問他："司馬懿既得彼政，當復有征伐之志不？"夏侯霸說："彼方營立家門，未遑外事。"（《三國誌·魏誌·鍾會傳》註引《漢晉春秋》）

營立家門，有兩方面大事要做：一是打擊黨於曹氏的異己份子；二是爭取所有能支持自己權力的人到自己這方面來。司馬懿和他的兒子司馬師、司馬昭，在打擊黨於曹氏的異己分子方面是很殘酷的，另章來說，現在說他爭取黨羽。

征東將軍、假節都督揚州諸軍事王淩想起兵討伐司馬懿時，他兒子王廣不同意，王廣給王淩的信說：「凡舉大事，應本人情。今曹爽以驕奢失民，何平叔虛而不治，丁、畢、桓、鄧雖並有宿望，皆專競於世，加變易朝典，政令數改，所存雖高而事不下接，民習於舊，眾莫之從。故雖勢傾四海，聲震天下，同日斬戮，名士減半，而百姓安之，莫或之哀，失民故也。今懿情雖難量，事未有逆，而擢用賢能，廣樹勝己，修先朝之政令，副眾心之所求。爽之所以為惡者，彼莫不必改，夙夜匪懈，以恤民為先。父子兄弟，並握兵要，未易亡也。」（《三國誌・魏誌・王淩傳》註引《漢晉春秋》）

裴松之在引了上面這段文字作註後，加了下面一段話：「臣松之以為如此言之類，皆前史所不載，而猶出習氏。且制言法體不似於昔，疑悉鑿齒所自造者也。」這話似可考量。它內容所談的，皆合乎當時情勢，司馬君實《資治通鑒》亦用之而未有疑，似仍可作參考。

從王廣的信來看，曹爽集團是不怎麼得民心的，儘管他們的改革，意境很高，但可能失之過於理想，而事不下接，不能為一般人所接受，民習於舊，眾莫之從。他們的聲名雖然很高，都是名士，但卻同日斬戮，名士減半，而百姓安之，莫或之哀，失民故也。而司馬氏卻能修先朝之政令，副眾心之所求，換句話說，司馬氏卻能得到人的支持。

王廣所說不支持曹氏而支持司馬氏的民和眾是甚麼人呢？有兩部分人是支持司馬氏的，一是儒家世家豪族，一是普通老百姓農民。

東漢以來，儒家已世家大族化，世家大族也儒家化（此余英時教授說）。大官貴為公卿，一面做官，一面授徒，政治上有地位、社會上有財富、有身份。

司馬氏是河內大姓，世代「伏膺儒教」，他家繼承的是東漢儒學傳統。司馬懿值「漢末大亂，常慨然有憂天下心。」（《晉書・宣帝紀》）這憂天下心，就是儒家「達則兼善天下」之心。

曹氏出自宦官家族，宦官是皇帝的貼身奴才，宦官和世家大族自東漢以來就是社會上兩大對立的政治社會勢力。曹氏、司馬氏的對立、鬥爭，繼承的是東漢儒家世家豪族和宦官集團的對立、鬥爭。陳寅恪先生對此有很精闢的論述。陳先生說："東漢中晚之世，其統治階級可分為兩類人群。一為內廷之閹宦，一為外廷之士大夫。閹宦之出身大抵為非儒家之寒族，所謂'乞丐攜養'（官渡戰前，袁紹檄州郡文。見《三國誌·魏誌·袁紹傳》註引《魏氏春秋》）之類。……主要之士大夫，其出身則大抵為地方豪族，或間以小族。然絕大多數則為儒之信徒也。""當東漢之季，其士大夫宗經義，而閹宦則尚文辭；士大夫貴仁孝，而閹宦則重智術。""魏為東漢內廷閹宦階級之代表，晉則外廷士大夫階級之代表。故魏晉之興亡遞嬗乃東漢晚年兩統治階級之競爭勝敗問題。""漢末士大夫階級之代表人袁紹，其憑藉深厚，遠過於閹宦階級之代表人曹操，而官渡一戰，曹氏勝，袁氏敗，於是當時士大夫階級乃不得不隱忍屈辱，暫與曹氏合作，但乘機恢復之念，未始或忘也。東漢末世與曹孟德合作諸士大夫，官渡戰後五十年間多已死亡。而司馬仲達，其年少於孟德二十四歲，又後死三十一年，乘曹氏子孫屢弱昏庸之際，以垂死之年，奮起一擊，二子師、昭承其遺業，終於顛覆魏鼎，取而代之，盡復東漢時代士大夫階級統治全盛之局。"（《書（世說新語文學類鍾會撰四本論始畢條）後》，刊《中山大學學報》1956 年第 3 期，已收入《金明館叢稿初編》）

我在《中國古代及中世紀史講義》（北京師範大學出版組 1957 年 5 月版）裏也評到這個問題，我說："自東漢以來，和中央皇權勢力相對抗的地方豪強勢力興起，這個地方豪強勢力在經濟上社會上有強大的鞏固的基礎。黃巾起義失敗，東漢帝國瓦解後，豪族勢力更為發展。""曹操的家世是屬於宦官系統的，這一系統從東漢以來是中央皇權的依附物，是站在皇權一邊和世家豪族對立的。""在曹魏中央集權政策的控制下，這些地方勢力的世家豪族雖然不敢公開反抗，但對集權蘊藏着不滿。""司馬氏對曹氏的政權爭奪，正是代表着世家豪族對集權政治的反抗。""曹氏司馬氏的鬥爭，是集權和分權的鬥爭，是專制政體和世家豪族的鬥爭。"

我只看到閹宦和世家豪族的鬥爭，包括外戚宦官的鬥爭，是集權和分權的鬥爭，沒有看到儒家和非儒家的鬥爭。而我現在又覺得，曹操所反對的只是東漢以來大部分儒家所標榜的仁孝廉讓、禮法德教，他認為亂世所需的是才能，而非迂緩無能的説教，他是以猛反寬，但還沒有反出儒教的圈子，他認為德化是第二步，眼前所需是才能，這和法家根本否定德教者是不同的。

但猛與寬仍是矛盾的，魏明帝時，兗州刺史王昶上疏説："魏承秦漢之弊。法制苛碎，不大釐改國典以准先王之風，而望治化復興，不可得也。"《三國誌・魏誌・王昶傳》王昶所謂"先王之風"、"治化復興"都是儒者之教。王昶的話，足以證明魏明帝時，魏的政治仍是繁苛的，不為正宗儒家所喜，朝廷中兩派勢力和兩種思想意識還是並存着的。司馬氏正是代表儒家、世家豪族。正像陳寅恪先生所説的，儒學之士在曹氏統治下"不得不隱忍屈辱"。司馬氏奪權是深得尚不得勢的儒者和世家豪族的支持的。

司馬氏奪取權力，除得到世家豪族、正統儒家的支持外，也得到普通老百姓農民的支持。魏曹後期，統治階層已受到奢侈豪華之風的侵蝕。魏明帝就是代表人物。他大興土木，興建宮室，徵發民役，人民生活困苦。朝廷大臣，多有諫諍，希即減輕徭役，重視農業生產。《三國誌・魏誌・王朗傳附子肅傳》載："景初間，宮室盛興，民失農業……肅上疏曰：'……今宮室未就，功業未訖，運漕調發，轉相供奉。是以丁夫疲於力作，農者離其南畝……斯則有國之大患，而非備豫之長策也。……'"同書《蔣濟傳》載："景初中，外勤徵役，內務宮室，怨曠者多，而年穀饑儉。濟上疏曰：'……今其所急，唯當息耗百姓，不至甚弊。……凡使民必須農隙，不奪其時。……'"司馬懿也提出停修宮室以救時急的諫諍。《晉書・宣帝紀》載："是時大修宮室，加之以軍旅，百姓饑弊。帝將即戎（征遼東公孫淵），乃諫曰：'昔周公營洛邑，蕭何造未央，今宮室未備，臣之責也。然自河以北，百姓困窮，外內有役，勢不並興，宜假絕內務，以救時急。'"

這都反映魏朝廷上兩種思想的矛盾，魏明帝不顧民間疾苦，役使人民大興土木，一些大臣反對，反對者的思想是儒家思想，是與民休息的儒家仁政思想。

司馬氏是重視農業生產的，司馬懿奪權之後在"擢用賢能"、"以恤民為先"的措施中，除為了鞏固他奪得的政權和地位外，也確實做了一些有利於人民的興修水利、振興農業的事業。

司馬懿的仕途中，多是注重農業生產的。《晉書·宣帝紀》載："魏國既建……（司馬懿）遷為軍司馬，言於魏武曰：'昔箕子陳謀，以食為首。今天下不耕者蓋二十餘萬（依《晉書斟註》周家祿校勘記，"萬"當作"年"），非經國遠籌也。雖戎甲未捲，自宜且耕且守。'魏武納之，於是務農積穀，國用豐贍。"

司馬懿出仕，在建安十三年（208年），魏國建在建安二十一年（216年）。司馬懿在曹操時期是小心謹慎少說話的，但在重視農業生產方面，他卻提出意見。

《晉書·食貨誌》載："嘉平四年，關中饑，宣帝表徙冀州農夫五千人佃上邽。興京兆、天水、南安鹽池，以益軍實。"

嘉平，應是太和。司馬懿死於嘉平三年，不可能於嘉平四年表請徙民（中華書局版《晉書·食貨誌》校勘記說嘉平四年為太和四年）。

司馬懿征遼東還，魏明帝死，齊王芳立，司馬懿和曹爽輔政，時役者猶有萬餘人，司馬懿"皆奏罷之，節用務農，天下欣賴。"（《晉書·宣帝紀》）

淮水流域的大規模屯田，是在司馬懿主持下興造的。正始三年（242年）三月，司馬懿"奏穿廣漕渠，引河入汴，溉東南諸陂，始大佃於淮北"（同上）。正始四年（243年），又建議擴大淮潁屯田規模，在淮水之北、潁水兩岸大興屯田，使鄧艾去實地考察。

司馬氏重視農業生產，注意農民的休養生息，有助於社會安定，取得農民擁護。社會安定，農民支持，這是司馬氏奪權成功的有力的社會基礎。當然，農民支持是基礎，而擁護他們成功的力量還是世家豪族。

十七、曹氏、司馬氏的血腥鬥爭

1　殺李豐、夏侯玄，廢齊王芳

司馬師，字子元，司馬懿的長子。"少流美譽，與夏侯玄、何晏齊名。"何晏常稱讚他說："惟幾也能成天下之務，司馬子元是也。"（《晉書·景帝紀》）"成天下之務"，就是說，司馬師的才在實幹，能治平天下。

正始政變之前，司馬師曾任中護軍。司馬懿稱病在家，司馬師私養死士三千人在民間。司馬懿發起政變，三千人一朝而集，成為司馬氏政變的主力。政變之後，司馬師任衛將軍，司馬懿病死，司馬師以撫軍大將軍錄尚書事，輔政。嘉平四年（252 年），司馬師為大將軍，加侍中、持節、都督中外諸軍事、錄尚書事。以諸葛誕、毋丘儉、王昶、陳泰、胡遵都督四方，王基、州泰、鄧艾、石苞典州郡，盧毓、李豐掌選舉，傅嘏、虞松參計謀，鍾會、夏侯玄、王肅、陳本、孟康、趙酆、張緝預朝議。這是一個以司馬氏的人為主，曹氏、司馬氏兩家大體保持平衡的班子。這個班子裏，諸葛誕、毋丘儉、李豐、夏侯玄、張緝是曹氏黨，王昶、陳泰、王基、州泰、鄧艾、石苞、盧毓、傅嘏、王肅等皆司馬氏黨。曹氏黨雖然還有這麼多人在朝廷和地方，但一則心不齊，二則司馬師為大將軍，都督中外諸軍事、錄尚書事，總領在上，曹氏已處於劣勢。司馬氏用這些曹氏黨人在朝廷和地方，不過是為了平衡人心。

反對司馬氏的活動，首先在朝廷中醞釀，主其謀者是中書令李豐和皇后父光祿大夫張緝。嘉平六年（254 年）冬十月，李豐、張緝謀廢司馬師，以太常夏侯玄為大將軍。

　　李豐，故衛尉李義子。幼有才名。正始中任侍中、尚書僕射；嘉平四年，任中書令。豐子韜，尚齊長公主。李豐自以身處機密，子韜又尚公主，心不自安。

　　夏侯玄，父夏侯尚乃夏侯淵之從子；母，曹氏女，曹爽之姑。夏侯尚和魏文帝曹丕友情極篤。魏初建即為散騎常侍，遷中領軍。文帝踐祚，遷征南將軍，領荊州刺史，假節都督南方諸軍事。《魏書》說：「尚有籌劃智略，文帝器之，與為布衣之交。」（《三國誌・魏誌・夏侯尚傳》註引）《魏書》又載文帝詔：「尚自少侍從，盡誠竭節，雖云異姓，其猶骨肉，是以入為腹心，出當爪牙，智略深敏，謀謨過人，不幸早殞，命也奈何！」（同上）夏侯玄，少知名。正始中，曹爽輔政。玄，爽之姑子也。累遷散騎常侍、中護軍，後為征西將軍，假節都督雍、涼州諸軍事。曹爽誅死，玄被徵為大鴻臚，數遷徙太常，實即廢黜。夏侯玄在當時名士中名望極高，和何晏同為領袖人物。夏侯玄調回京師後，即「不交人事，不蓄華妍。」（《三國誌・魏誌・夏侯玄傳》註引《魏略》）但就這樣也過不去。司馬懿死，中領軍許允對玄說：「無復憂矣。」玄歎曰：「士宗，卿何不見事乎？此人猶能以通家年少遇我，子元（司馬師）、子上（司馬昭）不吾容也。」（《三國誌・魏誌・夏侯玄傳》註引《魏氏春秋》）

　　司馬師微聞李豐等的密謀，請豐相見，以刀環搏殺李豐，遂收豐子韜、夏侯玄、張緝等送廷尉按治。《世語》說：「玄至廷尉，不肯下辭，廷尉鍾毓自臨治玄。玄正色責毓曰：『吾當何辭？卿為令史責人也？卿便為吾作。』毓以其名士，節高不可屈，而獄當竟，夜為作辭，令與事相附，流涕以示玄。玄視，頷之而已。」（《三國誌・魏誌・夏侯玄傳》註引）夏侯玄不承認自己有罪，沒有甚麼可寫的，司馬師必欲置之於死，該怎麼定案？鍾毓自己寫好了。鍾毓作了誣辭，自愧於心，不免涕泣。於是誅韜、玄、緝、鑠、敦、賢等，皆夷三族。其餘親屬徙樂浪郡（今朝鮮）。玄死時，年四十六。

　　中領軍許允，素與李豐、夏侯玄善。這年（254年）秋，以許允為鎮北將軍，假節、都督河北諸軍事。魏帝齊王芳以允當出，詔見群臣，帝特引允以自近。許允與帝別，涕泣獻歔。這下惹了禍，官僚們承司馬師意奏允前放散官物，於是收付廷尉，徙樂浪。未至，死在路上。

魏帝以李豐之死，意殊不平。安東將軍司馬昭時鎮許昌，詔召之使西擊姜維。九月，司馬昭入見，魏帝幸平樂觀以臨軍過。左右欲因昭辭，殺之，勒兵以退大將軍。詔書已寫好，魏帝懼，不敢發。

司馬昭領兵入城，平樂觀在洛陽城西，司馬昭已過平樂觀而又折回洛陽，可能知道了甚麼消息。司馬師乃謀廢帝。

司馬師以皇太后令召集群臣，以魏帝荒淫無度，褻近倡優，不可以承大業為辭，廢帝。群臣皆大驚失色，但莫敢違。乃奏收帝璽綬，帝本由齊王入主，仍歸藩於齊。

司馬師使皇后從父郭芝入白太后，太后正和帝對坐。芝對帝説：“大將軍欲廢陛下，立彭城王據。”帝乃起去，太后不悦。郭芝説：“太后有子不能教，今大將軍意已成，又勒兵於外以備非常，但當順旨，將復何言！”太后説：“我欲見大將軍，口有所説。”郭芝説：“何可見邪？但當速取璽綬。”太后意折，乃遣旁侍御取璽綬着坐側。(《三國誌・魏誌・三少帝紀・齊王芳紀》註引《魏略》)

芝出報司馬師，師甚喜。又遣使者授齊王印綬，出就西宮。帝與太后垂淚而別，乘王車，從太極殿南出，群臣送者數十人，無不流涕。無不流涕，也無人可奈何！

齊王芳出宮後，司馬師又使使者請璽綬。太后説：“彭城王，我之季叔也（彭城王據，魏文帝之子，明帝之弟，故太后謂之季叔），今來立，我當何之？且明皇帝當絕嗣乎？吾以為高貴鄉公者，文皇帝之長孫，明皇帝之弟子，於禮，小宗有後大宗之義，其詳議之。”(同上)

司馬師不得已又召集群臣更議，並出皇太后令，乃定迎高貴鄉公。曹家的婦女也不弱！

高貴鄉公名髦，字彥士，魏文帝之孫、東海王霖之子，正始五年，封
郯縣高貴鄉公。嘉平六年十月，至洛陽，見太后，即皇帝位，大赦，改
元，以嘉平六年為正元元年。

2 毌丘儉起兵淮南

正元二年（255 年）正月，齊王芳被廢後三個月，鎮東將軍毌丘儉、揚
州刺史文欽，矯太后詔，起兵壽春（今安徽壽縣），移檄州郡討伐司馬師。

毌丘儉，河東聞喜人，魏明帝為平原王時，儉曾為平原王文學。及明帝
即位，為尚書郎、羽林監，以東宮之舊，甚見親待。出為洛陽典農。明帝
喜奢侈，取農民治宮室，儉上疏諫，說：“臣愚以為天下所急除者二賊，所
急務者衣食，誠使二賊不滅，士民飢凍，雖崇美宮室，猶無益也。”（《三國誌·
魏誌·毌丘儉傳》）遷荊州刺史。

魏明帝青龍中，以儉有幹策，徙為幽州刺史，加度遼將軍，曾隨司馬
懿征遼東公孫淵，有功。齊王芳正始中，高句麗數侵犯邊地，毌丘儉督大軍
數萬出玄菟（今瀋陽市東），諸道進討，大戰於梁口（今遼寧桓仁東北），大
破高句麗王宮。毌丘儉束馬懸車，以登丸都（高句麗都城，今吉林集安）。
正始六年，再征高句麗，高句麗王宮〔《資治通鑒》（卷七十五，正始七年二月）作
“位宮”〕奔買溝，深入沃沮千餘里，至肅慎南界（今吉林東部）。

毌丘儉後遷左將軍，假節監豫州諸軍事，領豫州刺史，轉為鎮南將軍。
吳大將軍諸葛恪北伐。諸葛誕與戰於東關，不利，乃令誕、儉對換，誕為
鎮南將軍、都督豫州諸軍事，儉為鎮東將軍、都督揚州諸軍事。吳太傅諸
葛恪圍合肥新城，毌丘儉與文欽禦之，太尉司馬孚督中軍來援，恪退。

毌丘儉既是明帝舊人，又與夏侯玄、李豐等友善。揚州刺史前將軍文
欽，曹爽同邑人。司馬懿殺曹爽，司馬師殺夏侯玄、李豐等，毌丘儉和文欽
皆不自安。二人相結，遂於正元二年，說奉太后詔，以討伐司馬師為名，

起兵淮南。

毌丘儉等上表列舉了司馬師十一條罪狀，但說司馬懿忠正，有大功於社稷，應惠及後世，請廢師以侯就第，以弟昭代之。太尉孚，忠孝小心，護軍望（司馬孚之子），忠公親事，皆宜親寵，授以要任。這大約是毌丘儉的鬥爭策略，略如司馬懿當年政變，對曹爽但以侯就第，不再治罪一樣。但當年司馬懿騙得了曹爽，今日毌丘儉卻騙不了司馬師。

毌丘儉聚合淮南散軍和吏民於壽春城，分一部分兵守城，毌丘儉與文欽將兵五六萬渡淮，西至項，儉守城，文欽在外為遊軍。

司馬師問計於河南尹王肅，王肅說：“昔關羽率荊州之眾，降于禁於漢濱，遂有北向爭天下之志。後孫權襲取其將士家屬，羽士眾一旦瓦解。今淮南將士父母妻子皆在內州，但急往禦衛，使不得前，必有關羽土崩之勢矣。”（《三國誌‧魏誌‧王肅傳》）

時司馬師剛割治眼瘤（現在看來，司馬師患的是眼癌），創甚，有人以為司馬師不宜於此時自己出征，不如遣太尉司馬孚前往。唯王肅與尚書傅嘏、中書侍郎鍾會勸師自己前往。司馬師猶豫未決。傅嘏對司馬師說：“淮、楚兵勁，而儉等負力遠鬥，其鋒未易當也。若諸將戰有利鈍，大勢一失，則公事敗矣。是時景王新割目瘤，創甚，聞嘏言，蹶然而起曰：‘吾請輿疾而東。’”（《三國誌‧魏誌‧傅嘏傳》註引《漢晉春秋》）

司馬師率中外諸軍以討儉、欽。以弟司馬昭兼中領軍，留鎮洛陽，召三萬兵會於陳、許。司馬昭時為衛將軍，又兼中領軍，洛陽留守的兵，主力大約都掌握在司馬昭手裏了。司馬師可以安心東征，無虞後方發生政變。

司馬師又問計於光祿勳鄭袤，鄭袤說：“昔與儉俱為台郎，特所知悉。其人好謀而不達事情，自昔建勳幽州，志望無限。文欽勇而無算。今大軍出其不意，江、淮之卒銳而不能固，深溝高壘以挫其氣，此亞夫之長也。”（《晉書‧鄭袤列傳》）

司馬師以荊州刺史王基為行監軍，假節，統許昌軍。王基與司馬師會於許昌，他對司馬師説：“淮南之逆，非吏民思亂也，儉等誑脅迫懼，畏目下之戮，是以尚群聚耳。若大兵臨逼，必土崩瓦解。儉、欽之首，不終朝而縣（通懸）於軍門矣。”（《三國誌·魏誌·王基傳》）司馬師乃令王基居軍前。有人説，儉、欽慓悍，難以爭鋒，遂又詔王基停駐。王基説：“儉等舉軍足以深入，而久不進者，是其詐偽已露，眾心疑沮也。今不張示威形以副民望，而停軍高壘，有似畏懦，非用兵之勢也。……此為錯兵無用之地，而成奸宄之源。吳寇因之，則淮南非國家之有，譙、沛、汝、豫危而不安，此計之大失也。軍宜速進據南頓（今河南項城西），南頓有大邸閣，計足軍人四十日糧。保堅城，因積穀，先人有奪人之心，此平賊之要也。”（同上）王基為此屢屢申請，司馬師乃聽他進據濦水（汝水分支，東流至南頓北入於潁）。既至，又復上言説：“……方今外有強寇，內有叛臣，若不時決，則事之深淺未可測也。……將軍持重是也，停軍不進非也。……今據堅城，保壁壘，以積實資虜，縣運軍糧，甚非計也。”（同上）司馬師猶不許。王基説：“將在軍，君令有所不受”，遂進據南頓。毌丘儉亦從項來爭南頓，聞王基已據南頓，遂退保項。

毌丘儉衞下多有降司馬師的。

司馬師命令諸軍，皆深壁高壘，以待青、徐、兗大軍。諸軍請攻項。司馬師説：“淮南將士本無反志。且儉、欽欲蹈縱橫之跡，習儀、秦之説，謂遠近必應。而事起之日，淮北不從，史招、李續前後瓦解。內乖外叛，自知必敗，困獸思鬥，速戰更合其志。……小與持久，詐情自露，此不戰而克之也。”（《晉書·景帝紀》）

乃遣鎮南將軍諸葛誕督豫州諸軍從安風津（今安徽潁上南）向壽春，征東將軍胡遵督青、徐諸軍出於譙、宋之間（今河南商丘、安徽亳縣一線），絕其歸路；司馬師率大軍屯汝陽（今河南商水西）。

毌丘儉、文欽進不得鬥，退恐壽春被襲，計窮不知所為。淮南將士家皆在北，眾心沮散，降者不斷。只有新附淮南農民為之用。

兗州刺史鄧艾將兵萬餘人，日夜兼程前進，先到樂嘉城（今河南商水東南）。作浮橋潁水上以待司馬師。

毌丘儉使文欽將兵襲鄧艾軍。司馬師自汝陽暗潛兵就鄧艾於樂嘉，文欽猝見大軍，驚愕未知所為，欽子鴦，年十八，勇力絕人，對文欽說："及其未定，擊之可破也。"於是分兵為二隊，乘夜兩面夾攻。鴦軍先到，鼓噪進攻，司馬師軍中震擾，師驚駭，所病目突出，疼痛又恐人知，齧被皆破。文欽失期未應，天明，鴦見兵盛，乃匯合文欽向東撤退。司馬師使人率驍騎八千追趕。文鴦單騎入數千騎中，殺傷百餘人乃出，如此者六七次，追騎莫敢迫近。

毌丘儉聞欽退，眾隨大潰，文欽至項。毌丘儉已去，孤軍無援，不能自立；欲還壽春，聞壽春已潰，遂降吳。毌丘儉逃至慎縣（今安徽潁上北）。大約他打算從安風津一帶（今安徽潁上南、霍丘北）南奔吳，但為安風津都尉發現，射死。其弟秀、孫重奔入吳。司馬師誅殺毌丘儉三族。

經過正始末年的政變。司馬懿殺曹爽、殺王淩，司馬師殺夏侯玄、殺李豐、廢齊王芳。司馬氏又打着儒學的招牌，深得滿朝大臣中禮法之士的支持；司馬氏的權力已大體穩固，朝廷中擁護曹氏的力量已很微弱，反司馬氏的力量只有地方上的將軍們了。但毌丘儉這次起事又失敗了。實際上，毌丘儉起兵當時勝利的希望就已不大，因為地方勢力也多是支持司馬氏的。

毌丘儉也曾希望得到地方勢力的聯合。他派使者去聯合鄧艾，被鄧艾斬首。他忘了鄧艾是司馬氏一手提拔起來的。他也曾派人去聯合諸葛誕，使者也被諸葛誕斬首。

毌丘儉成了孤軍作戰，他可能希望一起兵就能得到多方面的支持的，但成了泡影。毌丘儉既然是孤軍作戰，他的戰略安排應當是大軍深入，速戰速決。如果能擊破司馬師軍，形勢可能突變，忠於曹氏的勢力會一下起來。

這一戰，司馬師的戰略安排是正確的。大軍"急往禦衛，使不得前"，形成包圍形勢，但又"深壁高壘"不許出戰。毋丘儉陷於被動，最後只有失敗一途。

司馬師班師，但沒有能回到洛陽，就死在許昌了。

3　諸葛誕起兵淮南

司馬師死，權力轉移到他弟弟司馬昭手裏。這次轉移，表面上很平靜，暗地裏也有一番鬥爭。

司馬師回師，走到許昌，病重再也不能走了，而且已隨時有死的可能。於是一面以司馬氏死黨、中郎將參軍事賈充監諸軍事，一面召司馬昭速到許昌，囑以後事。司馬師就在許昌死了。

洛陽魏帝高貴鄉公看到這是一個恢復曹氏權力的機會，遂以東南新定為理由，令衛將軍司馬昭暫統大軍留在許昌為內外之援，由尚書傅嘏率領軍隊回洛陽。司馬氏的謀臣中書侍郎鍾會和傅嘏密議，使傅嘏上表卻又不待魏帝的詔示就和司馬昭一同回洛陽，屯住洛水以南。估計魏帝意在使司馬昭遠離朝廷，朝廷可有機會作些調度；司馬昭也看透了這點，也就違詔自回洛陽。

魏帝謀不得展，於是只好以司馬昭為大將軍、錄尚書事，代司馬師掌管軍政大權。

毋丘儉失敗後二年，高貴鄉公甘露二年（257 年），魏征東大將軍諸葛誕又在淮南舉兵反，聲討司馬昭。

諸葛誕，琅邪陽都人，諸葛豐之後。他和諸葛亮、諸葛瑾都是一家，卻分在魏、蜀、吳三國，都做大官。

明帝時，諸葛誕累遷御史中丞、尚書，與夏侯玄、鄧颺等友善，收名朝廷，京師翕然。明帝惡其修浮華，合虛譽，免官。明帝死，正始中曹爽專權，夏侯玄等並出，復以諸葛誕為御史中丞、尚書，出為揚州刺史，加昭武將軍。

王淩陰圖反司馬懿時，司馬懿以諸葛誕為鎮東將軍，假節都督揚州諸軍事。諸葛恪進兵東關，諸葛誕督諸軍與戰，大敗。遂與毌丘儉對換，徙為鎮南將軍、都督豫州諸軍事。毌丘儉、文欽反於淮，遣使詣誕，希望招呼豫州士民能同時起事。諸葛誕斬其使，佈告天下，向司馬氏表示決心。

毌丘儉失敗後，司馬師以諸葛誕久在淮南，遂又以為鎮東大將軍、儀同三司、都督揚州諸軍事。不久，又轉為征東大將軍。

諸葛誕既與夏侯玄、鄧颺至親友善，又眼見王淩、毌丘儉的敗亡，身在揚州亦懼不自安。遂傾帑藏振施以結眾心，厚養親附及揚州輕俠數千人為死士，又請司馬昭增派十萬人守壽春，又請臨淮築城以備吳寇。

司馬昭初秉政，對地方兵家自然不很放心。時魏國置征東將軍屯淮南、征南將軍屯襄、沔以備吳，征西將軍屯關、隴以備蜀，征北將軍頓幽、並以備鮮卑。這四征是地方重兵所在。司馬氏心腹賈充請以慰勞為名，去各地觀察他們對司馬氏的態度。

賈充至淮南，與諸葛誕論説此事，賈充説："洛中諸賢，皆願禪代，君所知也。君以為云何？"諸葛誕憤怒地回答説："卿非賈豫州子？世受魏恩，如何負國？欲以魏室輸人乎？非吾所忍聞。若洛中有難，吾當死之。"
（《三國誌‧魏誌‧諸葛誕傳》註引《魏末傳》）

賈充回到洛陽，向司馬昭作了彙報，並向司馬昭建議説："誕再在揚州，威名夙著，能得人死力。觀其規略，為反必也。今征之，反速而事小；不征，事遲而禍大。"（《晉書‧賈充列傳》）

司馬昭聽了賈充的話，決定調諸葛誕到洛陽朝廷做司空。

諸葛誕接到詔書，自然知道這意味着甚麼，於是就發兵反。他集合淮南、淮北郡縣屯田口十餘萬官兵和揚州新附勝兵者四五萬人，聚糧足支一年食用，閉壽春門自守。這裏有一個不好理解的問題是：兩年前諸葛誕如此堅決地拒絕毌丘儉的要求，聯合起兵，卻於毌丘儉失敗後兩年，又自己起兵了。

諸葛誕使長史吳綱帶着小兒子靚到吳去請救。這時，吳諸葛恪、孫峻已死，主政的是孫綝，乃派遣將軍全懌、全端、唐咨、王祚與投降在吳的文欽率領三萬大軍來援，並以諸葛誕為左都護、假節、大司徒、驃騎將軍、青州牧、壽春侯。

全懌、文欽等乘魏兵對壽春還沒有合圍，率吳兵入壽春城，與諸葛誕共城守。

司馬昭這次東征是帶着魏帝高貴鄉公和皇太后一起來的。司馬昭上表魏帝："昔黥布叛逆，漢祖親征；隗囂違戾，光武西伐；烈祖明皇帝乘輿仍出，皆所以奮揚赫斯，震耀威武也。陛下宜暫臨戎，使將士得憑天威。今諸軍可五十萬，以眾擊寡，蔑不克矣。"（《晉書·文帝紀》）

司馬昭攜帶魏帝親征，說明司馬氏在洛陽朝廷中的勢力還沒有完全鞏固。也還沒有完全信得過的人可以代他留鎮洛陽，怕有人在他東征後在洛陽以魏帝的名義出來反他。他甚至不敢留皇太后在洛陽，怕有人學他父親司馬懿以皇太后的名義反他。這也說明，司馬氏父子都是有權謀智略的，決不阿衡倒持、授人以柄，不像曹爽兄弟庸才，刀已在項還幻想不失做富家翁。

甘露二年秋七月，司馬昭攜魏帝及皇太后東征，徵兵青、徐、荊、豫，分取關中遊軍，皆會淮北。司馬昭進駐丘頭。

諸葛誕久在淮南，在地方上有基礎，他集合起來的兵力大約在十萬人左右，加上吳的援兵三萬，兵力在十萬人以上。司馬昭也以諸葛誕為勁敵，他帶領中外軍二十六萬東征，這是漢末以來出動作戰兵力最多的一次了。司馬昭上表說五十萬人是誇大其詞，二十六萬人已夠多的了。

　　諸葛誕反，戰略上採取守勢，堅守壽春，他大約認為壽春能堅守一年，魏國地方和朝廷內部必會起變化；蜀或能同時向魏進攻，若能如此，變化更會早日出現。司馬昭也看到諸葛誕的意圖，他說："誕以毌丘儉輕疾傾覆，今必外連吳寇，此為變大而遲。吾當與四方同力，以全勝制之。"（《晉書·文帝紀》）又說："或謂大軍不能久，省食減口，冀有他變。"（同上）"他變"，就是魏國的內外變化。

　　當時，司馬師剛死，司馬昭剛剛接手，內部也不是完全沒有問題。《晉書·文帝紀》說："將軍李廣臨敵不進，泰山太守常時稱疾不出，並斬之以徇。"李廣、常時，可能就是不願和諸葛誕作戰的。小事可以看出大問題。

　　吳又使大都督朱異率兵三萬進屯安豐（今安徽霍丘西南），為文欽外援。

　　司馬昭的戰略安排：一是把壽春城緊緊包圍起來，使諸葛誕、文欽等不得外逃；二是打掉來援的吳軍。

　　兵馬發到圍壽春的是鎮南將軍王基，圍尚未合，唐咨、文欽等才得以從城東北，因山乘險，將吳兵入城。司馬昭先命王基圍城，吳兵朱異到安豐，司馬昭又命王基撤圍引諸軍轉據北山。王基對部下說："今圍壘轉固，兵馬向集，但當精修守備以待越逸，而更移兵守險，使得放縱，雖有智者不能善後矣。"王基不接受司馬昭的調動。上書說："今與賊家對敵，當不動如山，若遷移依險，人心搖盪，於勢大損。諸軍並據深溝高壘，眾心皆定，不可傾動，此御兵之要也。"（《三國誌·魏誌·王基傳》）司馬昭只好聽他。

　　王基的軍事思想很高，征毌丘儉時，他就曾違抗司馬師的調度進兵搶佔南頓，結果證明他對了，比司馬師高。這次又違抗司馬昭的調度不撤壽春之圍，戰爭的結果又證明他對了。這次戰後，司馬昭對王基說："初議者云云，求移者甚眾，時未臨履，亦謂宜然。將軍深算利害，獨秉固志，上違詔命，下拒眾議，終至制敵禽賊，雖古人所述，不是過也。"（同上）"初議者云云，求移者甚眾，時未臨履，亦謂宜然"，是司馬昭把製造錯誤的責任推給別人。這且不說，"上違詔命"罪過是大的，卻成了稱讚王基的詞了。

王基在征毌丘儉和諸葛誕兩次戰爭中，都為司馬氏立了大功。

司馬昭使奮武將軍石苞督兗州刺史州泰、徐州刺史胡質領精銳部隊為遊軍以備外寇，並迎擊朱異。州泰擊破朱異軍於陽淵（今安徽霍丘東北），殺傷兩千餘人，朱異敗走。

吳大將軍孫綝，發兵出屯鑊里（今安徽巢縣境），再次遣朱異率將軍丁奉等五萬人攻魏。朱異留輜重於都陸，進屯黎漿（黎漿在今安徽壽縣南，都陸又在黎漿南）。朱異為石苞、州泰所擊退，都陸又被魏泰山太守胡烈的奇兵所襲燒，朱異大敗而回。孫綝給兵迫朱異再戰，朱異不肯去，孫綝斬朱異於鑊里，引兵還建業。

胡三省註《資治通鑒》，曾於此處加評語說：“壽春之圍已固，雖使周瑜、呂蒙、陸遜復生，不能解也。若孫綝能舉荊、揚之眾出襄陽，以向宛、洛，壽春城下之兵必分歸以自救，諸葛誕、文欽等於此時決圍力戰，猶庶幾焉。”（《資治通鑒》卷七七，高貴鄉公甘露二年）

胡三省所論，是否是確論，不敢多說，有些情況是可以說明一下的。

（一）魏、蜀、吳三國形勢已非昔比。魏國雖有曹氏、司馬氏奪權的鬥爭，但社會是安定的。司馬氏注重恢復農業，增加生產，減輕人民租役負擔，社會有生氣，人口在增殖。反之，吳、蜀役調重，人民生活困苦，小農經濟在衰落。從國力上說，魏國在發展，在上升；吳、蜀在衰落，在下降。

（二）社會政治的腐敗，影響軍隊士兵的戰鬥力。吳、蜀軍隊的戰鬥力在下降。反之，魏國士兵的戰鬥力在增強。

（三）胡三省的設想，是孫臏圍魏救趙的戰略，但由於戰士戰鬥意識的衰落，荊、揚吳兵即使出宛、洛，能否奏效也大有問題。諸葛誕起兵之前一年，蜀姜維曾出兵祁山，但被鄧艾大敗於段谷，士卒星散，死者甚眾。不需中外大軍支援，只安西將軍鄧艾以所領關中一支軍隊已能大敗姜維。

諸葛誕起兵期間，姜維再次出兵又為鄧艾所敗，朱異一再敗於石苞、州泰。魏國只以方面部隊已能防禦吳、蜀軍隊並戰而勝之，吳、蜀對魏，可以說是只有招架之力而無進攻之勢了。

諸葛誕、文欽等堅守壽春，希望寄託在吳軍進攻和司馬氏內部出問題。但吳兵敗退，司馬氏內部也未出問題。城中食糧漸感不繼。將軍蔣班、焦彝，皆諸葛誕的心腹謀主，對諸葛誕說："朱異等以大眾來而不能進，孫綝殺異而歸江東，外以發兵為名，而內實坐須（待也）成敗，其歸可見矣。今宜及眾心尚固，士卒思用，併力決死，攻其一面，雖不能盡克，猶可有全者。空坐守死，無為也。"（最後一句，《資治通鑒》所加）蔣班、焦彝主張突圍，文欽說："公今舉十餘萬眾內附（"內附"《資治通鑒》作"歸命於吳"），而欽與全端等皆同居死地，父子兄弟盡在江表，就孫綝不欲，主上及其親戚豈肯聽乎？且中國無歲無事，軍民並疲。今守我一年，勢力已困，異圖生心，變故將起。以往準今，可計日而望也。"（《三國誌・魏誌・諸葛誕傳》註引《漢晉春秋》最後一句《資治通鑒》作"奈何捨此，欲乘危僥倖乎？"）文欽主張堅守待變，蔣班、焦彝堅決主張突圍，文欽怒。諸葛誕欲殺蔣班、焦彝，二人懼，十二月，棄誕逾城降魏。

全懌兄子全輝、全儀在建業，與其家內爭訟，攜母將部曲數十家奔魏，以書招懌等，說：吳中怒懌等不能拔壽春，欲盡誅諸將家，故逃死投魏。於是全懌帥其眾數千人，開門出降。

蔣班、焦彝、全懌等的逾城出降，在壽春城內引起很大震動，人心散亂，恐慌不安。

甘露三年（258）正月，壽春城被圍已九個來月，人心已亂。文欽對諸葛誕說："蔣班、焦彝謂我不能出而走，全端、全懌又率眾逆降，此敵無備之時也，可以戰矣。"（《三國誌・魏誌・諸葛誕傳》註引《漢晉春秋》）諸葛誕等也同意突圍。但圍甚固，圍上諸軍臨高發石車火箭，矢石雨下，死傷蔽野，諸葛誕等不得已又退回城內。城內糧食轉竭，出降者數萬口。文欽欲盡出北方人以省食，專與吳人守城。諸葛誕不同意，二人發生矛盾。誕殺欽，欽子鴦、虎逾城降。魏軍攻城，城破，殺諸葛誕，夷誕三族。

齊王芳嘉平三年到高貴鄉公甘露二年（251—257年），六年之內，淮南王淩、毌丘儉、諸葛誕三家三次起兵反司馬氏。淮南三叛，力量一次比一次大，形勢一次比一次嚴重。王淩只是想起事，還沒有來得及就被司馬懿以迅雷不及掩耳的快速進兵撲滅；毌丘儉於高貴鄉公正元二年正月起兵，於閏正月失敗，自起到敗不到兩個月；諸葛誕於甘露二年五月起兵，三年二月敗，支持了七八個月。毌丘儉起事的兵力是六七萬人，諸葛誕起事有兵十餘萬。

但諸葛誕起兵，已是曹氏、司馬氏最後的一次較量了，過此之後，魏國的天下實際上已是司馬氏的天下了。

4　殺魏帝高貴鄉公

高貴鄉公即位時，才十四歲。這個青年人，聰明，有才氣，有膽識，只是不夠深沉，有些輕躁，少年氣盛。胡三省評論高貴鄉公說："以余觀高貴鄉公，蓋小慧而知書。"（《資治通鑑》卷七六，高貴鄉公正元元年）評價低了些。

在他在位期間，淮南兩次起兵反對司馬氏。諸葛誕失敗以後，司馬昭專權跋扈，實在使這個小皇帝忍不了這口氣。甘露五年（260年）四月（這年五月高貴鄉公被殺，六月陳留王奐即位，改元為景元元年），召見侍中王沈、尚書王經、散騎常侍王業，對他們說："司馬昭之心，路人所知也。吾不能坐守廢辱，今日當與卿等自出討之。"王經說："昔魯昭公不忍季氏，敗走失國，為天下笑。今權在其門，為日久矣，朝廷四方皆為之致死，不顧逆順之理，非一日也。且宿衞空闕，兵甲寡弱，陛下何所資用，而一旦如此，無乃欲除疾而更深之邪！禍殆不測，宜見重詳。"高貴鄉公從懷裏拿出黃素詔令投擲在地說："行之決矣。正使死，何所懼？況不必死邪！"

《《三國誌‧魏誌‧三少帝紀‧高貴鄉公紀》註引《漢晉春秋》）

高貴鄉公於是入內向皇太后辭別，王沈、王業這兩位司馬氏安排在皇帝身旁的黨羽或是貪生怕死的人，慌忙奔告司馬昭，讓司馬昭有了準備。

高貴鄉公帥殿中宿衛蒼頭官僮，擊戰鼓，出雲龍門，鼓噪而前。屯騎校尉司馬伷，司馬昭之弟也，遷帝於東止車門，左右呵之，伷眾奔散。中護軍賈充迎戰於南闕下，高貴鄉公身自奮擊，司馬氏兵將莫敢進迫。賈充呼帳下督成濟，對他說：「司馬家事若敗，汝等豈復有種乎？」成濟、成倅兄弟遂率帳下人出擊，回頭問賈充，「當殺邪？執邪？」賈充說：「殺之。」（《三國誌‧魏誌‧三少帝紀‧高貴鄉公紀》註引《魏末傳》）成濟、成倅兄弟直前刺帝，刃從背後出，倒地而亡。

司馬昭聽到高貴鄉公被殺，詐為大驚，自投於地說：「天下其謂我何！」（《三國誌‧魏誌‧三少帝紀‧高貴鄉公紀》註引《漢晉春秋》）

高貴鄉公死時，年二十。

高貴鄉公死了。且在眾目睽睽之下，公然地把皇帝殺死，殺人的罪犯總是要治治罪，遮遮人的口眼的。殺皇帝的罪犯是誰呢？司馬昭？賈充？成濟兄弟？

司馬昭召群臣會議。尚書僕射陳泰不至，司馬昭使荀顗召之。荀顗，陳泰之舅。陳泰對荀顗說：「世之論者，以泰方（比也）於舅，今舅不如泰也。」子弟內外咸共逼之，乃垂涕而入。司馬昭對陳泰說：「玄伯（陳泰字），卿何以處我？」陳泰說：「誅賈充以謝天下。」司馬昭說：「為我更思其次。」陳泰說：「泰言惟有進於此，不知其次。」（《三國誌‧魏誌‧陳泰傳》註引干寶《晉紀》）

荀顗，荀彧之子；陳泰，陳群之子。荀、陳兩姓，都是東漢末的世家大族，也是世代儒學名家，在家族社會地位上和意識形態上與司馬氏都是屬於同一等次同一集團的。陳泰和荀顗，都是司馬氏黨羽，陳泰嘲笑他舅父荀顗以自高的話，其實也不過是以五十步笑百步而已。

弒君，司馬昭又不敢抬出孟子"吾聞誅一夫紂矣，未聞弒其君也。"（《孟子·梁惠王下》）的話來明目張膽地說，殺高貴鄉公是殺一獨夫，那麼，殺君之罪總要找個替罪羊。賈充而上是他，賈充而下就是成濟兄弟了。

成濟兄弟一看矛頭指向他們，急了。狗急跳牆，一下竄到房上，大罵司馬昭，難聽的話、司馬氏的家醜都給揭揚出來。司馬氏的士卒從下射之，死。

高貴鄉公初立時，朝會後，鍾會評論他說："才同陳思（曹植），武類太祖（曹操）。"（《三國誌·魏誌·三少帝紀·高貴鄉公紀》註引《魏氏春秋》）人的命運，是由社會、時代決定的，才、武又能如何！

十八、玄學的興起

1 由儒到玄

東漢是儒學極盛的時代，但東漢後期儒學中已透出浮華之風。《後漢書·儒林列傳序》載，順帝以後，"遊學增盛，至三萬餘生。然章句漸疏，而多以浮華相尚，儒者之風蓋衰矣。黨人既誅，其高名善士多坐流廢。"

這種學風的轉變，和東漢後期政治腐敗、社會無出路是大有關係的。

馬融是東漢大儒，馬融的經歷是人們在現實政治壓力下不得不低頭的最好說明，也是老莊玄學思想抬頭的最好說明。

"永初二年，大將軍鄧騭聞融名，召為舍人，非其好也，遂不應命，客於涼州武都、漢陽界中。會羌虜飆起，邊方擾亂，米穀踴貴，自關以西，道殣相望。融既饑困，乃悔而歎息，謂其友人曰：'古人有言：左手據天下之圖，右手刎其喉，愚夫不為。所以然者，生貴於天下也。今以曲俗咫尺之羞，滅無貲之軀，殆非老莊所謂也。'故往應騭召。"

"是時鄧太后臨朝，騭兄弟輔政。而俗儒世士，以為文德可興，武功宜廢……故猾賊從橫，乘此無備。融乃感激，以為文武之道，聖賢不墜，五才之用，無或可廢。元初二年，上《廣成頌》以諷諫。……頌奏，忤鄧氏，滯於東觀，十年不得調。因兄子喪，自劾歸。太后聞之怒，謂融羞薄詔除，欲仕州郡，遂令禁錮之。"

"大將軍梁商表為從事中郎，轉武都太守。時西羌反叛，征西將軍馬賢與護羌校尉胡疇征之，而稽久不進。融知其將敗，上疏乞自效。……朝廷不能用。"

「桓帝時為南郡太守。先是融有事忤大將軍梁冀旨，冀諷有司奏融在郡貪濁，免官，髡徙朔方。自刺不殊，得赦還，復拜議郎，重在東觀著述，以病去官。」

「初，融懲於鄧氏，不敢復違忤勢家，遂為梁冀草奏李固，又作大將軍《西第頌》，以此頗為正直所羞。」（以上引文均見《後漢書·馬融列傳》）

馬融這位大儒，最初未嘗不打算在政治上有所作為。他看到武功不可廢，上《廣成頌》以諷諫。但頌奏忤鄧氏，反被禁錮。羌亂起，又上疏乞自效，朝廷又不能用。後又因事忤大將軍梁冀旨，免官，髡徙朔方。三番五次的折磨使馬融在政治上消沉下來。

從主觀上說，馬融自始即有活命主義思想，卻借老莊思想，以「生貴於天下」自我解嘲，這是他的弱點。由於有活命思想，又一次忤違勢家，受到勢家的打擊，幾乎喪命，政治上思想一步步墜落，遂至不敢違忤勢家，遂為梁冀草奏名臣李固，誣害李固，置李固於死。最後竟作大將軍《西第頌》，阿諛梁冀。

像馬融這樣的人，為保全性命在政治上違心向勢家屈服，心裏是痛苦的。政治上低頭墮落的人，生活上也沒有不墮落的。馬融生活上就是墮落的。《後漢書·馬融列傳》就說他：「善鼓琴，好吹笛，達生任性，不拘儒者之節。居宇器服，多存侈飾。常坐高堂，施絳紗帳，前授生徒，後列女樂，弟子以次相傳，鮮有入其室者。」

他向老莊思想裏去找安慰。他以「今以曲俗咫尺之羞，滅無貲之軀，殆非老莊所謂也」來安慰自己的心靈。他註《老子》，是大儒而為《老子》作註的第一人。

東漢土地兼併，社會矛盾激化，政治又腐敗殘暴。這種大形勢、大氣候不能不在知識階層的主觀意識方面引起反映，面對現實要求解決問題。顯著的表現就是太學生們一次次出來干預政治，他們砥礪名節，造成社會輿論，和當時的惡勢力宦官政治作鬥爭。他們失敗了，遭到殘酷的打擊，殺的殺，徙的徙。這就是漢末的黨錮之禍。

在政治高壓下，士大夫階層中一些人沉默下來，思想悲觀，認為政治已不可為。如徐稺、申屠蟠就是這派人的代表人物。他們認為時事已不可救，救則自取滅亡，於事無益。如申屠蟠説：“坑儒燒書之禍，今之謂矣。”（《後漢書・申屠蟠列傳》）

也有一些人，憂國憂民之心未亡，弘道救時之志未泯。郭林宗（即郭泰、郭太）是這派人的代表人物。他已看到時不可救。有人勸他做官，他説：“吾夜觀乾象，晝察人事，天之所廢，不可支也。”遂並不應（《後漢書・郭泰列傳》）。但他又不能完全忘情政治。徐稺善意地使人告訴郭林宗：“大樹將顛，非一繩所維，何為棲棲不遑寧處！”（《後漢書・徐稺列傳》）

葛洪則惡意地批評郭林宗，説他“蓋欲立朝則世已大亂，欲潛伏則悶而不堪。或躍，則畏禍害；確爾，則非所安。彰徨不定，載肥載臞。而世人逐其華而莫研其實。”（《抱樸子・正郭篇》）此種評語，未免太苛。有嵇生者，對郭林宗曾有評論，葛洪曾引之。嵇生説，郭林宗“知人則哲，蓋亞聖之器也。及在衰世，棲棲惶惶，席不暇溫，志在乎匡斷行道，與仲尼相似。”（同上）我認為嵇生對郭林宗的評價，是深知林宗的，得乎實情。嵇生，可能是嵇康。

漢末出現清議，批評政治，臧否人物。能臧否人物的，都是當時士大夫階層中有地位的人。被評價的人如能得到好的評語，便可立刻身價十倍。曹操年輕時“任俠放蕩，不治行業，故世人未之奇也。”（《三國誌・魏誌・武帝紀》）而當時有知人之鑒聲名的梁國橋玄、南陽何顒卻很稱讚他。橋玄對曹操説：“天下將亂，非命世之才不能濟也。能安之者，其在君乎？”（同上）曹操聲名由是大起。

臧否人物，形成一種風氣。汝南因有臧否人物的名家許劭和從兄許靖，還出現了月旦評。

《後漢書·許劭列傳》："初，劭與靖俱有高名，好共核論鄉黨人物，每月輒更其品題。故汝南俗有'月旦評'焉。"

橋玄對曹操説："君未有名，可交許子將。"曹操去看許子將，問："我何如人？"許子將不答。曹操固問。許子將説："子治世之能臣，亂世之奸雄。"（《三國誌·魏誌·武帝紀》註引孫盛《異同雜語》）這句話，評得好，很合曹操的品格。後出的《三國演義》，用了這句話。

黨錮之後，士大夫多罹時難，死的死，亡的亡。清議直接評論政治之風稍煞，更多的是臧否人物。臧否人物，這表示士大夫的社會威權。政治上我失敗了，人物好壞還要由我來評。骨子裏這是士權對皇權的挑戰。後來的九品中正，正是從漢末清議演化下來的。人物評論，被政府納入它的軌道中去，私家評論卻要打擊。曹操雖然從漢末人物品議中得益，在他逐步建立政權時，對此卻是不喜歡的。人物品評，這是朝廷的大權，焉能由在野之人來掌握行使！後來曹操對此風氣，就是打擊的。葛洪《抱樸子·自序》説："漢末俗弊，朋黨分部，許子將之徒，以口舌取戒，爭訟論議，門宗成讎。故汝南人士無復定價，而有月旦之評。魏武帝深亦疾之，欲取其首，爾乃奔波亡走，殆至屠滅。"

魏晉之際，又有曹氏、司馬氏之爭。黨於曹氏的士大夫名士，又遭司馬氏的壓制、打擊、屠殺。司馬氏雖服膺儒術，殺人卻是極殘忍的，毫不留情。

從東漢末黨錮之禍算起，到晉武帝受禪，前後一百年左右（第一次黨錮在桓帝延熹九年，是為 166 年；第二次在靈帝建寧二年，為 169 年。晉武帝受禪是 265 年）。這一百年裏，士大夫知識階層先後三次受殘酷打擊。如果從馬融算起，時間還要長些。士大夫階層的思想意識，其主流則從激烈參加政治鬥爭，到積極清議，又到清談玄學，消極沉默。老莊思想在思想意識領域，走到頂尖上。在洛陽，在最高級的士大夫階層，由儒學積極的入世人生走到了玄學消極的處世人生。

2　何晏和王弼

　　魏晉玄學的發展，可分為前後兩個階段，也可以分為溫和和激烈兩派（參看湯用彤教授《魏晉思想的發展》，見中華書局 1962 年出版的湯著《魏晉玄學論稿》）。前一階段的，也是溫和派的代表人物是何晏和王弼。

　　何晏和王弼都是由儒到玄的初期人物，他們的思想中還有儒的成分。他們都還尊奉儒，推崇孔子為聖人。《世説新語‧文學篇》載："王輔嗣弱冠詣裴徽，徽問曰：'夫無者，誠萬物之所資；聖人莫肯致言，而老子申之無已，何耶？'弼曰：'聖人體無，無又不可以訓，故言必及有。老、莊未免於有，恆訓其所不足。'"何晏有《論語集解》，王弼有《論語釋疑》。他們都用玄理解釋《論語》。

　　初期的玄學，都是主張儒道協同的，並不矛盾。儒家也説："天命之謂性，率性之謂道，修道之謂教。"（《中庸》）教是教化，可以總名之曰名教。道是自然規律，名教只是對道加以修整，並不是改變。何晏所引用的夏侯玄的話"天地以自然運，聖人以自然用"，就是自然與名教的統一，也就是儒和玄的統一。"將無同"的故事是很好的説明。《世説新語‧文學篇》載："阮宣子（修）有令聞。太尉王夷甫（衍）見而問曰：'老莊與聖教同異？'對曰：'將無同。'太尉善其言，辟之為掾，世謂三語掾。"同樣的故事，有的記載又放在阮瞻和王戎身上。《晉書‧阮籍列傳附阮瞻傳》載："（阮瞻）見司徒王戎，戎問曰：'聖人貴名教，老、莊明自然。其旨同異？'瞻曰：'將無同。'戎咨嗟良久，即命辟之。時人謂之'三語掾'。太尉王衍亦雅重之。"誰是真包黑（包拯），誰是假包黑，也難辨識了。這故事出自西晉，反映的是魏末何晏、王弼以來的儒玄關係的主體思想。儒玄是統一的，將無同的。

　　玄學興起來的時間，是魏正始年間（240—248 年）。《文心雕龍‧論説篇》載："迄至正始，務欲守文，何晏之徒，始盛玄論，於是聃、周當路，與仲尼爭途矣。"《顏氏家訓‧勉學篇》載："何晏、王弼，祖述玄宗。

……《莊》、《老》、《周易》，總謂三玄。"

無，是玄學的核心思想。《晉書・王衍列傳》説："魏正始中，何晏、王弼等祖述老、莊，立論以為：天地萬物以無為為本。無也者，開物成務，無所不成者也。陰陽恃以化生，萬物恃以成形，賢者恃以成德，不肖恃以免身。故無之為用，無爵而貴矣。"

何晏的著作，大多散失，只在別人的引用中保留下來一部分。何晏的主要論點，引兩段在這裏。

"有之為有，恃無以生，事而為事，由無以成。夫道之而無語，名之而無名，視之而無形，聽之而無聲，則道之全焉。故能昭音響而出氣物，包神形而章光影，玄以之黑，素以之白，矩以之方，規以之圓，圓方得形而此無形，白黑得名而此無名也。"（《列子・天瑞篇》註引何晏《道論》）

"夫道者，惟無所有者也。自天地以來，皆有所有矣，然猶謂之道者，以其能複用無所有也。……夏侯玄曰：'天地以自然運，聖人以自然用。'自然者，道也。道本無名。故老氏曰'強為之名'。仲尼稱堯'蕩蕩無能名焉'。下云'巍巍成功'則強為之名，取世所知而稱耳，豈有名而更當云無能名焉者邪？夫惟無名，故可得遍以天下之名名之，然豈其名也哉？"（《列子・仲尼篇》註引何晏《無名論》）

何晏的"無"，都是為老氏作註釋。《老子》稱："天地萬物生於有，有生於無。"又説："無名，天地之始；有名，萬物之母。"何晏所闡釋的也就是這些話。

有和無是對立的。有，是物質，是存在。天地萬物皆從有產生。無是甚么？是看不見、摸不着的東西，不一定是不存在的，也可能是物質。在今天這是常識。從無和有的對立關係來説，把他們的無解釋為精神是比較順的。

對於老氏有和無的關係（有生於無），王弼和何晏的論點是相同的。王弼註《老子》"無名天地之始，有名萬物之母"説："凡有皆始於無。故未形無名之時，則為萬物之始，及其有形有名之時，則長之育之，亭之毒之，為其母也。言道以無形無名始成，萬物以始以成而不知，其所以玄之又玄也。"王弼"凡有皆始於無"，即老子所説"有生於無"。

王弼講説玄理，似較何晏又深入了一層。何劭所作《王弼傳》説："弼幼而察惠，年十餘，好老氏，通辯能言。……何晏為吏部尚書，甚奇弼，歎之曰：'仲尼稱後生可畏，若斯人者，可與言天人之際乎！'……何晏以為聖人無喜怒哀樂，其論甚精，鍾會等述之。弼與不同，以為聖人茂於人者神明也，同於人者五情也，神明茂故能體沖和以通無；五情同故不能無哀樂以應物，然則聖人之情，應物而無累於物者也。今以其無累，便謂不復應物，失之多矣。"（《三國誌·魏誌·鍾會傳》註引）

《世説新語·文學篇》載："何晏為吏部尚書，有位望。時談客盈坐，王弼未弱冠，往見之。晏聞弼名，因條向者勝理，語弼曰：'此理，僕以為理極，可得復難不？'弼便作難。一坐人便以為屈。於是弼自為主客數番，皆一坐所不及。"

"何平叔註《老子》，始成，詣王輔嗣。見王註精奇，乃神伏。曰：'若斯人，可與論天人之際矣。'因以所註為《道德》二篇。"

從這裏看來，王弼的玄理是高何晏一籌的，何晏自己也是服氣的。

何晏，何進的孫子，曹操的假子。《三國誌·魏誌·曹爽傳附何晏傳》説："晏，何進孫也。母尹氏，為太祖夫人。晏長於宮省，又尚公主，少以才秀知名，好老、莊言，作《道德論》及諸文賦著述凡數十篇。"裴松之在此傳的註中引《魏略》説："太祖為司空時，納晏母並收養晏……見寵如公子。……晏無所顧憚，服飾擬於太子，故文帝特憎之，每不呼其姓名，嘗謂之為'假子'。"何晏死於曹爽之難。

王弼字輔嗣，王粲族孫。王粲族兄王凱，凱生業，業生宏、弼。蔡邕以萬卷書與王粲，粲子與魏諷謀反被殺，書盡歸王業。王弼的成就和他自幼的文化環境、書香家庭有關係。

何晏是曹爽的得力助手，正始年間任尚書，典選舉，是能人盡其才的。西晉人傅咸曾說："正始中任何晏以選舉，內外之眾職各得其才，粲然之美於斯可觀。"（《晉書‧傅咸列傳》）何晏死後，一直被誣為塗脂抹粉的好色之徒，至此才有人為他說句公道話。

王弼生於魏文帝黃初七年（226 年），死於正始十年（249 年）秋，遇癘疾亡，年二十四歲，是個短命的天才。

3 嵇康和阮籍

何晏死於正始十年政變。王弼不是死於政變，而是死於政變後的同年。他們的玄學思想反映正始前的時代，他們已經宗述玄學，但仍不捨棄儒學，他們以玄釋儒，並把名教和自然統一起來。他們是由儒到玄的橋樑人物。

正始十年政變以後，司馬氏奪了權。雖然還未篡位做皇帝，實際上已大權在握。為了鞏固他們的大權，殘酷地屠殺曹魏的黨羽大臣，其中包括一些名士、高級知識階層。如《晉書‧阮籍列傳》所說："魏晉之際，天下多故，名士少有全者。"這裏只論述一下與玄學之發展變化有關的兩個人物——嵇康和阮籍。

嵇康，字叔夜。譙郡鈺（今安徽宿縣西南）人也。嵇康兄嵇喜為嵇康寫的傳說："家世儒學，少有俊才，曠邁不群，高亮任性，不修名譽，寬簡有大量。學不師授，博洽多聞。長而好老、莊之業，恬靜無慾。性好服食，嘗採御上藥。……以為神仙者，稟之自然，非積學所致。至於導養得理，以盡性命，若安期、彭祖之倫，可以善而得也；著《養生篇》。"（《三國誌‧魏誌‧王粲傳》註引）《晉書‧嵇康列傳》載："長好老莊，與魏宗室婚，拜中散大夫。"

從這裏可以看到：嵇康是絕頂聰明的人，他和曹氏是姻親而且是同鄉；他也曾做官任中散大夫，不是絕不願出仕的人。他和曹氏有着諸種關係，如同鄉關係、姻親關係。他是曹氏黨同的人。

司馬氏掌權之後，嵇康已不再願做官。他的好友山濤將去選官推薦嵇康來接代他，嵇康就謝絕了。他給山濤的信說："老子、莊周，吾之師也。……加少孤露，母兄驕恣，不涉經學，又讀老、莊，重增其放。故使榮進之心日頹，任逸之性轉篤。……又不識物情，暗於機宜。無萬石之慎，而有好盡之累；久與事接，疵釁日興，雖欲無患，其可得乎！……又每非湯、武而薄周、孔，在人間不止此事，會顯世教所不容。……吾頃學養生之術，方外榮華，去滋味，遊心於寂寞，以無為為貴。……足下無事冤之令轉於溝壑也。"_{（《與山巨源絕交書》，見《文選》卷四三）}

巨源是山濤的字。千多年來，都說這是嵇康與山濤的絕交書，此說始自蕭統《文選》。其實嵇康只是謝絕做官，毫無絕交的意思_{（此點近人盧弼已指出，見所著《三國誌集解・王粲傳》註）}。

這裏嵇康說他自己"每非湯、武而薄周、孔"。湯、武、周、孔，是儒家名教的根，非薄湯武周孔就是非薄名教。嵇康喜愛老莊自然，並已將湯武周孔名教和老莊自然對立起來。在嵇康眼裏，名教是低層次的，自然是高層次的，兩者的關係不是"將無同"，而是一高一低。他在所著《釋私論》中就說："氣靜神虛者，心不存於矜尚；體亮心達者，情不繫於所慾。矜尚不存乎心，故能越名教而任自然；情不繫於所慾，故能審貴賤而通物情。物情順通，故大道無違；越名任心，故是非無措也。"_{（《嵇中散集》卷六）}他要人都能更上一層樓，"越名教而任自然"，越過周孔而到達老莊。

他認為人類群體，由順自然到修文教是倒退。他在《難張遼叔自然好學論》中說："洪荒之世，大樸未虧，君無文於上，民無競於下，物全理順，莫不自得。飽則安寢，飢則求食，怡然鼓腹，不知為至德之世也。若此，則安知仁義之端，禮律之文？及至人不存，大道陵遲，乃始作文墨，以傳其意。區別群物，使有類族；造立仁義，以嬰其心；制為名分，以檢其外；勸學講文，心神其教。故云經紛錯，百家繁熾，開榮利之途，故奔

鷙而不覺。"（《嵇中散集》卷七）

嵇康這種思想，為兩晉之際的鮑敬言所發揮。這是一種早期無政府主義思想。這是贊老反儒的思想，是從老子思想中發展出來的。

司馬氏是世代儒家，奪得政權後，大殺曹家人，把皇帝也刺殺了。對他們來說，"忠"字是提不出口的，於是就特別提倡以"孝"治天下。嵇康親曹氏，又貶抑名教，又以性格偏頗，易招人怨，終為司馬昭所殺害。

當時有高人孫登，遨遊山林，不與人來往。嵇康曾從之遊。孫登"沉默自守，無所言說。"臨別時，孫登對嵇康說了一句話："君性烈而才雋，其能免乎！"（《晉書·嵇康列傳》）

早年嵇康曾和向秀在大樹下煉鐵，名公子鍾會去看望他。嵇康不為之禮而鍛不輟。良久，會去，嵇康問："何所聞而來？何所見而去？"鍾會說："聞所聞而來，見所見而去。"（同上）鍾會非常恨嵇康，後來就在司馬昭前說嵇康的壞話，說"嵇康，臥龍也，不可起。公無憂天下，顧以康為慮耳。"（同上）又說嵇康"言論放蕩，非毀典謨，帝王者所不宜容。宜因釁除之，以淳風俗。"（同上）司馬昭聽了鍾會的話，把嵇康殺掉。

阮籍，字嗣宗，陳留尉氏（今河南尉氏）人。他父親阮瑀，是建安七子之一。

如果說玄學是老莊之學，則何晏、王弼乃至嵇康思想上都是近乎老的，而阮籍卻思想、行為都近乎莊。《晉書·阮籍列傳》說他："志氣宏放，傲然獨得，任性不羈，而喜怒不形於色。或閉戶視書，累月不出；或登臨山水，經日忘歸。博覽群籍，尤好莊、老。嗜酒能嘯，善彈琴。當其得意，忽忘形骸。"

"（阮）籍，本有濟世志，屬魏、晉之際，天下多故，名士少有全者，籍由是不與世事，遂酣飲為常。"（《晉書·阮籍列傳》）阮籍死於魏陳留王奐景元四年（263年），年五十四。上推阮籍生年，當在漢獻帝建安十五年（210

年）。他的後期，正當司馬氏奪權，殘酷殺人的時際。他的好友嵇康，就在他死之前一年被殺。阮籍"本有濟世志"，大約只是他的早期了。

阮籍著《達莊論》。在這篇文章裏，他説："天地生於自然，萬物生於天地。""人生天地之中，體自然之形。""道法自然而為化。"（見《全三國文》卷四六）因此，阮籍思想上、生活上都是崇尚自然、反對名教的。

阮籍生活上是隨自然之性，放任不羈的。他不喜歡司馬氏，但司馬氏也抓不住他的罪過。司馬昭"初欲為武帝求婚於籍，籍醉六十日，不得言而止。鍾會數以時事問之，欲因其可否而致之罪，皆以酣醉獲免。"但他只要想活命，就不得不向司馬氏低頭。司馬昭讓九錫，"公卿將勸進，使籍為其辭。籍沉醉忘作。臨詣府，使取之，見籍方據案醉眠。使者以告，籍便書案使寫之。無所改竄，辭甚清壯，為時所重。"（《全三國文》卷四六）

"籍雖不拘禮教，然發言玄遠，口不臧否人物。""性至孝。母終……毀瘠骨立，殆至滅性。裴楷往弔之，籍散髮箕踞，醉而直視。楷弔唁畢便去。或問楷：'凡弔者主哭客乃為禮。籍既不哭，君何為哭？'楷曰：'阮籍既方外之士，故不崇禮典。我俗中之士，故以軌儀自居。'時人歎為兩得。"（同上）

"籍又能為青白眼，見禮俗之士，以白眼對之。……由是禮法之士，疾之若讎，而帝（司馬昭）每保護之。嫂常歸寧，籍相見與別。或譏之，籍曰：'禮豈為我設邪！'鄰家少婦有美色，當壚沽酒。籍嘗詣飲，醉便臥其側。籍既不自嫌，其夫察之，亦不疑也。兵家女有才色，未嫁而死。籍不識其父兄，徑往哭之，盡哀而還。其外坦蕩而內淳至，皆此類也。"（同上）

"嘗登廣武，觀楚漢戰處，歎曰：'時無英雄，使豎子成名。'登武牢山，望京邑而歎。於是賦豪傑詩。"（同上）阮籍於消沉中，仍時時流露出他胸中有為的苦悶。

阮籍在生活上也是不拘於禮法的。

他的《大人先生傳》，有似嵇康的《難張遼叔自然好學論》，也認為人類群體近不如古。古時淳樸，有了君臣禮法越來越壞。他說：「昔者天地開闢，萬物並生，大者恬其性，細者靜其形。陰藏其氣，陽發其精。害無所避，利無所爭。……蓋無君而庶物定，無臣而萬事理。……惟茲若然，故能長久。今汝造音以亂聲，作色以詭形。……君立而虐興，臣設而賊生。坐制禮法，束縛下民。欺愚誑拙，藏智自神。強者睽眠而陵暴，弱者憔悴而事人。假廉而成貪，內險而外仁。……無貴則賤者不怨，無富則貧者不爭。各足於身而無所求也。……竭天地萬物之至，以奉聲色無窮之慾，此非所以養百姓也。於是懼民知其然，故重賞以喜之，嚴刑以威之。……此非汝君子之為乎？汝君子之禮法，誠天下殘賊亂危死亡之術耳！而乃自以為美行不易之道，不亦過乎？……故不通於自然者，不足以言道。」（同上）

他用蝨子比喻禮法君子，嘲笑他們說：「世人所謂君子，惟法是修，惟禮是克。手執圭璧，足履繩墨。行欲為目前檢，言欲為無窮則。少稱鄉黨，長聞鄰國。上欲圖三公，下不失九州牧。獨不見群蝨之處褌中，逃乎深縫，匿乎壞絮，自以為吉宅也。行不敢離縫際，動不敢出褌襠，自以為得繩墨也。然炎丘火流，焦邑滅都，群蝨處於褌中而不能出也。君子之處區域內，何異夫蝨之處褌中乎？」（《晉書·阮籍列傳》）

嵇康、阮籍是玄學發展第二階段的代表人物。三國時期玄學的興起，大概可以分為兩個階段，何晏、王弼是第一階段的代表人物，他們是由儒到玄過渡的橋樑人物。他們已皈依玄學，但仍不忘儒學，他們都註釋《論語》，願意以玄學思想釋儒學經典，希望以「將無同」把儒玄統一起來。嵇康、阮籍是第二階段的玄學代表人物，他們對於儒學名教禮法，已比較決絕，嘲笑禮法之士為蝨處褌中，思想上他們已擺脫儒家名教的束縛。他們認為玄學高於儒學，玄是高檔次的，儒是低檔次的。

兩晉玄學人物，大多不出此兩途。

十九、蜀漢的滅亡

1 蜀漢後期

諸葛亮死後，由蔣琬執蜀政。

蔣琬，字公琰，零陵湘鄉人。隨劉備入川，為廣都長。眾事不治，時或沉醉。劉備欲加之罪，諸葛亮說：「蔣琬，社稷之器，非百里之才也。其為政以安民為本，不以修飾為先，願主公重加察之。」（《三國誌・蜀誌・蔣琬傳》）劉備尊重諸葛亮，未予治罪，但免官而已。頃之，又為什邡令。劉備為漢中王，蔣琬入為尚書郎。

建興元年（223 年），丞相亮開府，辟琬東曹掾，遷參軍，後為長史。諸葛亮住漢中，蔣統留府事，常足食足兵以相供給。諸葛亮很器重蔣琬，常說：「公琰託志忠雅，當與吾共贊王業者也。」又密表後主說：「臣若不幸，後事宜以付琬。」（同上）

諸葛亮死，以蔣琬為尚書令；俄而加行都護，假節，領益州刺史；又遷大將軍，錄尚書事。

蔣琬執行的仍是諸葛亮北伐的路線，他以諸葛亮數由漢中爭關中秦川，皆無功，擬改由水路襲魏興、上庸。但蜀漢朝廷上多數人以為如攻不能勝，還路甚難，非長策也，蔣琬也就作罷。他推薦姜維為涼州刺史，先取魏隴右各郡。這仍是諸葛亮的軍事路線，蔣琬移住涪縣（今四川綿陽），以為姜維後繼。

延熙九年（246 年），蔣琬病死。蔣琬對蜀漢的貢獻在於他持之以靜，安定了蜀的局面。諸葛亮死後蜀的局勢頗為緊張，蔣琬能使局面安定下來，使眾望漸服，人心平定。

蔣琬死後，費禕接替他執政。

費禕，江夏鄳（音萌）人。一改諸葛亮勤力北伐的政策，主張保境安民。姜維主張繼續北伐。姜維自以為熟悉西方風俗，兼自負其才武，欲誘諸羌、胡為助，謂自隴以西可斷而有也。費禕常限制不從，給兵不過萬人。他對姜維說："吾等不如丞相亦已遠矣；丞相猶不能定中夏，況吾等乎！且不如保國治民，敬守社稷，如其功業，以俟能者，無以為希冀僥幸而決成敗於一舉。若不如志，悔之無及。"（《三國誌‧蜀誌‧姜維傳》註引《漢晉春秋》）

延熙十六年（253年）歲首大會，費禕歡飲大醉，魏國降人郭循（《三國誌‧魏誌‧三少帝紀‧齊王芳紀》作郭修）於坐刺殺禕。《費禕別傳》說："禕雅性謙素，家不積財。兒子皆令布衣素食，出入不從車騎，無異凡人。"（《三國誌‧蜀誌‧費禕傳》註引）

昭化城拱極門（劉煒攝）

昭化（即葭萌）是蜀漢的戰略重鎮，蜀道自此通往成都，拱極門是城的北門。
費禕主蜀政後，曾在這裏開府辦公，後遇刺於此，歸葬於昭化城西門（臨清門）之外。

費禕自延熙九年代蔣琬主蜀政到十六年為郭循刺死，執蜀政七年。

代費禕執蜀政的是姜維。

姜維字伯約，天水冀（今甘肅天水市西）人。少孤，與母居。出仕，參本郡軍事。建興六年（228年）諸葛亮出祁山，姜維降，後常隨諸葛亮征伐。諸葛亮對姜維極為稱讚，說他是有膽、有識、有才、有義，既忠且勤的人，如他給留府長史張裔、參軍蔣琬書說：“姜伯約忠勤時事，思慮精密，考其所有，永南（李邵）、季常（馬良）諸人不如也。其人，涼州上士也。”又說：“姜伯約甚敏於軍事，既有膽義，深解兵意。此人心存漢室，而才兼於人。”（《三國誌·蜀誌·姜維傳》）諸葛亮對姜維是如此的賞識。

諸葛亮死後，姜維和蔣琬還能配合，蔣琬還能繼續執行諸葛亮的北伐政策，雖曾一度想改變諸葛亮的出兵路線，由出關中改為順漢水東下出襲魏興、上庸，但經人指出“如不克捷，還路甚難”後，即改變主意。以姜維為涼州刺史，仍是諸葛亮原來的設想，先與魏爭隴右，再奪取關中、長安，再爭中原。

姜維和費禕便不能如此協調，費禕是主張“保國治民”的，不主張與魏作戰，說：“丞相猶不能定中夏，況吾等乎？”

費禕死後，姜維始當權，蜀和魏的戰爭又多起來。從延熙十六年（253年）到景耀五年（262年），九年之間，六次出擊，加上前此的三次，《三國演義》就說姜維九伐中原。

延熙十六年夏，姜維率數萬人出石營（今甘肅禮縣西北），經董亭（石營北，今甘肅武山南），圍南安（今甘肅隴西東南）。這一年，吳諸葛恪進兵淮南，圍合肥新城。魏東、西兩邊皆急。司馬師使車騎將軍郭淮、雍州刺史陳泰以全部關中之眾解南安之圍。敕毌丘儉按兵自守，以新城委吳。陳泰進至洛門（今甘肅武山東），姜維糧盡，退還。吳兵因水土不服，病者大半，死傷塗地，秋七月，諸葛恪亦引兵退。

十七年，蜀加姜維督中外軍事，復出隴西。魏守狄道（今甘肅臨洮）長李簡舉城降。姜維自狄道進拔河關、臨洮（胡三省認為：以地理考之，河關、臨洮在狄道西）及狄道，獲三地人民而還。這一戰，有功於南中的張嶷戰死。

十八年，蜀姜維復出兵，率車騎將軍夏侯霸和征西大將軍張翼北進。八月，姜維將數萬人至枹罕（今甘肅臨夏東北），趨狄道。魏雍州刺史王經不守狄道，渡洮水與姜維戰於洮西。王經大敗，還保狄道城，眾皆奔散，死者萬計。姜維遂進圍狄道。

魏以征西將軍假節都督雍涼諸軍事陳泰、行安西將軍鄧艾，併力拒維，並以太尉司馬孚為後繼。陳泰進兵隴西。鄧艾等說：“王經新敗，眾賊大盛，將軍以烏合之眾，繼敗軍之後，當乘勝之鋒，殆必不可。……不如據險自保，觀釁待敝，然後進救。”陳泰說：“姜維提輕兵深入，正欲與我爭鋒原野，求一戰之利。王經當高壁深壘，挫其銳氣，今乃與戰，使賊得計。經既破走，維若以戰克之威，進兵東向……放兵收降，招納羌、胡，東爭關、隴，傳檄四郡（隴西、南安、天水、廣魏），此我之所惡也。而乃以乘勝之兵，挫峻城之下……誠非輕軍遠入之利也。今維孤軍遠僑，糧穀不繼，是我速進破賊之時。”（《資治通鑒》卷七六，高貴鄉公正元二年。參看《三國誌·魏誌·陳泰傳》）

陳泰急行軍救狄道之圍，姜維退駐鍾題（今甘肅臨洮南）。

這一戰，姜維破王經數萬大軍，是蜀國的一次大勝。鄧艾就說：“洮西之敗，非小失也；破軍殺將，倉廩空虛，百姓流離，幾於危亡。”（《三國誌·魏誌·鄧艾傳》）

十九年，姜維進位為大將軍，又率兵北伐。七月，姜維率眾出祁山，聞魏安西將軍鄧艾已有備，乃退，更從董亭趨南安。鄧艾據武城山（今甘肅武山西南）以相持。姜維夜渡渭水，緣山趨上邽（今甘肅天水市），與鄧艾戰於段谷（今甘肅天水市東）。姜維原與鎮西大將軍胡濟約期會師上邽，胡濟失期未到，姜維大敗，士卒星散，死者甚眾。維上書謝，求自貶黜，乃

以後將軍行大將軍事。(參看《三國誌・魏誌・鄧艾傳》和《三國誌・蜀誌・姜維傳》)

二十年，魏征東大將軍諸葛誕反於淮南，魏分關中兵赴淮南，姜維乘虛進兵秦川，率眾數萬出駱谷至瀋嶺（今陝西周至南）。這時，長城（瀋嶺北，今周至南）積穀甚多，而守兵少，魏征西將軍、都督雍涼諸軍事司馬望和鎮西將軍、都督隴右諸軍事鄧艾進兵據守長城，以拒姜維。姜維數挑戰，望、艾不出。景耀元年（258年），維聞諸葛誕敗，乃還成都。復拜大將軍。

景耀五年（魏陳留王奐景元三年，262年），姜維出兵侯和（今甘肅卓尼東北），為鄧艾所敗，遂退守沓中（今甘肅舟曲西北）。

這是姜維最後的一次出征了。

姜維出師北伐，主要是爭隴右。姜維自以為"練西方風俗，兼負其才武，欲誘諸羌、胡以為羽翼，謂自隴以西可斷而有也。"（《三國誌・蜀誌・姜維傳》）他幾次出兵，多在南安、隴西、枹罕、狄道、上邽等地，只有延熙二十年（257年），因魏諸葛誕反於淮南，關中兵一部調往淮南，關中空虛，姜維才出駱谷，據瀋嶺，爭長城，看樣子是想直下長安。

從戰爭形勢看，越來越顯著的是：蜀、吳已非魏的敵手，越來越非魏的敵手。257年，對魏的戰爭是蜀、吳雙方同時出擊的，還有諸葛誕的起兵，可以說是三方合力與司馬氏作戰。司馬昭大兵二十六萬出擊諸葛誕和吳，司馬望、鄧艾的一部分關中軍擊姜維。結果：吳軍被擊潰，諸葛誕困死壽春；鄧艾據守長城，姜維欲戰不得，也不得已而退。吳、蜀、諸葛誕三方合力，都不是敵手，以失敗告終。

由於連年戰爭，蜀國社會生產、人民生活，都受到很大破壞。《三國誌・蜀誌・譙周傳》說："於時軍旅數出，百姓凋瘁。"孫休時，薛珝使蜀求馬，還，孫休問他蜀政得失。薛珝說："主暗而不知其過，臣下容身以求免罪，入其朝不聞正言，經其野民皆菜色。臣聞燕雀處堂，子母相樂，自以為安也。突決棟焚，而燕雀怡然不知禍之將及，其是之謂乎！"（《三國誌・吳誌・薛綜傳》註引《漢晉春秋》。瑁，綜子）薛珝已看出蜀的問題，政治上君臣上下昏昏愕愕，飽食終日，不知死亡將至；而社會上卻是民生凋敝，生活困難，民皆菜色。

譙周曾作《仇國論》，含蓄地道出他對姜維年年出征的反對。他說："夫民疲勞則騷擾之兆生，上慢下暴則瓦解之形起。……是故智者不為小利移目，不為意似改步，時可而後動，數合而後舉，故湯、武之師不再戰而克，誠重民勞而度時審也。如遂極武黷征，土崩勢生，不幸遇難，雖有智者將不能謀之矣。"（《三國誌‧蜀誌‧譙周傳》）

後主劉禪後期，宦官黃皓已漸弄權。黃皓和右大將軍閻宇親善，陰欲廢姜維而樹立閻宇。姜維知道後，對後主說："皓奸巧專恣，將敗國家，請殺之。"後主說："皓趨走小臣耳，往董允每切齒，吾常恨之，君何足介意！"後主敕黃皓到姜維處陳謝（《資治通鑒》卷七八，元帝景元三年）。姜維本以羈旅依漢，身受重任，興兵累年，功積不立，對黃皓的陰謀疑懼不安。侯和失敗後，姜維懼而不敢回成都，因求種麥沓中。

民皆菜色，君主昏庸，上下苟安，國家輔弼重臣不敢居京都，而遠駐邊地種麥。這是蜀漢的形勢，這是坐以待滅的形勢！

2 鍾會、鄧艾滅蜀

經過司馬懿父子的經營，家門是立起來了。如能對外立功，就更能舉家門於至高處，滅蜀、滅吳就提到日程上來了。

魏對於滅吳、滅蜀誰先誰後的問題，自魏文帝曹丕開始，就是常在考慮之中的。對這個問題，在司馬昭之前，一般是傾向先滅吳再滅蜀。曹丕、司馬懿都是如此主張。文帝雖然問賈詡："吾欲伐不從命以一天下，吳、蜀何先？"（《三國誌‧魏誌‧賈詡傳》）但他心中所想的是先滅吳。在他在位的七年中，曾三次攻吳。明帝曾問司馬懿："二虜宜討，何者為先？"司馬懿說："若為陸軍以向皖城，引權東下，為水戰軍向夏口，乘其虛而擊之，此神兵從天而墮，破之必矣。"《晉書·宣帝紀》魏明帝同意司馬懿的意見，亦是先吳後蜀，這大約是因為曹操爭漢中失敗、曹真等三次伐蜀所遇到的困難，給他們的影響很深的緣故。

司馬昭時，吳先蜀後的思想有個大變化。司馬昭說："自定壽春以來，息役六年，治兵繕甲，以擬二虜。略計取吳，作戰船，通水道，當用千餘萬功，此十萬人百數十日事也。又南土下濕，必生疾疫。今宜先取蜀，三年之後，因巴蜀順流之勢，水陸並進，此滅虞定虢、吞韓併魏之勢也。"《晉書·文帝紀》

司馬昭出兵前，估計蜀的兵力和戰爭形勢時說："計蜀戰士九萬，居守成都及備他郡不下四萬，然則餘眾不過五萬。今絆姜維於沓中，使不得東顧，直指駱谷，出其空虛之地，以襲漢中。彼若嬰城守險，兵勢必散，首尾離絕。舉大眾以屠城，散銳卒以略野，劍閣不暇守險，關頭不能自存。以劉禪之暗，而邊城外破，士女內震，其亡可知也。"（同上）

於是以鍾會為鎮西將軍，都督關中。

魏滅蜀路線圖

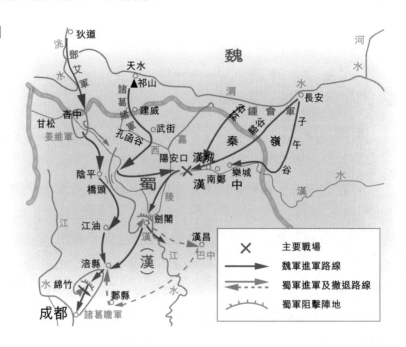

姜維得到消息，上表後主：「聞鍾會治兵關中，欲規進取，宜並遣張翼、廖化督諸軍分護陽安關口（今陝西勉縣西）、陰平橋頭（今甘肅文縣境）以防未然。」（《三國誌‧蜀誌‧姜維傳》）

黃皓信鬼巫，說敵終不自來，啟後主寢其事。群臣莫有知者。

景元四年（263 年）五月，魏詔諸軍大舉伐蜀。遣征西將軍鄧艾督三萬餘人自狄道趨甘松，攻姜維於沓中；雍州刺史諸葛緒督三萬餘人自祁山趨武街橋頭（今甘肅成縣以西），絕維歸路。鍾會統十餘萬眾分從斜谷、駱谷、子午谷趨漢中。

蜀漢聞魏兵且至，乃遣廖化將兵去沓中為姜維繼援，張翼、董厥等去陽安關口為諸圍外助。敕令諸圍皆不得戰，退保漢、樂二城。翼、厥北至陰平（今甘肅文縣），聞諸葛緒將向建威（今甘肅西和），留住月餘以待之。

撤諸圍，退保樂城、漢城，這是姜維對保衛漢中的安排，改變了原來劉備的安排。劉備當年奪得漢中，留魏延鎮守，皆實兵諸圍以禦外兵，敵若來攻，使不得入。齊王芳正始五年曹爽攻興勢（今陝西洋縣北）失敗而歸，蜀軍就是採取的劉備的安排。姜維主持蜀漢軍事時，以為錯守諸圍，適可禦敵，不獲大利。「不若使聞敵至，諸圍皆斂兵聚穀，退就漢、樂二城，使敵不得入平（此句《資治通鑒》作「聽敵入平」），且重關（《資治通鑒》關下有「頭」字）鎮守以捍之。有事之日，令遊軍併進（《資治通鑒》作「旁出」）以伺其虛。敵攻關不克，野無散穀，千里縣糧，自然疲乏。引退之日，然後諸城並出，與遊軍併力搏之，此殄敵之術也。」（同上）這次魏軍進攻，蜀漢守漢中就是採用的姜維的安排。蜀後主以督漢中胡濟退住漢壽（今四川劍閣東北），監軍王含守樂城，護軍蔣斌守漢城。

姜維這樣安排，優點何在？事關軍事，書生實不敢多談。但有一點似可指出：姜維這種安排，在雙方勢均力敵或守方勢力稍弱時為有利。退可以守，在敵方力疲糧盡時，又可以攻。如在雙方勢力比較懸殊時，這種安排就不見得有利了。當然在這種情勢下，即使採用劉備原來的安排，也不見得就能守城卻敵。胡三省註《資治通鑑》（卷七七，高貴鄉公甘露三年）於此處立論說：「姜維自棄險要，以開狡焉啓疆之心，書此為亡蜀張本。」把蜀亡歸之姜維此種改變，大概太過了。

鍾會率軍前進，長驅直入至漢中。他使前將軍李輔統萬人圍王含於樂城（今陝西城固），護軍荀愷圍蔣斌於漢城（今陝西勉縣），自己徑率大軍西趨陽安關口（即陽平關）。

鍾會使護軍胡烈為前鋒，攻關口。關口守城人為蜀將軍傅僉和蔣舒。蔣舒原為武興（今陝西略陽）督，庸庸無可稱者，轉來助將軍傅僉守關口。胡烈來攻，蔣舒對傅僉說：「今賊至不擊而閉城自守，非良圖也。」傅僉說：「受命保城，惟全為功，今違命出戰，若喪師負國，死無益矣。」蔣舒說：「子以保城獲全為功，我以出戰克敵為功，請各行其志。」其實，蔣舒被撤武興督以後，懷恨在心，大約現在也看到蜀漢就要滅亡，於是一出城就向魏軍投降了（參看《三國誌・蜀誌・姜維傳》註引《漢晉春秋》和《蜀記》）。魏軍知道城內空虛，迅即襲城。《資治通鑑》在這裏加了一句，說傅僉將軍於蔣舒出城作戰後，即「不設備」，於是城被攻破。他雖戰死，是蜀漢的忠臣，但也難逃疏忽之責。胡三省說：「使舒果迎戰，亦未可保其必勝，僉何為不設備邪？關城失守，僉亦有罪焉。」（《資治通鑑》卷七八，元帝景元四年註）

鄧艾遣天水太守王頎直攻姜維沓中大營，隴西太守牽弘邀其前，金城太守楊欣趨甘松（沓中西，今甘肅迭部東南）。姜維聽到鍾會大軍已入漢中，遂從沓中引軍還。王頎從後追趕，在強川口大戰（據《資治通鑑》卷七十八註：「強川口，在強台山南。強台山，即臨洮之西傾山。闞駰曰：『強水出陰平西北強山，一日強川。』姜維之還也。鄧艾遣王頎追敗之於強口，即是地也。」強川口，大約在今甘肅文縣西北，舟曲附近）。姜維敗走，聞諸葛緒已塞道屯橋頭，乃從孔函谷入北道，欲出緒後。緒聞之，北還三十里。維入北道三十餘里，聞諸葛緒軍北卻三十里，乃急還，仍從橋頭過。諸葛緒急進軍截維，但遲了一天，姜維已引兵過橋頭，還至陰平。（按：橋頭、孔函谷當皆在陰平以北，從沓中迄陰平已過強川口的路上。）

　　姜維到陰平，會集士眾，本擬赴關城（今陝西寧強西北），聞已為魏軍所破，遂東南趨白水（今四川廣元西北）。於白水遇到廖化、張翼、董厥等，遂合兵，共守劍閣以拒鍾會。劍閣，在今四川劍閣縣北，山勢絕險，為蜀漢北方門戶。

　　鄧艾到了陰平，簡選精銳，欲與諸葛緒自江油趨成都。諸葛緒說他的任務是自祁山趨武街橋頭，絕姜維歸路，從陰平直下成都不是詔書給他的任務，遂引軍向白水與鍾會合兵。鍾會欲奪取這支軍隊的直接統領權，便密告諸葛緒畏懦不進，檻車徵回洛陽。他的軍隊歸了鍾會。

　　姜維守住劍閣險要，鍾會攻之不能克。道路艱遠，糧運困難，軍隊乏食，鍾會有撤兵的打算。鄧艾不同意，他上書說："今賊摧折，宜遂乘之。

劍門關（劉燁攝）

劍門關峰頂（劉燁攝）

劍門關是通往成都的門戶，歷來是兵家必爭之地，從圖中即可見其地勢之險要。

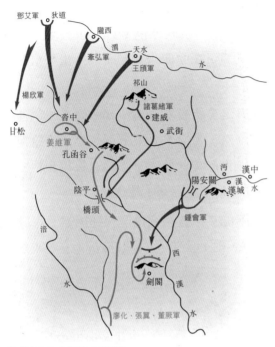

姜維退守劍閣示意圖

從陰平由邪徑經漢德陽亭（今四川江油縣北）趣涪，出劍閣西百里，去成都三百餘里，奇兵衝其腹心。劍閣之守必還赴涪，則會方軌而進；劍閣之軍不還，則應涪之兵寡矣。軍誌有之曰：'攻其無備，出其不意。' 今掩其空虛，破之必矣。"（《三國誌‧魏誌‧鄧艾傳》）

這年十月，已是初冬天氣，鄧艾自陰平道行無人之地七百餘里，鑿山通道，造作橋閣，山高谷深，至為艱險，又糧運將匱，幾瀕於危殆。鄧艾以氈自裹，推轉而下，將士皆攀木緣崖，魚貫而進。至江油，蜀守將馬邈出降，諸葛亮之子諸葛瞻，督諸軍拒鄧艾，至涪縣（今四川綿陽）停留不進。尚書郎黃崇勸瞻速行據險，無令敵人得入平地。瞻猶豫未納。崇再三言之，至於流涕，瞻不能從。鄧艾遂長驅而前，擊破瞻軍，瞻退守綿竹。鄧艾至，又大破蜀軍，諸葛瞻戰死。瞻子尚亦戰死。瞻、尚忠義，不愧為諸葛亮的子孫，但無軍略，書生耳！悲哉！

鄧艾大軍迫近成都，蜀國君臣上下慌作一團。百姓擾擾，皆逃進山澤，不可禁止。後主使群臣會議，計無所出，或謂可奔吳，或以為可退入南中。光祿大夫譙周主降，他說："自古以來，無寄他國為天子者也，今若入吳，固當臣服。且政理不殊，則大能吞小，此數之自然也。由此言之，則魏能并吳，吳不能并魏明矣。等為小稱臣，孰與為大？再辱之恥，何與一辱？且若欲奔南，則當早為之計，然後可果；今大敵以近，禍敗將及，群小之心，無一可保，恐發足之日，其變不測，何至南之有乎！"(《三國誌‧蜀誌‧譙周傳》) 後主猶欲入南，狐疑不決。譙周上疏説："南方遠夷之地，平常無所供為，猶數反叛。自丞相亮南征，兵勢逼之，窮乃幸從。是後供出官賦，取以給兵，以為愁怨……今以窮迫，欲往依恃，恐必復反叛，一也。北兵之來，非但取蜀而已，若奔南方，必因人勢衰，及時赴追，二也。若至南方，外當拒敵，內供服御，費用張廣，他無所取，耗損諸夷必甚，甚必速叛，三也 ……若遂適南，勢窮乃服，其禍必深。"(同上)

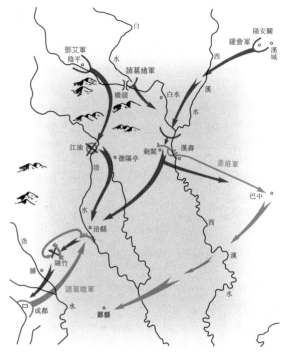

鄧艾偷渡陰平示意圖

譙周不僅陳述禍福，勸後主投降，還用大道理"聖人知命"來勸降。他説："聖人知命而不苟必也。故堯、舜以子不善，知天有授，而求授人；……故微子以殷王之昆，面縛銜璧而歸武王，豈所樂哉，不得已也。"(同上)

於是後主接受了譙周的意見，向鄧艾投降。別遣使敕姜維降於鍾會，使尚書郎送士民簿於鄧艾，戶 28 萬，口 94 萬，甲士 10.2 萬，吏 4 萬人。

蜀漢就這樣滅亡了。

魏、蜀、吳三國鼎立，成為魏吳南北對峙。

後主應降應戰？譙周勸後主降是對是非？歷代評論不一。如陳壽説："劉氏無虞，一邦蒙賴，周之謀也。"(《三國誌‧蜀誌‧譙周》註) 孫綽説："譙周説後主降魏,可乎?曰:'自為天子而乞降請命,何恥之深乎!夫為社稷死則死之,為社稷亡則亡之。'"(《三國誌·蜀誌·譙周傳》註引)清人何焯説:"從周之謀,則蜀人免屠戮之慘,故鄉邦韙之。非萬世公議也。"(《三國誌集解·姜維傳》註)

如何評價譙周勸降?是耶?非耶?

東漢末年,天下大亂,先有董卓之亂,繼之群魔割據。混亂混戰中,民不聊生,而又一時沒有一個力量可以統一全國。小範圍的統一,人民生活可以稍得苟安,總比群魔割據混亂一團好。三國的出現,對人民有好處;三國分立,對區域經濟的發展也有好處;對南方和西南地區的開發也有好處。但到了三國後期,吳、蜀的政治日趨腐敗。魏在司馬氏掌權下,

四川劍閣姜維墓（劉煒攝）
後主劉禪投降,姜維也假意投降鍾會,意欲伺機再起,終被魏軍所殺,葬於劍門關。

社會比較安定，三國力量對比也日趨懸殊，吳、蜀兩國已遠非魏的敵手，吳、蜀已失去前期保護地區安定、發展地區經濟的作用，成為全國統一的障礙。

秦漢以來，中國已是統一的國家。吳、蜀、魏雖各自為國，就當時的地位來說，也只是地方割據政權。一個人可以在魏做官，也可以在吳、蜀做官，沒有太大的不妥，根本沒有敵國、忠奸這問題。

蜀之必亡，在魏出兵時已有人看出來，此人即是吳之張悌。魏伐蜀，吳人問張悌曰："司馬氏得政以來，大難屢作，百姓未服，今又勞力遠征，敗於不暇，何以能克！"悌曰："不然。曹操雖功蓋中夏，民畏其威而不懷其德也。丕、叡承之，刑繁役重，東西驅馳，無有寧歲。司馬懿父子累有大功，除其繁苛而佈其平惠，為之謀主而救其疾苦，民心歸之亦已久矣。故淮南三叛，而腹心不擾；曹髦之死，四方不動。任賢使能，各盡其心，其本根固矣，奸計立矣。今蜀閹宦專朝，國無政令，而玩戎黷武，民勞卒敝，競於外利，不修守備。彼強弱不同，智算亦勝，因危而伐，殆無不克。"（見《三國誌・吳誌・三嗣主傳・孫皓傳》註引《襄陽記》。此處用的是《資治通鑒》文字，簡練明確）

二十、孫吳的滅亡

1 孫皓的殘暴

孫皓，是孫和之子，孫權之孫。孫休時，封皓為烏程侯。孫休死時，三十歲，太子霍至多十多歲。當時的內外形勢是"蜀初亡（蜀漢亡於 263 年，孫休死於 264 年），而交阯攜叛，國內震懼，貪得長君。"（《三國誌·吳誌·三嗣主傳·孫皓傳》）左典軍萬彧，以前曾做過烏程令，和孫皓相友好，對丞相濮陽興、左將軍張布說："皓才識明斷，是長沙桓王（孫策）之疇也。"（同上）由濮陽興、張布的推舉，孫休妃朱太后的同意，遂迎立孫皓為帝。

孫皓初立，很像個有道明君。《江表傳》說："皓初立，發優詔，恤士民，開倉廩，振貧乏，科出宮女以配無妻，禽獸擾於苑者皆放之。當時翕然稱為明主。"（《三國誌·吳誌·三嗣主傳·孫皓傳》註引）

但地位安定下來以後，就開始變了，也或者露出本性了。孫皓既得志，粗暴驕盈，好酒色。濮陽興、張布後悔立孫皓。有人告密，孫皓殺興、布。又殺孫休皇后和孫休的兩個兒子。

孫皓自 264 年即位，到 280 年為晉所滅，他在東吳做了十六年皇帝。在這十六年裏，他生活奢侈腐敗，殺人，殺大臣，修造宮殿，役使民力，使得東吳地區統治階級內部人心惶惶不安，人民負擔沉重，生活困苦。他從內部為東吳的滅亡製造了足夠的條件。

265 年（甘露元年），孫皓徙都武昌（今湖北鄂城）。揚州百姓溯流供給，以為患苦。又政事多謬，黎元窮匱。陸凱上疏說："武昌土地，實危險而墐確，非王都安國養民之處，船泊則沉漂，陵居則峻危，且童謠曰：'寧飲建

業水，不食武昌魚；寧還建業死，不止武昌居。' ……童謠之言，生於天
心，乃以安居而比死，足明天意，知民所苦也。臣聞國無三年之儲，謂之
非國，而今無一年之蓄，此臣下之責也。而諸公卿位處人上，祿延子孫，
曾無致命之節，匡救之術，苟進小利於君，以求容媚，荼毒百姓，不為君
計也。自從孫弘造義兵以來，耕種既廢，所在無復輸入，而分一家父子異
役，廩食日張，畜積日耗，民有離散之怨，國有露根之漸，而莫之恤也。
民力困窮，鬻賣兒子，調賦相仍，日以疲極，所在長吏，不加隱括。加有
監官，既不愛民，務行威勢，所在騷擾，更為煩苛，民苦二端，財力再
耗，此為無益而有損也。願陛下一息此輩，矜哀孤弱，以鎮撫百姓之心。"
（《三國誌·吳誌·陸凱傳》）

次年（孫皓寶鼎元年）十月，"永安山賊施但等聚眾數千人，劫皓庶弟
永安侯謙出烏程，取孫和陵上鼓吹曲蓋。比至建業，眾萬餘人。丁固、諸
葛靚逆之於牛屯，大戰，但等敗走，獲謙，謙自殺。"（《三國誌·吳誌·三嗣主傳
·孫皓傳》）

"吳主使黃門遍行州郡，料取將吏家女，其二千石大臣子女，歲歲言
名，年十五六一簡閱，簡閱不中，乃得出嫁。後宮以千數，而採擇無已。"
（《資治通鑑》卷七九）

267年"夏六月，起顯明宮。冬十二月，皓移居之。"（《三國誌·吳誌·三
嗣主傳·孫皓傳》）同書註引《太康三年地記》說："吳有太初宮，方三百丈，權
所起也。昭明宮方五百丈，皓所作也。避晉諱，故曰顯明。"同書註引《江
表傳》說："皓營新宮，二千石以下皆自入山督攝伐木。又破壞諸營，大開
園囿，起土山樓觀，窮極伎巧，功役之費以億萬計。"

孫皓兇暴驕矜，政事日弊。272年，賀邵上疏諫："自登位以來，法
禁轉苛，賦調益繁。中宮內豎，分佈州郡，橫興事役，競造奸利。百姓罹
杼軸之困，黎民罷無已之求，老幼飢寒，家戶菜色。而所在長吏，迫畏罪
負，嚴法峻刑，苦民求辦。是以人力不堪，家戶離散，呼嗟之聲，感傷和

氣。又江邊戍兵，遠當以拓土廣境，近當以守界備難，宜特優育，以待有事。而徵發賦調，煙至雲集。衣不全裋褐，食不贍朝夕。出當鋒鏑之難，入抱無聊之戚。是以父子相棄，叛者成行。”（《三國誌‧吳誌‧賀邵傳》）

孫皓深恨賀邵直言，後來就把他殺了。賀邵死得很慘，是被孫皓用燒紅了的鋸把頭鋸下來死的。

孫皓的倒行逆施，惹得天怒人怨，這個政權是無人支持的了。但他聽信讖緯家的話：“黃旗紫蓋，見於東南，終有天下者，荊揚之君。”他非常高興，以為他是“終有天下者”。於是率大眾出，車載太后、皇后及後宮數千人從牛渚（今安徽當塗縣采石）西上。遇大雪，道途陷壞，兵士被甲持杖，百人共引一車，寒凍殆死，都説：“若遇敵，便當倒戈。”孫皓聽了，害怕，才停止北征，班師回京。

蜀漢亡後，吳之將亡已是當時有識之士的共識。吳的最後一位丞相張悌就曾説過：“吳之將亡，賢愚所知，非今日也。”（《三國誌‧吳誌‧孫皓傳》註引《襄陽記》）

2 晉滅吳，三國一統

孫皓的荒淫暴虐，孫吳的上下離心，晉朝人是看在眼裏的。滅吳的建議時時在政府裏提出來。但大臣中對伐不伐吳，卻分成了兩派，一派以羊祜等人為代表，主張伐吳；一派以賈充為首，堅決反對伐吳。

羊祜從天時、地利、人和各方面分析應進兵滅吳，説：“凡以險阻得存者，謂所敵者同，力足自固。苟其輕重不齊，強弱異勢，則智士不能謀，而險阻不可保也。蜀之為國，非不險也。高山尋雲霓，深谷肆無景，束馬懸車，然後得濟，皆言一夫荷戟，千人莫當。及進兵之日，曾無藩籬之限，斬將搴旗，伏屍數萬，乘勝席捲，徑至成都，漢中諸城，皆鳥棲而不敢出。非皆無戰心，誠力不足相抗。至劉禪降服，詣營堡者索然俱散。

今江淮之難，不過劍閣；山川之險，不過岷、漢；孫皓之暴，侈於劉禪；吳人之困，甚於巴蜀。而大晉兵眾，多於前世；資儲器械，盛於往時。今不於此平吳，而更阻兵相守，徵夫苦役，日尋干戈，經歷盛衰，不可長久，宜當時定，以一四海。今若引梁、益之兵水陸俱下，荊楚之眾，進臨江陵，平南、豫州，直指夏口，徐、揚、青、兗並向秣陵，鼓旆以疑之，多方以誤之，以一隅之吳，當天下之眾，勢分形散，所備皆急。巴、漢奇兵出其空虛，一處傾壞，則上下震盪。吳緣江為國，無有內外，東西數千里，以藩籬自持，所敵者大，無有寧息。孫皓恣情任意，與下多忌，名臣重將不復自信，是以孫秀之徒皆畏逼而至。將疑於朝，士困於野，無有保世之計，一定之心。平常之日，猶懷去就，兵臨之際，必有應者，終不能齊力致死，已可知也。其俗急速，不能持久，弓弩戟楯，不如中國，唯有水戰是其所便。一入其境，則長江非復所固，還保城池，則去長入短。而官軍懸進，人有致節之志，吳人戰於其內，有憑城之心。如此，軍不逾時，克可必矣。"（《晉書‧羊祜列傳》）

羊祜此疏，從天時、地利、人和三方面分析了敵我形勢，天時、地利、人和各方面晉都佔優勢。正如吳丞相張悌所說："吳之將亡，賢愚所知。"

賈充反對伐吳，但也說不出使人信服的道理，只是說"西有昆夷之患，北有幽、并之戍，天下勞擾，年穀不登，興軍致討，懼非其時。"（《晉書‧賈充列傳》）

晉武帝司馬炎，雖然平庸，大道理還是懂的。滅吳不滅吳，是皇帝的事，有幾個有條件統一的皇帝而願意偏守一方的？伐吳滅吳的話，司馬炎是聽得進的。這是皇帝的大利。

早在泰始五年（269年），晉武帝司馬炎已存有滅吳之心，在軍事上已做了些安排。以尚書左僕射羊祜都督荊州諸軍事，鎮襄陽；征東大將軍衛瓘都督青州諸軍事，鎮臨淄；鎮東大將軍東莞王（司馬）伷都督徐州諸軍事，鎮下邳。

晉武帝接受濟陰太守巴西人文立的意見，對蜀漢名臣之子孫流徙在中原者，量才敍用。下詔書，以諸葛亮之子諸葛瞻，"臨難而死義，其孫京宜隨才署吏"。又詔："蜀將傅僉父子，死於其主。天下之善一也，豈由彼此以為異哉！僉息著，募沒入奚官（為奴），宜免為庶人。"《資治通鑒》卷七九）晉武帝採取這些措施，一方面以慰蜀人之心，一方面瓦解孫吳人心。

泰始八年（272 年），以王濬為益州刺史。不久，又調他做大司農。王濬曾任羊祜參軍，羊祜知其才能。羊祜深知伐吳必須水軍，須在上流早做準備，遂密表留王濬在益州，使治水軍。晉武帝接受羊祜的意見，重任王濬為益州刺史，並加授龍驤將軍，監益、梁諸軍事。

王濬調屯田兵和郡兵萬餘人大造舟艦，以別駕何攀董其事。他造的大艦，長百二十步，受二千餘人，以木為城，起樓櫓，開四出門，其上皆得馳馬往來。

造船所棄的木屑廢料，順流蔽江而下，吳建平（郡治在今四川巫山縣）太守吾彥取以白吳主孫皓，說晉必有攻吳之計，宜增建平兵以塞其衝要。孫皓不從。吾彥乃以鐵鎖橫斷江路。

泰始十年（吳鳳凰三年，274 年），吳大司馬，都督信陵、西陵、夷道、樂鄉、公安諸軍事、荊州牧陸抗病甚，上疏曰："西陵、建平，國之藩表，既處下流，受敵二境。若敵泛舟順流，舳艫千里，星奔電邁，俄然行至，非可恃援他部以救倒懸也。此乃社稷安危之機，非徒封疆侵陵小害也。臣父遜昔在西垂陳言，以為西陵（今湖北宜昌市）國之西門，雖云易守，亦復易失。若有不守，非但失一郡，則荊州非吳有也。如其有虞，當傾國爭之。……今臣所統千里，受敵四處，外禦強對，內懷百蠻，而上下見兵財有數萬，羸弊日久，難以待變。臣愚以為諸王幼衝，未統國事，可且立傅相，輔導賢姿，無用兵馬，以妨要務。又黃門豎宦，開立佔募，兵民怨役，逋逃入佔。乞特詔簡閱，一切料出，以補疆場受敵常處；使臣所部足

滿八萬。……若兵不增，此制不改，而欲克諧大事，此臣之所深戚也。"（《三國誌・吳誌・陸抗傳》）

不久，陸抗死，上疏無下文。

咸寧五年（279年），晉益州刺史王濬上疏曰："孫皓荒淫凶逆，荊揚賢愚無不嗟怨。且觀時運，宜速征伐。若今不伐，天變難預。令皓猝死，更立賢主，文武各得其所，則強敵也。臣作船七年，日有朽敗。又臣年已七十，死亡無日。三者一乖，則難圖也，誠願陛下無失事機。"（《晉書・王濬列傳》）

晉武帝正要決定伐吳了，正好安東將軍王渾上疏說，孫皓正準備北伐，沿江邊戍皆已戒嚴。這正合了朝廷中反對伐吳的大臣如賈充、荀勖、馮紞等的心思，他們乘機進言伐吳問題明年再議。王濬的參軍何攀正在洛陽，遂上疏稱，孫皓必不敢出動，宜因戒嚴，掩取更易。

羊祜死前，即舉杜預自代。祜死，即以杜預為鎮南大將軍、都督荊州諸軍事，鎮襄陽。此時他上表說："自閏月以來（閏七月），賊但敕嚴，下無兵上。以理勢推之，賊之窮計，力不兩完，必先護上流，勤保夏口以東，以延視息，無緣多兵西上，空其國都。而陛下過聽，便用委棄大計，縱敵患生。此誠國之遠圖，使舉而有敗，勿舉可也。事為之制，務從完牢。若或有成，則開太平之基；不成，不過費損日月之間，何惜而不一試之！若當須後年，天時人事不得如常，臣恐其更難也。……萬安之舉，未有傾敗之慮。臣心實了，不敢以曖昧之見自取後累。惟陛下察之。"（《晉書・杜預列傳》）

表上，未有回報。不到十天半月，杜預又上表說："自頃朝廷事無大小，異議鋒起。雖人心不同，亦由恃恩不慮後難，故輕相同異也。……自秋已來，討賊之形頗露。若今中止，孫皓怖而生計，或徙都武昌，更完修江南諸城，遠其居人，城不可攻，野無所掠，積大船於夏口，則明年之計或無所及。"（同上）

表到之時，晉武帝正與中書令張華圍棋。張華推枰斂手曰："陛下聖明神武，朝野清晏，國富兵強，號令如一。吳主荒淫驕虐，誅殺賢能，當今討之，可不勞而定。"（同上）武帝乃許之，以張華為度支尚書，量計運漕。

賈充、荀勗、馮紞，又出來固爭，反對伐吳。看到武帝大怒，才免冠謝罪，不再堅持。

退朝後，尚書僕射山濤對人說："自非聖人，外寧必有內憂。今釋吳為外懼，豈非算乎！"胡三省註《資治通鑒》此處說："山濤身為大臣，不昌言於朝而退以告人，蓋求合於賈充者也。"（見《資治通鑒》卷八〇註）

胡三省的話是對的。所謂竹林七賢之一的山濤，就是這樣一種品德。側身竹林七賢，附庸風雅，善觀風向，無真性情。但此人是聰明的，他已看出西晉朝廷大臣間黨派之爭中的勾心鬥角。且已看出平吳之後消滅了"外懼"，"內憂"就會更加激烈了。但他既然能和阮籍、嵇康等為友，其內心亦必有相通處。此等人，內心亦必有苦。

冬十一月，大舉伐吳。遣鎮軍將軍琅邪王司馬伷出塗中（今南京對岸江浦、全椒一帶），安東將軍王渾出江西（今安徽和縣一帶），建威將軍王戎出

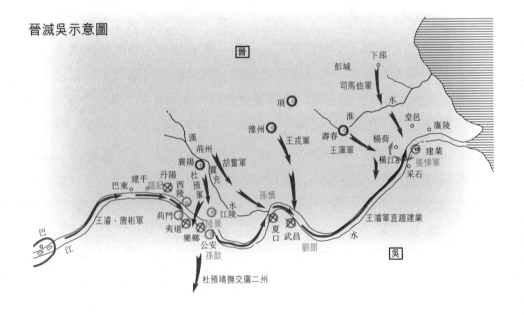

晉滅吳示意圖

武昌，平南將軍胡奮出夏口（今武漢市），鎮南大將軍杜預出江陵，龍驤將軍王濬、巴東監軍唐彬下巴蜀，東西凡二十餘萬。

以賈充為使持節、假黃鉞、大都督，以冠軍將軍楊濟副之。賈充是反對伐吳的，曾因陳伐吳不利，且自言老衰，不堪元帥之任。皇帝詔説："君不行，吾便自出。"（《晉書·賈充列傳》）賈充不得已受命，將中軍南屯襄陽，為諸軍節度。

太康元年（280年）正月，杜預向江陵，王渾出橫江，攻吳鎮、戍，所向皆克。

二月戊午，王濬、唐彬擊破吳丹陽（今湖北秭歸縣東）監盛紀。上面説過，建平太守吾彥於江磧要害之處，以鐵鎖橫截之；又作鐵錐，長丈餘，暗置江中，以逆拒舟艦，使不得行進。王濬以方略技巧加以破除，使船行無礙。到了庚申日，王濬軍克西陵，殺吳都督留憲等，前後只用了兩天。又兩天壬戌日，克荊門（在今湖北宜昌市南）、夷道（在今湖北宜都）二城，殺夷道監軍陸晏。在此期間，杜預遣牙門周旨等帥奇兵八百泛舟夜渡江，襲樂鄉，多張旗幟，起火巴山（今湖北松滋北）。吳都督孫歆守樂鄉，見火起，大懼，與江陵督伍延書説："北來諸軍，乃飛渡江也。"周旨伏兵樂鄉城外，孫歆遣軍出拒王濬，大敗而還。周旨率伏兵隨歆軍入城，歆不覺，直到帳下，虜歆而還。乙丑（壬戌後第三天），王濬擊殺吳水軍都督陸景。杜預進攻江陵，甲戌（乙丑後第九天），克之，斬伍延。於是沅、湘以南，接於交、廣，州郡皆望風送印綬。胡奮又克江安。江安即公安，吳南郡治地所在。杜預定江南，改為江安。

王濬起巴蜀攻克西陵，杜預定荊州，皆在二月一個月之內。王濬進攻武昌，武昌吳軍皆降。

再説下游諸軍。孫皓聽得王渾一路將出江西即由歷陽、橫江渡江到牛渚（今安徽和縣過江到采石一線），便令丞相張悌督丹陽太守沈瑩、護軍孫震、副軍師諸葛靚率眾三萬渡江逆戰。至牛渚，沈瑩説："晉治水軍於蜀久矣，上流諸軍，素無戒備，名將皆死，幼小當任，恐不能禦也。晉之水軍必至於此，宜畜眾力以待其來，與之一戰，若幸而勝之，江西自清。今渡江與晉大軍戰，不幸而敗，則大事去矣！"張悌說："吳之將亡，賢愚所知，非今日也。吾恐蜀兵至此，眾心駭懼，不可復整。及今渡江，猶可決戰。若其敗喪，同死社稷，無所復恨。若其克捷，北敵奔走，兵勢萬倍，便當乘勝南上，逆之中道，不憂不破也。若如子計，恐士眾散盡，坐待敵到，君臣俱降，無一人死難者，不亦辱乎？"（《資治通鑑》卷八一，晉武帝太康元年）胡三省註的《資治通鑑》裏說："如悌之言，吳人至此，為計窮矣。然悌之志節，亦可憐也。"

三月，張悌率兵過江，圍王渾將張喬於楊荷。張喬有眾七千，閉柵請降。張悌加以撫慰，領兵續進，與晉揚州刺史周浚結陣相對。

沈瑩率丹陽銳卒三衝晉兵，不動。瑩引退，其眾亂，晉軍乘亂追擊，吳軍大敗，潰不成軍。諸葛靚帥數百人遁走，使人勸張悌速退。張悌說："仲思（諸葛靚字），今日是我死日也！且我為兒童時，便為卿家丞相（胡三省註：丞相，謂諸葛亮也）所識拔，常恐不得其死，負名賢知顧。今以身殉社稷，復何道邪！"（同上）諸葛靚流淚而去，去百步，回看，張悌已為晉兵所殺。

王濬自武昌順流而下，徑趨建業。吳主孫皓遣遊擊將軍張象率水軍萬人來抵禦，象眾望旗而降。王濬兵甲滿江，旌旗燭天，威勢甚盛。吳人大懼。孫皓集合二萬兵，將乘船一戰。明日，當發，其夜，眾皆逃潰。

王濬戎卒八萬，方舟百里，鼓噪入石頭城。孫皓面縛輿櫬，詣軍門降。

王濬收其圖籍，有州4（荊、揚、交、廣），郡43，戶52.3萬，兵23萬。

吳自孫權稱帝，傳四主，五十七年而亡（222—280年）。

在伐吳滅吳過程中，朝臣對伐不伐吳爭吵得不可開交，前線將帥爭功又爭得一塌糊塗，而皇帝平庸姑息，助長了朝臣將帥們的爭吵。

未滅吳之前，大臣皆以為未可輕進。朝臣只有羊祜、張華堅執以為必克。在王濬已克武昌時，身為大軍統帥的賈充仍上表說：“吳未可悉定，方夏，江淮下濕，疾疫必起，宜召諸軍，以為後圖。雖腰斬張華，不足以謝天下。”（《晉書·賈充列傳》）同黨中書監荀勖奏宜如充議。晉武帝不從。杜預聽得賈充上奏請停伐吳，急上表固爭。使者未到洛陽，而孫皓已降。

出征之初，有詔書使王濬攻下建平後受杜預節度，至建業受王渾節度。王濬軍未到，王渾大敗張悌軍，本可乘勝渡江直取建業，揚州刺史周浚也曾向王渾作此建議，而王渾不聽，說：“受詔但令屯江北以抗吳軍，不使輕進。”及至王濬直取建業，受孫皓降，使他無功，他又極力攻擊王濬，說王濬不受節度，自取建業，並誣告王濬受孫皓賄取吳宮財寶。

賈充反對伐吳，卻做了伐吳的統帥。大軍已克武昌，順流東下，賈充還上表說“吳未可悉定”、“宜召諸軍，以為後圖”，要求“腰斬張華，以謝天下”。“（賈）充本無南伐之謀，固諫不見用。及師出而吳平，大慚懼，議欲請罪。”晉武帝不但不懲罰他，反給他極高的榮譽和賞賜。“賜充帛八千匹，增邑八千戶；分封從孫暢新城亭侯，蓋安陽亭侯；弟陽里亭侯混、從孫關內侯眾增戶邑。”（《晉書·賈充列傳》）

王濬到京都，朝臣仍說他違詔不受王渾節度，大不敬，付廷尉科罪。晉武帝不許。他們又奏濬赦後燒賊船百三十五艘，輒敕付廷尉禁推。武帝又詔勿推。王濬處處受挾制，受排擠，不勝憤懣。他上疏說：“臣孤根獨立，朝無黨援，久棄遐外，人道斷絕，而結恨強宗，取怨豪族。”（《晉書·王濬列傳》）

晉雖滅吳，一統全國，從晉朝臣對滅吳的鬥爭和晉武帝以反對滅吳的賈充為滅吳統軍元帥，滅吳後將領間的爭功，真是鬧得亂七八糟。這樣一個政權是難乎其久的。

董卓亂後，漢帝國瓦解，全國陷於分崩離析、軍人割據的局面。赤壁之戰後，逐漸正式出現三國分立。割據分立的局面維持了九十來年（190—

280 年）。統一對人民總是好的，可免戰爭之苦。儘管西晉統治階級是腐朽的，使得統一只是暫時的，只維持了三十多年，但在統一之後，人民也確實過了短時期的太平日子。

西晉疆域圖

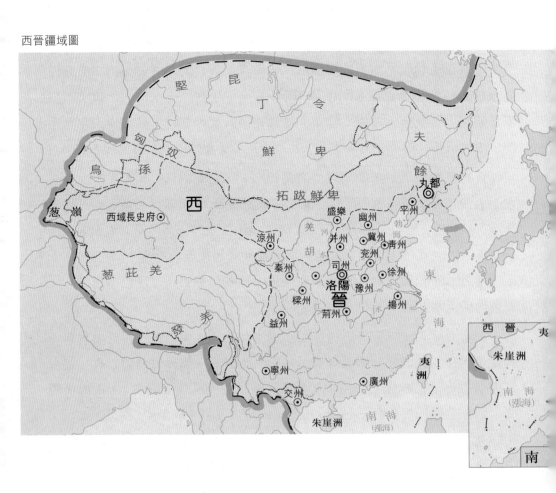

後　論

前面二十章書已大體敍述了三國時期歷史演進的具體形勢，也隨處提出了我的一些理解和解釋。在這些論述的基礎上，現在再來概括地論述一下三國史在中國歷史上的地位和三國時期的歷史特點。

在中國歷史上，有幾個時期是歷史的轉化期，它是由前一歷史時代向後一歷史時代的過渡時期。三國時期就是一個歷史過渡時代。

在中國歷史上屬於過渡時代的有以下幾個時期：春秋戰國時期；三國時期；中唐到五代時期；鴉片戰爭以後。

春秋戰國時期，是中國歷史由氏族部落、早期國家進入古代社會的時期。三國時期，是由古代社會進入中世紀封建社會的時期。中唐到五代時期，是由前期封建社會進入後期封建社會的時期。鴉片戰爭以後，是中國歷史由封建社會進入資本主義時代的時期。只是由於帝國主義的侵入，使中國陷入半殖民地半封建社會；又由於社會主義革命的提出，中國進入資本主義社會的方向被扭轉了，走入直接進入社會主義社會的方向。

我這樣說，或者會引起讀者的興趣和好奇，因為我這樣說和好多史學家的提法是不一樣的。好奇、有興趣，就好。我有一本《中國古代社會》（河南人民出版社 1991 年出版），對中國早期古代社會有比較詳細的論述，對三國時期是中國歷史由古代進入中世紀的時期也有所論述，讀者可以參考。這裏我在講三國史，對三國時期是中國歷史由古代進入中世紀的時期，還要再申述幾點。中唐到五代時期和鴉片戰爭以後兩個歷史過渡時代，我就不詳述了。

50 年代初，我寫過一篇文章，題目是：《漢魏之際的社會經濟變化》。內分四個小題：

一、從城市交換經濟到農村自然經濟；

二、從自由民、奴隸到依附民；

三、從土地兼併到人口爭奪；

四、從民流到地着。

這篇文章的主旨是站在漢末魏，也可以更縮微地說站在三國時期來看前後時代的社會變化。站在三國時期從四條線上來看前後時代的社會變化，我們會看到：戰國秦漢交換經濟、城市經濟是發達的，三國以下直到唐中葉，城市經濟衰落、自然經濟佔優勢了。兩漢通行的五銖錢、黃金退出歷史舞台。交換少，穀帛成為交換手段。

戰國秦漢時期，生產勞動者主要是自由民和奴隸。三國到唐，主要是依附民——部曲、客。大量人口投依到世家豪族庇護下，成為世家豪族的依附民，他們的主要部分是部曲、客。客皆註家籍，對國家免除租役。國家領有下的編戶民身份上也向依附民方向傾斜。奴隸則大量地轉化為依附民。三國以後，南北朝隋唐時期仍有奴隸，但大部分奴隸依附民化了。奴（奴隸）、客（依附民）性質上已接近是一個階級。

兩漢時期社會上最嚴重的問題是土地兼併、集中問題。在交換經濟發展的條件下，小生產者農民在國家租賦徭役負擔壓迫和商人、地主的盤剝下，也在城市交換經濟發展的引誘下，不斷破落或自願放棄土地到城市中謀生而失掉土地和使土地荒蕪。土地集中到官僚、地主、商人手裏。土地問題和奴隸問題，是兩漢統治者最傷腦筋的問題。從賈誼、晁錯到董仲舒、王莽想要解決的問題，都是土地問題、奴隸問題。王莽改天下田曰王田，奴婢曰私屬，就是集中的表現。魏晉南北朝時期，社會上主要問題已不是土地問題而是勞動力問題。人口減少和土地荒蕪，使勞動力成為最主要的問題。有了人，有了勞動力，就有了一切，有了財富，有了武力，有了權力。兩漢是要土地，排擠人口；魏晉以下是要人口，放棄土地。到一個新地方或者打了敗仗，地方、土地可以放棄，人口勞動力要帶走。

流民問題，是兩漢的嚴重問題。賈誼、晁錯開始注意流民問題。武帝時流民一來就是幾十萬、幾百萬。東漢後期，流民問題史不絕書。黃巾暴動就是由流民暴動開始的。

流民的出現是當時生產關係的必然結果。只要土地可以買賣，農民有權出賣自己的土地，有權離開土地，官僚、商人、地主要兼併土地，農民破產就必然流亡。只要城市經濟發出引誘，農民又有權離開農村，農民就必然流亡。

如何使農民回到土地上來，只有地著。而要農民地著，就要靠經濟外的強制。賈誼提出"驅民而歸之農，皆著於本"；晁錯要農民"地著"。但都未能辦到。要"地著"，使農民不能離開土地，須要有一種強制的力量。魏晉南北朝時期，這問題解決了。皆"註家籍"的客、部曲，是主人的依附民，是"身繫於主"的。他們沒有離開主人的自由，自然也沒有離開土地的自由。在屯田、均田制度下，一則有軍法部勒，一則有三長管理，對農民離開土地是有約束力的。由民流到地著，是秦漢到三國的顯著變化。

這篇文章，大約是 50 年代初期寫的。當時北京市副市長吳晗同志大約是領導北京教育學院的教學或科研工作，他約請史學工作者去該院作學術報告。我曾用"東漢魏晉前後社會的變化"為題作過一次報告，講的就是上述內容。1962 年北京師範大學六十周年校慶時，我又以此為題作了學術報告。這個論文的第一部分，曾以《從城鄉關係看兩漢和魏晉南北朝社會經濟的變化》為題，在 1958 年第 2 期《北京師範大學學報》（社會科學版）上發表，文章全文在《社會科學戰線》1979 年第 4 期發表（已收入《讀史集》）。

我提的這些是不是歷史事實呢？符不符合三國時期的歷史事實呢？這是前代歷史學家所沒有注意的問題。我高興地看到，唐長孺教授最近出版的專著《魏晉南北朝隋唐史三論》裏，對這些問題作了更深更透的闡述。我想我對中國歷史的一些看法和提法大約是可以站得住了。

想對三國史作些更深更多了解的同志，我希望能讀唐長孺教授的大著《魏晉南北朝隋唐史三論》和我的《中國古代社會》。

1994 年 5 月 9 日

附　錄

漢末三國大事年表（一）

漢帝紀年	公元	大　事
靈帝中平元年	184	二月，黃巾起義爆發。旬月之間，天下響應。 十一月，黃巾起義失敗。 十二月（可能已進入 185 年）改元中平。
二	185	此後，各地黃巾仍時有起義，綿延十多年。
六	189	四月，靈帝死。皇子辯立。太后臨朝，外戚大將軍何進錄尚書事。 八月，中常侍（宦官）殺何進。司隸校尉袁紹誅殺宦官，死者二千餘人。 九月，董卓廢少帝為弘農王，立陳留王劉協，是為獻帝。 十一月，董卓自為相國。
獻帝初平元年	190	正月，山東州郡起兵討董卓。推袁紹為盟主。 二月，董卓脅獻帝遷長安。 六月，董卓壞五銖錢，更鑄小錢。貨輕而物貴，錢貨不行。
二	191	青州黃巾起，眾三十萬。
三	192	四月，王允、呂布殺董卓。 五月，卓將李傕、郭汜攻入長安，殺王允；呂布逃往關東。 十二月（可能已進入 193 年），曹操收降青州黃巾，得戎卒三十餘萬，男女百餘萬口。收其精銳者，號青州兵。
四	193	徐州刺史陶謙部下殺曹操父曹嵩。曹操攻徐州，坑殺男女數十萬口於泗水，水為之不流。墟邑無復行人。
興平元年	194	四月，曹操復攻陶謙，所過殘滅。 十二月（可能已進入 195 年），陶謙以徐州讓劉備，備遂領徐州。

二	195	正月，曹操敗呂布於定陶。呂布東奔劉備。董卓死時，三輔民尚數十萬。李傕等放兵劫掠，加以饑饉，二年間，民相食略盡。 七月，獻帝離開長安東歸。 孫策略有江東。 下邳相笮融，斷廣陵、下邳、彭城三郡委輸以自入，大起浮屠寺，招致旁郡好佛者五千餘戶。每浴佛，輒多設飲食，布席於路，經數十里，費以巨億計。
建安元年	196	正月，大赦，改元建安。 六月，呂布攻劉備，襲取徐州，自稱徐州牧。布以劉備為豫州刺史，屯小沛。 七月，獻帝到洛陽。是時，宮室燒盡，百官披荊棘，依牆壁間。 曹操迎接獻帝遷都許。獻帝以操為大將軍。 是歲，曹操募民屯田許下，得穀百萬斛。於是州郡例置田官，所在積穀，倉廩皆滿。征伐四方，無運糧之勞，遂能兼併群雄。 呂布攻劉備，劉備敗，走投曹操。曹操厚遇之，以為豫州牧。
二	197	袁術稱帝於壽春，置公卿百官。 三月，詔以袁紹為大將軍，兼督冀、青、幽、并四州。
三	198	十一月，郭汜為其將伍習所殺。 四月，詔關中諸將討李傕，夷其三族。 十月，曹操屠彭城。圍呂布於下邳。引沂、泗水灌城。 十二月（可能已進入 199 年），布降，操縊殺布。 曹操表孫策為討逆將軍，封吳侯。
四	199	春，袁紹攻陷易京，公孫瓚自焚死。袁紹佔有幽州。 袁術淫侈滋甚，資實空虛，乃遣使歸帝號於袁紹。 欲投奔紹，為曹操所阻。窮困憂懣。六月，憤慨結病。嘔血死。 曹操從容對劉備說：「天下英雄，唯使君與操耳。」 初，曹操遣劉備征袁術。劉備遂佔有徐州。

五	200	正月，曹操征劉備。劉備敗，奔投袁紹。袁紹去鄴二百里迎之。關羽投降曹操。曹操還軍官渡。 二月，袁紹征曹操，進兵黎陽。 四月，曹操遣關羽斬袁紹將顏良。又斬文醜。醜與良皆袁紹名將。關羽投歸劉備。孫策死，弟孫權代領其眾。權時年二十六。 八月，袁紹進兵官渡。 十月，曹操燒紹糧草，紹軍潰敗，僅以八百騎過河北奔。官渡之戰，曹操前後坑殺紹軍七萬餘人。
六	201	九月，曹操擊劉備於汝南，備奔劉表。表聞備至，自出郊迎。使屯新野。 張魯在漢中，以鬼道教民，不置長吏，皆以祭酒為治，民、夷便樂之。
七	202	袁紹自兵敗，慚憤，發病嘔血；五月，死。少子袁尚繼，長子袁譚出為青州刺史。
八	203	袁尚、袁譚兄弟相攻殺。
九	204	正月，曹操征袁尚；二月，進至鄴。五月，引漳水以灌之。八月，鄴城破。九月，獻帝以曹操領冀州牧。袁尚奔幽州。十二月，曹操征袁譚，入平原。
十	205	正月，曹操攻南皮，袁譚出戰，敗，曹操追斬之。袁尚奔遼西烏桓。
十一	206	曹操征并州。三月，斬高幹，并州平。 曹操欲征烏桓，鑿平虜渠、泉州渠以通運。
十二	207	三月，曹操征烏桓。軍次無終。時方夏雨水，濱海道泞滯不通。用田疇計，改從平岡，道出盧龍，達於柳城。 八月，曹操至白狼山。進擊，虜眾大潰。袁尚奔遼東，太守公孫康斬尚等，送首曹操。 十一月，操還至易水。是歲，劉備三顧諸葛亮於茅廬。諸葛亮對劉備的話後世稱"隆中對"。

十三	208	正月，曹操還鄴，作玄武池以肄舟師。 六月，罷三公官，以曹操為丞相。 七月，曹操南征劉表。劉表死，表子劉琮降。劉備欲奔江陵。曹操追之，及於當陽之長坂，劉備敗，遂奔夏口。又東駐樊口。 冬十月，諸葛亮隨魯肅見孫權於柴桑，勸孫權出兵抗曹操。 孫、劉聯軍與操軍大戰於赤壁。曹操兵敗，引軍從華容道退回南郡。風急天寒，道路泥濘，人馬死傷甚眾。曹操北還。 孫、劉取江陵，操軍退駐襄陽。劉備自取荊州之江南零陵、桂陽、長沙、武陵四郡，又借得南郡之江北部分。曹、孫、劉三分荊州。 十二月（可能已進入 209 年），孫權自將兵圍合肥。
十四	209	三月，曹操軍至譙。孫權圍合肥久不下，燒圍退走。 七月，曹操引水兵自渦入淮，出肥水，軍合肥，開芍陂屯田。 十二月（可能已進入 210 年），曹操軍還譙。
十五	210	春，曹操下令：“若必廉士而後可用，則齊桓其何以霸世！二三子其佐我明揚仄陋，唯才是舉，吾得而用之！” 十二月，周瑜自吳還荊州，於路病困，卒於巴丘。 魯肅代瑜領兵，屯住陸口。
十六	211	三月，曹操征張魯，實征關中，關中諸將馬超等起兵反。 八月，曹操至潼關，與馬超等夾關而軍。閏月，操北渡河至河東，又渡河至河西。 九月。渡渭，軍渭南。大破馬超等。超等奔涼州。 十二月，曹操留夏侯淵屯長安，遣鍾繇向漢中。益州劉璋遣法正至荊州，迎劉備，備將步卒數萬人入益州。諸葛亮、關羽等留守荊州，龐統隨劉備入川。
十七	212	九月，孫權徙治秣陵，改秣陵為建業。孫權於濡鬚口立塢，即濡鬚塢。 十月，曹操東擊孫權。
十八	213	十二月，劉備攻劉璋，由關頭進據涪城。 正月，曹操進軍濡鬚口，號步騎四十萬。相守月餘，退兵。 五月，獻帝以冀州十郡封曹操為魏公，丞相領冀州牧如故。加九錫。

十九	214	劉備圍雒城且一年，龐統為流矢所中，死。諸葛亮留關羽守荊州，與張飛、趙雲將兵入川。雒城潰，劉備進圍成都。諸葛亮、張飛、趙雲率兵來會。劉璋開城出降。劉備入成都，自領益州牧。 十一月，曹操殺伏皇后。后被髮徒跣，過帝處訣，說："不能復相活邪？"獻帝說："我亦不知命在何時！"因轉頭對在座的御史大夫郗慮說："郗公。天下寧有是邪！"
二十	215	三月，曹操征張魯。 四月，自陳倉出散關至河池。 劉備、孫權爭荊州，以湘水為界，長沙、江夏、桂陽以東屬權，南郡、零陵、武陵以西屬備。 七月，曹操至陽平。張魯聞陽平已失陷，乃封府庫奔南山入巴中。曹操以夏侯淵督張郃、徐晃等守漢中。 十月，孫權率十萬人圍合肥。 十一月，張魯出降曹操。
二十一	216	二月，曹操還鄴；五月，曹操進位魏王。 十月，曹操征孫權；十一月，至譙。
二十二	217	正月，曹操軍居巢，孫權保濡鬚。 二月，曹操攻濡鬚。 三月，曹操退兵。 十月，曹操以子曹丕為太子。劉備進兵漢中。
二十三	218	七月，曹操自將擊劉備；九月，至長安。
二十四	219	正月，劉備擊斬夏侯淵於定軍山。 三月，曹操自長安出斜谷，進臨漢中。五月，曹操退兵還長安，劉備遂有漢中，並取房陵、上庸。 七月，劉備自稱漢中王。拔牙門將軍魏延為鎮遠將軍、領漢中太守。備還成都。 關羽攻曹仁於樊，仁使將軍于禁、龐德屯樊北，呂常守襄陽。 八月，大霖雨，漢水益，于禁等七軍皆沒，于禁降，龐德被俘，不降被殺。 孫權使呂蒙襲取公安、江陵。 十二月，權以陸遜為鎮西將軍，屯夷陵，守峽口。 關羽自知孤窮，乃西走麥城，為孫權所俘、殺。孫權遂有荊州，向曹操上書稱臣。

漢末三國大事年表（二）

魏紀年	公元	大　　事	蜀紀年	吳紀年
文帝黃初元年	220	正月，曹操至洛陽，死。曹丕繼位魏王。十月，曹丕代漢稱帝，是為魏文帝。改元黃初。徙都洛陽。改許為許昌。		
二	221	四月，劉備即皇帝位，改元章武。以諸葛亮為丞相。 孫權徙都鄂，更名為武昌。 張飛死。 七月，劉備征孫權。進兵秭歸，兵四萬餘人。孫權遣陸遜拒之，兵五萬人。	先主章武元年	
三	222	劉備自秭歸進軍，自巫峽建平連營至夷陵界，立數十屯。自正月與吳相拒，至六月不決。陸遜用火攻，破劉備四十餘營。劉備軍土崩瓦解，死者數萬。劉備僅得逃還白帝城。 九月，魏三路大軍征孫權。征東大將軍曹休等出洞口，大將軍曹仁出濡鬚，上軍大將軍曹真等圍南郡。孫權分兵拒之。孫權改元黃武，臨江拒守。	二	孫權黃武元年
四	223	二月，諸葛亮至永安（劉備到白帝後，改白帝為永安）。 四月，劉備死於永安。 五月，太子禪即位，年十七。改元建興。	後主建興元年	二
五	224	四月，魏初立太學，置博士，設《五經》課試。 七月，魏伐吳；八月，為水軍，曹丕親御龍舟，循蔡、潁，浮淮如壽春；九月，至廣陵。時江水盛漲，曹丕臨江興歎。遂退兵。	二	三

六	225	三月，諸葛亮征南中。 七月，至南中，所在戰捷。遂至滇池。益州、永昌、牂柯、越嶲四郡皆平。	三	四
七	226	五月，曹丕病篤，召中軍大將軍曹真、鎮軍大將軍陳群、撫軍大將軍司馬懿並受遺詔輔政。曹丕死，年四十。太子叡即皇帝位，是為明帝。	四	五
明帝太和元年	227	三月，諸葛亮上疏請北伐，率諸軍北駐漢中。	五	六
二	228	正月，司馬懿攻蜀新城，殺孟達。諸葛亮北伐，丞相司馬魏延建議，願自率五千人，直由褒中出，循秦嶺而東。當子午而北。丞相從斜谷來，咸陽以西一舉可定。亮以為險，不能用。亮以趙雲據箕谷，自率大軍攻祁山，魏天水、南安、安定三郡皆叛應亮。 姜維降蜀。 馬謖失街亭，諸葛亮乃拔西縣千餘家返漢中。斬馬謖。 五月，魏揚州牧曹休攻吳皖城。孫權至皖，大都督陸遜與休戰於石亭。曹休大敗。九月，曹休慚憤，疽發背而死。 十二月，諸葛亮引兵出散關，圍陳倉。攻不能下，糧盡退兵。	六	七
三	229	春，諸葛亮攻武都、陰平二郡，拔二郡以歸。 四月，孫權即皇帝位，改元黃龍。九月，遷都建業。 十二月（可能已進入 230 年）。諸葛亮築漢城於沔陽，築樂城於成固。	七	黃龍元年

四	230	七月，魏大司馬曹真從子午道伐蜀。會天大雨三十餘日，棧道斷絕。九月，魏帝詔曹真等班師。 十二月（可能已進入 231 年），吳攻合肥城，不克而還。	八	二
五	231	二月，諸葛亮率師伐魏，圍祁山，以木牛運糧。 魏司馬懿屯長安，西救祁山。懿斂軍依險，兵不得交，亮引兵還。 六月，魏軍追之，大敗。張郃中箭死。 十二月，吳大赦，改明年曰嘉禾。	九	三
六	232	十一月庚寅，曹植死。	十	嘉禾元年
青龍元年	233	二月，魏改元青龍。諸葛亮勸農講武，作木牛、流馬，運米集斜谷口，治斜谷邸閣。	十一	二
二	234	二月，諸葛亮率大軍十萬由斜谷伐魏。 三月，漢獻帝卒。年五十四。 四月，諸葛亮至郿，軍於渭水之南。屯五丈原。分兵屯田，為久駐之基。 五月，吳主入居巢湖口，向合肥新城，眾號十萬。陸遜等入江夏向沔口、襄陽。孫韶入淮向廣陵、淮陰。 七月，吳兵退。 八月，魏蜀相持百餘日，諸葛亮病，卒於軍中。楊儀殺魏延。還兵成都。 蜀以車騎將軍吳懿督漢中，以丞相長史蔣琬為尚書令。 吳諸葛恪討山越，三年間得甲士四萬人。	十二	三
三	235	楊儀自以功大。至成都，拜中軍師，無所統領，怨憤形於聲色。費禕密表其言。 蜀後主廢儀為民，儀自殺。 後主以蔣琬為大將軍、錄尚書事，費禕為尚書令。	十三	四

明帝景初二年	238	正月，魏使司馬懿將兵四萬討遼東公孫淵。 六月，軍至遼東，圍襄平。 八月，襄平潰，斬公孫淵。司馬懿入城，殺其公卿以下及兵民七千餘人。遼東、帶方、樂浪、玄菟四郡皆平。 九月，吳改元赤烏。 吳主使中書郎呂壹典校諸官府及州郡文書，壹因此漸作威福，排陷無辜，讒短大臣。 太子登數諫，吳主不聽，群臣莫敢言，畏之側目。 十一月，魏帝病。詔司馬懿回京。	延熙元年	赤烏元年
三	239	以大將軍曹爽與司馬懿輔少子。 明帝死，太子齊王芳立。 齊王芳加曹爽、司馬懿侍中、都督中外諸軍事、錄尚書事。 二月，以司馬懿為太傅，外尊崇，實奪其權。	二	二
齊王芳正始二年	241	吳伐魏。四月，吳全琮略淮南，決芍陂；諸葛恪攻六安，朱然圍樊，諸葛瑾攻柤中。魏於淮南、淮北廣開屯田，益開河渠，以增溉灌，通漕運。淮北二萬人，淮南三萬人，什二分休，常有四萬人且田且守。	四	四
四	243	十月，蔣琬病劇；十一月，蜀以尚書令費禕為大將軍、錄尚書事。	六	六
五	244	正月，吳主以上大將軍陸遜為丞相，其荊州牧、右都護、領武昌事如故。 三月，曹爽至長安，發十餘萬人伐蜀，自駱口入漢中。閏月，蜀主遣大將軍費禕督諸軍救漢中。曹爽困於興勢不得進。 五月，引軍還，失亡甚眾，關中為之虛耗。	七	七
六	245	吳太子和與魯王霸爭寵。侍御、賓客，造為二端，仇黨疑二，滋延大臣，舉國中分。 十一月，蜀大司馬蔣琬卒。	八	八

七	246	九月，吳主以驃騎將軍步騭為丞相。 蜀主以涼州刺史姜維為衛將軍，與費禕並錄尚書事。	九	九
八	247	二月，時尚書何晏等朋附曹爽，變改法度。司馬懿與爽有隙。五月，懿稱疾，不與政事。	十	十
九	248	司馬懿陰與子中護軍師、散騎常侍昭謀誅曹爽。	十一	十一
嘉平元年	249	正月甲午，魏帝齊王芳謁明帝高平陵。司馬懿閉城門發動政變。奏曹爽罪惡，曹爽和同黨尚書何晏、鄧颺、丁謐、司隸校尉畢軌、荊州刺史李勝、大司農桓範以大逆不道，俱夷三族。 秋，蜀衛將軍姜維擊雍州。爭洮城不得，退師。	十二	十二
二	250	秋，吳主廢太子和為庶人，賜魯王霸死。 十一月，立子亮為太子。	十三	十三
三	251	魏太尉王淩在壽春欲發兵討司馬懿。懿將中軍乘水道討淩。淩勢窮歸附。五月，淩回洛陽路上，行至項，飲藥死。諸相連者皆夷三族。 八月，司馬懿死。其子司馬師為撫軍大將軍、錄尚書事。	十四	十四
四	252	正月，魏以司馬師為大將軍。 四月，孫權死，年七十一。太子亮即位。改元建興。 閏月，以諸葛恪為太傅輔政。 十一月，魏三道伐吳。諸葛誕率眾七萬攻東興，諸葛恪四萬眾救東興。吳軍大勝，魏軍死者數萬。	十五	孫亮建興元年

五	253	正月，蜀大將軍費禕被刺死。 魏以諸葛誕為鎮南將軍，都督豫州；田丘儉為鎮東將軍，都督揚州。 四月，蜀姜維將數萬人出石營，圍狄道。 吳諸葛恪征淮南。五月，圍合肥新城。七月，恪引軍去，士卒病傷，存亡哀痛。由是眾庶失望。 八月，吳軍還建業。孫峻因民之怨，害恪。	十六	二
高貴鄉公 正元元年	254	二月，魏司馬師殺中書令李豐。並殺豐子韜、夏侯玄、張緝等，皆夷三族。 六月，蜀姜維進兵隴西。 九月，司馬師廢齊王芳。 十月，立高貴鄉公曹髦，年十四。改元正元元年。 蜀姜維進拔河間、臨洮。	十七	五鳳元年
二	255	正月，魏揚州刺史文欽、鎮東將軍田丘儉，起兵壽春，討司馬師。司馬師與戰。閏月，儉眾大潰，被殺；文欽奔吳。夷田丘儉三族。 二月，司馬師疾篤還許昌，卒於許昌。司馬昭為大將軍、錄尚書事。 八月，蜀姜維將數萬人，至枹罕，趨狄道，大敗魏軍於洮西，魏軍死者以萬計。九月，姜維退駐鐘題。	十八	二
甘露元年	256	正月，蜀姜維進位大將軍。 六月，魏改元甘露。 七月，蜀姜維復率軍出祁山。回師從董亭趨南安。魏將鄧艾大敗維於段谷，蜀軍士卒星散，死者甚眾。 吳孫峻死，從弟孫綝代掌政。呂據、滕胤反孫綝，綝殺胤，盡夷三族，呂據自殺。	十九	太平元年

二	257	四月，吳主孫亮始親政。 魏征東大將軍諸葛誕據壽春反司馬昭。 六月，司馬昭督諸軍二十六萬進屯丘頭討誕。圍壽春。 七月，吳發兵救誕，敗歸。 蜀姜維率數萬人出駱谷至瀋嶺。鄧艾拒之。	二十	二
三	258	二月，壽春城陷，司馬昭斬諸葛誕，夷三族。 姜維聞誕死，還成都。 九月，孫綝廢吳主亮為會稽王；十月，迎立孫休，改元永安。 十二月，吳主殺孫綝。改葬諸葛恪、滕胤、呂據等。	景耀元年	孫休永安元年
常道鄉公景元元年	260	高貴鄉公見威權日去，不勝其忿，五月己丑，親率殿中宿衛蒼頭討伐司馬昭。昭使成濟刺殺高貴鄉公，立常道鄉公。改元景元。	三	三
三	262	十月，蜀姜維攻洮陽，為鄧艾所破。維退住沓中。時黃皓用事於中，維返自洮陽，不敢歸成都、因求種麥沓中。	五	五
四	263	五月，魏大舉伐蜀。鄧艾督三萬眾自狄道趨沓中，諸葛緒督三萬人自祁山趨武街橋頭，鍾會統十萬眾分從斜谷、駱谷、子午谷趨漢中。 八月，兵發洛陽。 十月，鄧艾自陰平行無人之地七百里，至江油。艾至成都城北，蜀後主出降。令姜維降於鍾會。蜀亡。 鍾會、衛瓘密白鄧艾有反狀。	炎興元年	六

咸熙元年	264	正月，司馬昭以檻車徵鄧艾。鍾會反。為亂軍所殺。姜維亦被亂軍殺死。衛瓘又殺鄧艾於綿竹。 三月，司馬昭晉爵為晉王。 五月，魏改元咸熙。 吳主休死，烏程侯皓立。 是歲，魏罷屯田官。		孫皓元興元年
晉武帝泰始元年	265	八月，司馬昭死，王太子炎嗣為相國、晉王。 冬，吳主徙都武昌。 十二月，魏禪位於晉，司馬炎即帝位，改元泰始。以魏帝為陳留王。 司馬炎懲魏氏孤立之弊，故大封宗室，授以職權。詔除魏宗室禁錮，罷部曲將及長史質任。		甘露元年
二	266	十二月（可能已進入 267 年），吳主還都建業。吳主後宮以千數，而採擇無已。		寶鼎元年
三	267	六月，吳主作昭明宮，窮極技巧，功役之費以億萬計。華覈上疏諫：「今倉庫空匱，編戶失業」，「又交阯淪沒，嶺表動搖」，「乃國朝之厄會也」。		二
四	268	吳主出東關，冬十月，使施績入江夏，萬彧攻襄陽。十一月，丁奉、諸葛靚出芍陂，攻合肥。		三
咸寧二年	276	十月，羊祜上疏請伐吳，說：「孫皓之暴，過於劉禪，吳人之困，甚於巴蜀。」大臣賈充等反對伐吳。		天璽元年
五	279	十一月，晉大舉伐吳。		天紀三年
太康元年	280	三月，王濬自武昌順流徑趨建業。吳主孫皓出降。 四月，詔賜孫皓歸命侯。 乙酉，改元太康。		

參考書目

一、古籍

《三國誌》，（晉）陳壽　撰

按：這是研究三國史的主要史料書。可用中華書局標點本，還可以參考盧弼的《三國誌集解》（中華書局影印），這是現在《三國誌》最詳細的註解本。

二、近人論著

《天師道與濱海地域之關係》，陳寅恪，原刊中央研究院歷史語言研究所《集刊》第三本第四分冊，已收入《金明館叢稿初編》，上海古籍出版社1980 年版。

《黃巾起義先驅與巫及原始道教的關係》，方詩銘，《歷史研究》1993 年第 3 期。

《(太平經) 的作者和思想及其與黃巾和天師道的關係》，熊德基，《歷史研究》1962 年第 4 期。

《論 (太平經) 的成書時代和作者》，王明，《世界宗教研究》1982 年第 1期。

《論黃巾起義與宗教的關係》，趙克堯等，《中國史研究》1980 年第 1 期。

《董卓之亂與三國鼎立局面之序幕》，翦伯贊，《北京大學學報》1988 年第 2 期。

《曹操論集》，三聯書店編輯部編，三聯書店 1960 年版。

《世族·豪傑·遊俠——從一個側面看袁紹》，方詩銘，《上海社會科學院學術季刊》1986 年第 2 期。

《官渡之戰》，何茲全，《北京師範大學學報》1964 年第 1 期。又見《讀史集》，上海人民出版社 1982 年版。

《論赤壁之戰的幾個問題》，施丁，《史學月刊》1981 年第 6 期。

《(隆中對) 再認識》，田餘慶，《歷史研究》1990 年第 5 期。

《(隆中對) 跨有荊益解》，田餘慶，《周一良先生八十生日紀念論文集》，中國社會科學出版社 1993 年版。

《"借荊州"淺議》，朱紹侯，《許昌師專學報》1992 年第 5 期。

《三國赤壁考》，馮今平，《湖北教育學院學報》(哲社版)1991 年第 3 期。

《論曹操平定關隴的奠基戰役》，關治中，《西北大學學報》1992 年第 1 期。

《三國鼎立形成的歷史原因》，張大可，《青海社會科學》1988 年第 3 期。

《漢魏之際的社會經濟變化》，何茲全，《社會科學戰線》1979 年第 4 期。已收入《讀史集》，上海人民出版社 1982 年版。

《曹魏屯田制述論》，趙幼文，《歷史研究》1958 年第 4 期。

《論曹魏屯田制的歷史淵源》，高敏，《東岳論叢》1980 年第 2 期。

《魏晉兵制上的一個問題》，周一良，《魏晉南北朝史論集》，中華書局 1963 年版。

《曹魏士家制度的形成與演變》，高敏，《歷史研究》1989 年第 5 期。

《孫吳建國及漢末江南的宗部與山越》，唐長孺，《魏晉南北朝史論叢》，三聯書店 1955 年版。

《孫吳建國的道路》，田餘慶，《歷史研究》1992 年第 1 期。

《孫吳的屯田制》，陳連慶，《社會科學輯刊》1982 年第 6 期。

《孫吳的兵制》，何茲全，《中國史研究》1984 年第 3 期。

《孫吳奉邑制考略》，高敏，《中國史研究》1985 年第 1 期。

《對復客制與世襲領兵制的再探討》，胡寶國，《中國史研究》1994 年第 4 期。

《論諸葛亮治蜀——兼論諸葛亮是儒法合流的典型人物》，朱大渭，《魏晉隋唐史論集》第一輯，中國社會科學出版社 1981 年版。

《論（孔雀東南飛）的產生時代、思想、文藝及其問題》，王雲熙，《樂府詩論叢》，上海古典文學出版社 1958 年版。

《建安七子論》，徐公持，《文學評論》1981 年第 4 期。

《司馬懿》，何茲全，《讀史集》，上海人民出版社 1982 年版。

《曹氏司馬氏之鬥爭》，周一良，《魏晉南北朝史札記》，中華書局 1985 年版。

《有關司馬懿政變的幾個問題》，楊耀坤，《四川大學學報》1985 年第 3 期。

《書世說新語文學類鍾會撰四本論始畢條後》，陳寅恪，《中山大學學報》1956 年第 3 期。已收入《金明館叢稿初編》，上海古籍出版社 1980 年版。

《魏晉玄學中的社會政治思想和它的政治背景》，湯用彤等，《歷史研究》1954 年第 3 期。

《漢魏學術變遷與魏晉玄學的產生》，湯用彤，《中國哲學史研究》1983 年第 3 期。

《魏晉玄學之形成及其發展》，唐長孺，《魏晉南北朝史論叢》，三聯書店 1955 年版。

按：近人的通史著作如范文瀾的《中國通史簡編》、郭沫若的《中國史稿》、翦伯贊的《中國史綱要》，斷代史專著如王仲犖的《魏晉南北朝史》、韓國磐的《魏晉南北朝史綱》等，其中都有論述三國史部分，都可以參考。此外，論述三國史的論文和書還有很多，或以自己的疏漏，或以自己的偏見，未能列入上述書目中，敬希原諒，以後再補。

三、推薦書

《中國古代社會》，何茲全著，河南人民出版社 1991 年版。

《魏晉南北朝隋唐史三論》，唐長孺著，武漢大學出版社 1993 年版。

按：以上兩書，都不是專論述三國史的，但都論述到三國史。兩書的思想體系，大體是一條線上的。讀史貴通。讀者讀了三國史以後，一定會想要了解三國史的來龍去脈，我就推薦讀讀這兩本書。因為我的書講的是古代史，唐先生的書講的是中世紀前期史，我就把我的書忝列在唐書之前了。